Toolbox 精益管理工具箱系列

供应链管理

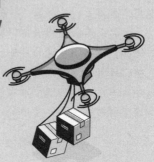

实用制度与表格范例

图解版

付玮琼 主编　　黄甫 副主编

U0319562

化学工业出版社

·北京·

内容简介

《供应链管理实用制度与表格范例（图解版）》一书从供应链管理实用制度与表格入手，第1部分详细讲解了供应链管理体系的建立，具体包括供应链管理体系概述、供应链管理业务要点、供应链管理部门设计和供应链管理岗位说明；第2部分对如何制定供应链管理制度进行了讲解，并提供了8项供应链管理制度的模板和示例供读者参考使用；第3部分对如何设置管理表格进行了讲解，并提供了8项供应链管理实用表格的模板和示例供读者参考使用。

本书采用模块化设置，实用性强，着重突出可操作性。本书另一大特色是在书中设置了二维码，读者可以通过手机扫描二维码获取表格范例模板，量身定做修改为自己公司的实用表格，提升工作效率。

本书可以作为供应链管理人员、一线员工工作的参照范本和工具书，也可供高校教师和专家学者做实务类参考指南。

图书在版编目（CIP）数据

供应链管理实用制度与表格范例：图解版/付玮琼主编.
—北京：化学工业出版社，2021.4
（精益管理工具箱系列）
ISBN 978-7-122-38579-6

Ⅰ.①供…　Ⅱ.①付…　Ⅲ.①供应链管理　Ⅳ.①F252.1

中国版本图书馆CIP数据核字（2021）第032889号

责任编辑：陈　蕾　　　　　　　　　　　　装帧设计：尹琳琳
责任校对：李雨晴

出版发行：化学工业出版社（北京市东城区青年湖南街13号　邮政编码100011）
印　　装：大厂聚鑫印刷有限责任公司
787mm×1092mm　1/16　印张21½　字数441千字　2021年7月北京第1版第1次印刷

购书咨询：010-64518888　　　　　　　　　售后服务：010-64518899
网　　址：http://www.cip.com.cn
凡购买本书，如有缺损质量问题，本社销售中心负责调换。

定　　价：98.00元　　　　　　　　　　　　版权所有　违者必究

企业规范化操作是提高管理运营效率和使业务化繁为简的有效工具，它针对经营管理中的每一个环节、每一个部门、每一个岗位，以业务为核心，制定细致化、科学化、数量化的标准，并严格按照标准实施管理。这极大地提高了工作效率，使企业的经营管理模式在扩张中不变样、不走味，让企业以很少的投入获得较大的产出。

企业除了以全新的意识创造全新的条件来适应全新的竞争环境外，还必须从企业内部进行梳理，从内部来挖潜，实施精益化管理，且辅以过程控制，才能在激烈的竞争中立于不败之地，并获得持续发展。一个长期发展的企业，要实现规范化管理，制度是所有管理模式的基础，没有制度的约束，任何管理都难以向前推进，进行制度化建设和管理可以促进企业向规范化方向发展。

依据制度办事，便于企业员工掌握本岗位的工作技能，利于部门与部门之间，员工与员工之间及上下级之间的沟通，使员工最大限度地减少工作失误。同时，实施规范化管理更加便于企业对员工的工作进行监控和考核，从而促进员工不断改善和提高工作效率。

依据表格管理，可以提高企业管理水平，尤其是提高企业管理效率，做到"事有所知，物有所管。人尽其职，物尽其用"。以表格为载体，用表格化工作语言固化职能、优化流程、提高工作效率，实现管理创新。

企业一旦形成规范化的管理运作体系，对于规范企业和员工的行为，树立企业的形象，实现企业的正常运营，促进企业的长远发展具有重大的意义。这样使企业的决策更加程序化和规范化，一些没有科学论证依据的决策将被排除在外，从而大大减少了决策风险。

《供应链管理实用制度与表格范例（图解版）》一书分三大部分，第1部分详细讲解了供应链管理体系的建立，具体包括供应链管理体系概述、供应链管理业务要点、供应链管理部门设计和供应链管理岗位说明，共4章；第2部分对如何制定供应链管理制度进行了讲解，并提供了8项供应链管理制度的模板和示例供读者参考使用，共9章；第3部分对如何设置管理表格进行了讲解，并提供了8项供应链管理实用表格的模板和示例供读者参考使用，共9章。

本书由付玮琼主编，黄甫副主编，参编的还有匡仲潇、刘艳玲。其中，付玮琼编写第1～4章，第14～20章，黄甫编写第5～13章，匡仲潇编写第21章，刘艳玲编写第22章。本书采用模块化设置，实用性强，着重突出可操作性。本书另一特色是在书中设置了二维码，读者可以通过扫码获取表格范例模板，略加修改为适用自己公司个性化管理的实用表格，从而提升工作效率。

本书可以作为供应链管理人员、一线员工工作的参照范本和工具书，也可供高校教师和专家学者做实务类参考指南。

由于笔者水平有限，书中难免出现疏漏，敬请读者批评指正。

编者

第3部分
125张表格
请扫码下载使用

第1部分 供应链管理体系的建立

第2部分　供应链管理制度

第3部分　供应链管理表格

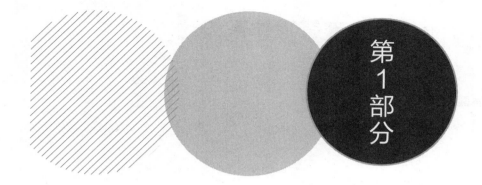

第 1 部分

供应链管理体系的建立

　　供应链管理是指在满足一定的客户服务水平的条件下，为了使整个供应链系统成本达到最低而把供应商、制造商、仓库、配送中心和渠道商等有效地组织在一起来进行的产品制造、转运、分销及销售的管理方法。

　　供应链管理体系则要为供应链建立管理模式，目的是提升供应链管理人员的素质，企业供应链结构得到适应性的设计、变革，供应链管理的方式、方法得到改进，从而供应链得到效能上的完善。

　　本部分共分为四章，如下所示：

·供应链管理体系概述

·供应链管理业务要点

·与供应链有关的部门架构

·与供应链有关的岗位说明

第1章　供应链管理体系概述

本章阅读索引：

- 供应链的结构模型
- 供应链的特征
- 推行供应链管理的基础

供应链管理是围绕核心企业，通过对信息流、物流、资金流的控制，从采购原材料开始，制成中间产品以及最终产品，最后由销售网络把产品送到消费者手中，将供应商、制造商、分销商、零售商，直到最终用户连成一个整体的精益管理功能网链结构。

供应链不仅是一条连接供应商到用户的物流链、信息链、资金链，而且是一条增值链，物料在供应链上因加工、包装、运输等过程而增加其价值，给相关企业带来收益。

1-01　供应链的结构模型

供应链由所有加盟的节点企业组成，其中一般有一个核心企业（可以是产品制造企业，也可以是大型零售企业，如美国的沃尔玛特），节点企业在需求信息的驱动下，通过供应链的职能分工与合作（生产、分销、零售等），以资金流、物流或/和服务流为媒介实现整个供应链的不断增值。供应链的结构模型如图1-1所示。

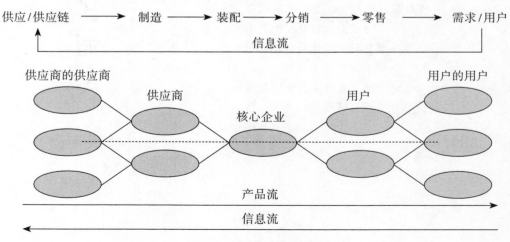

图1-1　供应链的结构模型

1-02　供应链的特征

从供应链的结构模型可以看出，供应链是一个网链结构，由围绕核心企业的供应商、供应商的供应商和用户、用户的用户组成。一个企业是一个节点，节点企业和节点企业之间是一种需求与供应关系。供应链主要具有如图1-2所示的特征。

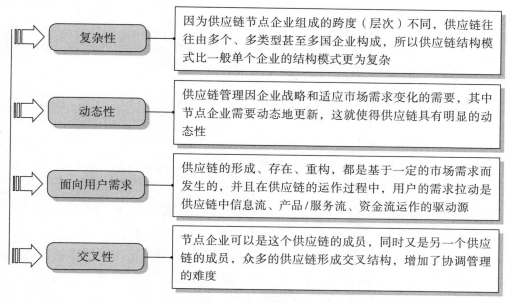

复杂性	因为供应链节点企业组成的跨度（层次）不同，供应链往往由多个、多类型甚至多国企业构成，所以供应链结构模式比一般单个企业的结构模式更为复杂
动态性	供应链管理因企业战略和适应市场需求变化的需要，其中节点企业需要动态地更新，这就使得供应链具有明显的动态性
面向用户需求	供应链的形成、存在、重构，都是基于一定的市场需求而发生的，并且在供应链的运作过程中，用户的需求拉动是供应链中信息流、产品/服务流、资金流运作的驱动源
交叉性	节点企业可以是这个供应链的成员，同时又是另一个供应链的成员，众多的供应链形成交叉结构，增加了协调管理的难度

图1-2　供应链的特征

1-03　推行供应链管理的基础

推行供应链管理的基础包括三个方面。

（一）组织基础

供应链管理是跨部门的事情，单单一个部门经理是无法推动供应链管理的，在企业高层，需要一个专门负责供应链运作的副总经理，这是企业持续进行供应链优化的组织基础。通过设立层次或者职位很高的专门部门或者职位，可以加强部门之间的协调，促进供应链改进项目的落实。此外，企业还可以通过项目组的方式来推进供应链的优化。这需要任命企业高层管理人员作为项目组负责人，以使得项目组具有必要的权威性，保证推进项目所必需的协调职能。作为组织基础的一部分，对人员的必要知识培训是供应链管理基础的一个重要组成部分。

以下为某企业供应商管理的职责。

（1）总经理或总经理授权管理者代表负责供应商管理实施的监督与资源调配的工作。

（2）采购部和相关部门负责市场与竞争环境的分析。

（3）采购部和相关部门负责公司供应链的分析，并及时总结、分析企业供需现状。

（4）财务部负责公司的支出分析，其他相关部门给予配合。

（5）采购部和相关部门负责公司供应链的设计与管理，其他相关部门给予配合。

（6）采购部负责与物料供应商的沟通与协调工作，并严格按照供应商管理的要求进行公司的采购作业，对其进行管理，其他相关部门给予配合。

（7）工程维修部、人力资源部和执行部等相关部门分别负责收集、分析仓储与物流供应商的相关信息，并协助采购部进行管理。

（8）采购部和相关部门负责组织、实施对供应商的供应活动进行综合评价，其他相关部门给予配合。

（9）品管部负责协助采购部完成供应商评选的活动，并制定相应的品质与安全标准和供应商期望，其他相关部门给予配合。

（10）品管部负责收集、统计、分析供应商供应活动中不符合（质量问题及事故）的处理，并建立供应商质量档案，为供应商综合评价提供有效且准确的数据，并协助采购部推动供应商管理工作的顺利开展。

（11）品管部和相关部门负责组织、协调供应商供应活动中不符合（质量问题及事故）的处理，并进行原因分析和改进工作，其他相关部门给予配合。

（12）财务部负责协助采购部评估供应商的财务和信用状况，并严格执行对供应商供应活动中不符合（质量问题及事故）的经济溯源与索赔工作。

（13）生产和包装部负责供应商供应活动中不符合（质量问题及事故）的测评与统计工作，并及时反馈至相关部门。

（二）数据基础

供应链管理是典型的用数据说话。数据基础包括数据的有无、覆盖程度、质量、格式、分析工具等；供应链优化需要全局性思考，因此需要各个业务环节的数据；数据质量主要是数据一致性，这需要企业有一套整体的基础编码。实施过ERP（企业资源计划）企业管理系统的企业往往在这方面具有很好的基础，没有实施ERP企业管理系统的企业也可以逐步推进数据标准化，并在业务过程中确保编码体系的遵守执行。

（三）衡量基础

供应链管理首先要建立供应链的衡量标准，通过这些衡量标准来判断供应链是否存在问题、优化的效果、运作的好坏。常见的衡量标准包括库存资金占有率、缺货率、应收账款、订单的反应时间、各个环节的产品和服务成本等。衡量基础是一个体系，建立这个体系包括三方面：选择制定衡量指标、衡量指标的计算以及衡量指标的沟通。

应当说，通过ERP企业管理系统实施、加强信息化建设对于这些基础的完备是很有帮助的，至少对组织基础和数据基础是一个促进。

第2章 供应链管理业务要点

本章阅读索引：

- 供应链规划管理
- 采购计划与需求预测
- 供应商开发
- 供应商日常管理

- 供应商考核
- 采购订单跟进管理
- 仓储管理
- 物流配送管理

2-01 供应链规划管理

从供应链管理的具体运作看，供应链管理主要涉及以下四个领域：供应管理，生产计划，物流管理，需求管理。具体而言，如图2-1所示。

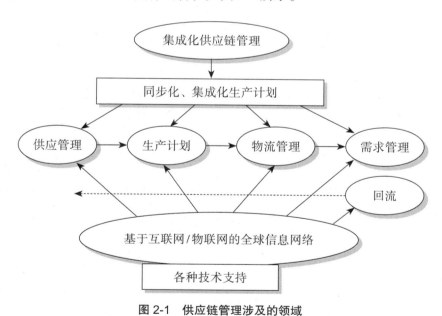

图 2-1 供应链管理涉及的领域

（1）物料在供应链上的实体流动管理。

（2）战略性供应商和客户合作伙伴关系管理。

（3）供应链产品需求预测和计划。

（4）供应链的设计（全球网络的节点规划与选址）。

（5）企业内部与企业之间物料供应和需求管理。

（6）基于供应链管理的产品设计与制造管理、生产集成化计划、跟踪和设计。

（7）基于供应链的客户服务和物流（运输、库存、包装等）管理。

（8）企业间资金流管理（汇率、成本等问题）。

（9）基于互联网/物联网的供应链交互信息管理。

2-02　采购计划与需求预测

（一）采购计划的必要性

采购计划就是要确定如何进行物料和服务采购，以最好地满足生产需求的过程。它重点需要考虑的问题包括：是否采购、采购什么、采购多少、怎样采购及何时采购。

采购部制订采购计划时，首先要进行市场调查，从而了解有哪些可能的供应商，以及他们提供的物料和服务的质量、价格等。

制订采购计划有如下作用。

（1）预估用料数量、交期，以防止断料。

（2）避免库存过多、资金积压、空间浪费。

（3）配合生产、销售计划的顺利达成。

（4）配合公司资金运用、周转。

（5）指导采购工作。

（二）采购计划的种类

一般而言，采购计划有年度采购计划、月度采购计划、日采购计划、日常经营需求计划，如图2-2所示。

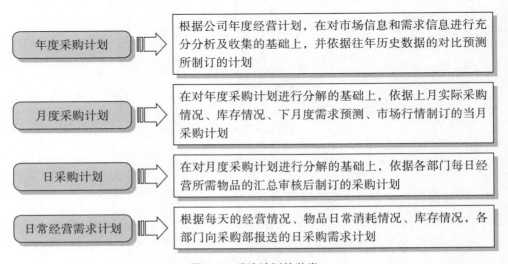

图2-2　采购计划的种类

（三）编制采购计划的依据

采购部在编制采购计划时，应考虑年度营销经营计划、年度生产计划、用料清单、库存情况、公司资金供应情况等相关因素，对经营活动的急需物品，应优先考虑。具体在制作时要考虑如图2-3所示因素。

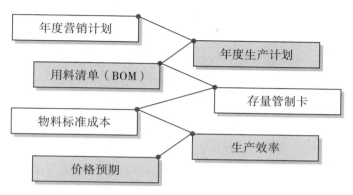

图2-3　编制采购计划的依据

1.年度营销计划

除非市场出现供不应求的状况，否则企业年度的经营计划多以营销计划为起点。而营销计划的拟订，又受到销售预测的影响。销售预测的决定因素，包括外界的不可控因素，如国内外经济发展情况[GDP（国内生产总值）、失业率、物价、利率等]、技术发展、竞争者状况等，以及内部可控制因素，如财务状况、技术水准、厂房设备、原料零件供应情况、人力资源及公司声誉等。

2.年度生产计划

一般而言，生产计划源于营销计划。若营销计划过于乐观，将使产量变成存货，造成企业的财务负担；反之，过度保守的营销计划，将使产量不足以供应客户所需，丧失创造利润的机会。因此，常因营销人员对市场的需求量估算失当，造成生产计划朝令夕改，也使得采购计划与预算必须经常调整修正，从而使物料供需长久处于失衡状态。

3.用料清单（BOM）

若产品工程变更层出不穷，会导致难以对用料清单做出及时的反应与修订，以致根据产量所计算出来的物料需求数量与实际的使用量或规格不尽相符，从而造成采购数量过多或不及、物料规格过时或不易购得。因而，采购计划的准确性，有赖于维持最新、最正确的用料清单。

4.存量管制卡

由于应购数量必须扣除库存数量，因而，存量管制卡记载是否正确也会影响采购计划的准确性。这包括：料账是否一致、物料存量是否全为良品。若账上数量与仓库架台上的数量不符，或存量中并非全数皆为规格正确的物料，这将使仓储的数量低于实际的可取用数量，故采购计划中的应购数量将会偏低。

5.物料标准成本

在编订采购预算时，对将来拟购物料的价格预测不容易，故多以标准成本替代。如果该标准成本的设定缺乏过去的以采购资料为依据，也无工程人员严密精确地计算其原料、人工及制造费用等组合或生产的总成本，则其正确性会降低。因而，标准成本与实际购入价格的差额，即是采购预算准确性的评估指标。

6.生产效率

生产效率的高低，将使预计的物料需求量与实际的耗用量产生误差。产品的生产效率降低，会导致原物料的单位耗用量提高，从而使采购计划中的数量不够生产所需。当生产效率有降低趋势时，采购计划必须将此额外的耗用率计算进去，才不会发生原物料短缺的现象。

7.价格预期

采购计划人员在编订采购金额预算时，常对物料价格涨跌幅度、市场景气情况等多加预测，甚至将其列为调整预算的因素。但因个人主观的判定与事实的演变常有差距，也可能会造成采购预算的偏差。

（四）编制采购计划的步骤

1.将物料分类

企业首先必须将所需采购的物料依其本身重要性分类处理，通常可分四大类，如图2-4所示。

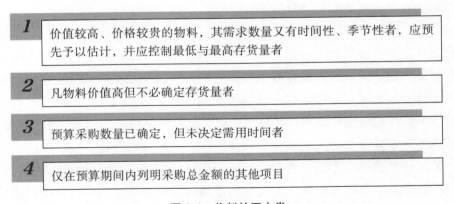

1	价值较高、价格较贵的物料，其需求数量又有时间性、季节性者，应预先予以估计，并应控制最低与最高存货量者
2	凡物料价值高但不必确定存货量者
3	预算采购数量已确定，但未决定需用时间者
4	仅在预算期间内列明采购总金额的其他项目

图2-4 物料的四大类

2.分析与采购相关的资料

分析与采购相关的资料如生产计划、用料清单、存量管制卡。

3.决定各类物料采购数量

综前所述，生产计划、用料清单或材料需求计划以及存量管制卡是决定采购数量的主要依据。因而，可依如图2-5所示步骤来计算。

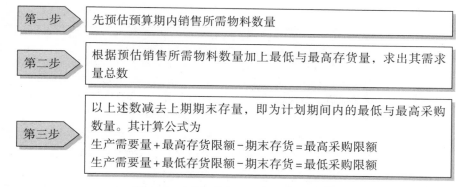

图2-5　决定各类物料采购数量的步骤

4.填写采购计划表

接下来就是将计算出来的数量及其他信息填入采购计划表里。一般而言，一些管理规范的企业都有标准化的表格，这时只要将相关信息填入即可；如果企业没有这样的标准化表格，则需要根据实际情况加以制作。

2-03　供应商开发

供应商开发的基本要求是"QCDS"，也就是质量（Quality）、成本（Cost）、交付（Delivery）与服务（Service）并重。在这四者中：质量因素是最重要的，其次是成本与价格，在交付方面，要确定供应商是否拥有足够的供应能力、人力资源是否充足，同时要确认其是否能提供足够好的服务。

供应商开发的流程如图2-6所示，其说明见表2-1。

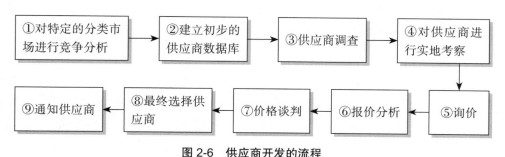

图2-6　供应商开发的流程

表2-1　供应商开发的流程说明

流程名称	详细说明
①对特定的分类市场进行竞争分析	在供应商开发的流程中，首先要对特定的分类市场进行竞争分析，要了解谁是市场的领导者？目前市场的发展趋势是怎样的？从而对潜在供应商有一个大概的了解
②建立初步的供应商数据库	在这些分析的基础上，就可以建立初步的供应商数据库并做出相应的产品分类，如用品类、设备类等

流程名称	详细说明
③供应商调查	接下来就是寻找潜在供应商，也就是对其进行调查。经过对市场的仔细分析，采购人员可以通过各种公开信息和公开渠道得到供应商的联系方式。而这些渠道包括现有资料、供应商的主动问询和介绍、专业媒体广告、互联网搜索等方式，调查工作可以使用"供应商调查表"进行
④对供应商进行实地考察	这一步骤至关重要。现场考察供应商，应着重从管理能力、对合同的理解能力、设备能力、过程能力等方面入手。现场考察应做好记录，记录在"现场考察记录表"中
⑤询价	（1）对供应商审核完成后，对合格供应商发出书面询价单。在询价的过程中，为使供应商不至于发生报价上的错误，通常应要求其提供辅助性的文件，例如采购物资规格书 （2）有时候买方对于形状特殊且无标准规格的零件或物品，也可提供样品给供应商做参考
⑥报价分析	在收到报价后，要对其条款仔细进行分析，对其中的疑问要彻底澄清，而且要求用书面形式作为记录，包括传真、电子邮件等，因为报价中包含大量的信息。如果可能的话，应要求供应商进行成本清单报价
⑦价格谈判	在价格谈判之前，一定要有充分的准备，设定合理的目标价格。价格谈判是一个持续的过程，每个供应商情况不同，在供货一段时间后，其成本会持续下降。与表现优秀的供应商应达成策略联盟，促进供应商提出改进方案，以最大限度节约成本
⑧最终选择供应商	最终选择供应商时要注意优先选择本地供应商，同时考虑备选供应商
⑨通知供应商	确定了供应商以后一定要通知被选中的供应商；同时，也要通知未被选中的供应商。而对于未被选中的供应商，更应该告知其最终落选的原因

2-04 供应商日常管理

（一）供应商沟通

供应商沟通就是采购方定期或不定期与供应商进行交流，通过交流交换彼此的意见。沟通的状况，应当作为供应商的表现之一（而且是表现的重要内容），并将其纳入对供应商的监督、考核之中，作为评定其等级的依据。

供应商沟通的流程如图2-7所示，其说明见表2-2。

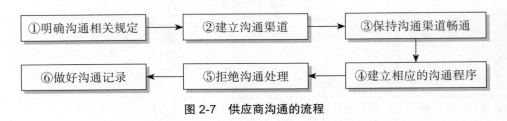

图2-7 供应商沟通的流程

表2-2 供应商沟通的流程说明

流程名称	详细说明
①明确沟通相关规定	（1）沟通的规定包括定期的和不定期的，定期的如联席会议、走访；不定期的如因临时出现问题而采取的沟通 （2）如果公司的供应商数量较多，那么可以通过召开供应商大会来开展沟通工作
②建立沟通渠道	要进行双向沟通，首先必须有沟通渠道。而公司通常会规定这种沟通渠道，沟通渠道包括 （1）负责沟通的部门及人员 （2）供应商接受沟通的部门及人员 （3）沟通的方式，例如电话、微信、QQ、互联网、信件、联席会议、走访等
③保持沟通渠道畅通	要保持沟通渠道畅通，以便发现问题能及时通知供应商，并迅速予以解决。采购人员必须掌握供应商的基本情况，包括供应商的名称、供应商的地址、供应商的负责人、供应商负责沟通的部门及人员等
④建立相应的沟通程序	为了使双向沟通更有效，公司和供应商都应建立相应的程序。而该程序应当规定定期沟通和不定期沟通的时间、条件、内容、沟通方式等
⑤拒绝沟通处理	对拒绝沟通或沟通不及时的供应商，则要让其限期改进。如果供应商不改进，就应考虑将其从"合格供应商名单"中除去
⑥做好沟通记录	每次沟通都应当做好记录，要注意记录参与沟通的人员、沟通的内容、沟通需要解决的事项等

（二）供应商扶持

供应商扶持是指对供应商进行必要的支持和奖励，从而提高其供货水平。对采购方来说，通常在以下几种状况时启动供应商扶持较佳。

（1）为使公司产品走向更高端，计划在质量上要有较大的提升。

（2）公司本身已有一批低价、低质量的供应商，并且这些供应商都已有长期合作的强烈愿望和基本条件。

（3）一批长期合作且关系较好的供应商在近一段时期内质量有大幅下降时。因为此时大部分原因都是供应商的管理体系出了问题，用通常的投诉不能解决根本问题，而如果通过扶持去改善供应商的管理体系则会有积极的作用。

供应商扶持的流程具体如图2-8所示，其说明见表2-3。

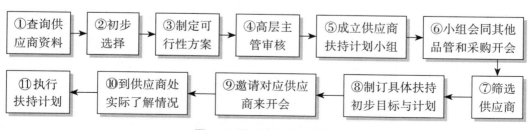

图2-8 供应商扶持的流程

表2-3　供应商扶持的流程说明

流程名称	详细说明
①查询供应商资料	从所有供应商中选出一些可以长期供货、质量较差但又一直供货的供应商
②初步选择	从查询好的供应商清单及资料中选择
③制定可行性方案	制定一份"供应商扶持可行性方案"，其内容包括物资使用状况、对应各供应商的质量和配合状况、所选供应商的潜力、扶持可带来的直接影响、需要的资源
④高层主管审核	对供应商成本潜力和自身公司成本潜力做分析，以判定是否需要做供应商扶持
⑤成立供应商扶持计划小组	该小组成员由质量部、工艺部门的工程师、采购部等相关人员组成，通常由质量部主管或特定专员任小组组长
⑥小组会同其他品管和采购开会	探讨初步选定的供应商背景及状况，以使所选定的供应商更具可扶持性，判断该供应商是否具有质量提升的潜力等
⑦筛选供应商	确定最终需要扶持的供应商
⑧制订具体扶持初步目标与计划	a.目标内容通常包括批次交货质量、质量管理体系、成本、效率、质量投诉或抱怨处理、质量回馈处理等，甚至还可能包括供应商交货价格的降低 b.计划通常包括：时期与目标达成效果、采用的方式方法及工具、各供应商具体负责人，甚至还需要制定一个奖惩机制
⑨邀请对应供应商来开会	通过采购部联系供应商，要求他们在同一时期共同开会讨论，并向他们宣布目标与要求，同时要求供应商配合
⑩到供应商处实际了解情况	深入供应商现场去了解实际情况，以此作为扶持的依据
⑪执行扶持计划	根据已制定的每一个供应商的扶持方案具体去落实和执行，在执行的过程中，对各阶段进展状况需要召开扶持小组会议

（三）供应商激励

供应商激励是指对供应商进行必要的激励，通过激励提高供应商供货的积极性，同时有利于增强供应商之间的适度竞争。这样可以保持对供应商的动态管理，提高供应商的服务水平，降低公司采购的风险。

供应商激励的流程如图2-9所示，其说明见表2-4。

图2-9　供应商激励的流程

表2-4　供应商激励的流程说明

流程名称	详细说明
①建立供应商激励标准	激励标准是对供应商实施激励的依据，公司制定对供应商的激励标准需要考虑以下因素 （1）公司采购物资的种类、数量、采购频率、采购政策、货款的结算政策等 （2）供应商的供货能力，可以提供的物资种类、数量 （3）供应商所属行业的进入壁垒 （4）供应商的供货记录，可参考"供应商供货情况历史统计表"或"供应商交货状况一览表"
②明确激励的时机	公司对供应商的激励一般在对供应商绩效进行一次或多次考核之后进行，以考核结论为实施依据。当然，在下列情况也可实施激励 （1）市场上同类供应商的竞争较为激烈，而现有供应商的绩效不见提升时 （2）供应商之间缺乏竞争，物资供应相对稳定时 （3）供应商缺乏危机感时 （4）供应商对采购方利益缺乏高度关注时
③选择供应商激励的方式	按照实施激励的手段不同，可以把激励分为两大类：正激励和负激励 （1）正激励是根据供应商的绩效考核结果，向供应商提供的奖励性激励，目的是使供应商受到这样的激励后，能够"百尺竿头，更进一步" （2）负激励则是对绩效考核较差的供应商提供的惩罚性激励，目的是使其改进供货质量，或者将该供应商清除出去
④检查激励效果	实施激励之后，公司要对激励效果进行调查，以确认激励是否有效，如果激励效果不够好，则可以对激励的方式进行必要的调整

（四）供应商质量问题处理

　　供应商质量问题，主要是指供应商交货后所发生的重大质量问题，如造成公司相关人员的受伤甚至人身安全危险、公司大量产品的报废、公司产品发到客户或消费者手中后发生大量的客诉、抱怨、索赔等事件。

　　供应商质量问题处理的流程如图2-10所示，其说明见表2-5。

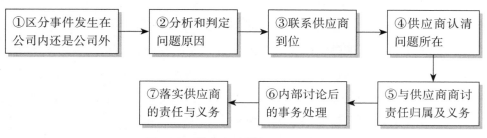

图2-10　供应商质量问题处理的流程

表2-5 供应商质量问题处理的流程说明

流程名称	详细说明
①区分事件发生在公司内还是公司外	在实际工作中，发生的事件是多种多样的，一般分为公司内和公司外 （1）在公司内发生的事件，相对而言较好处理。因为事件一发生，现场人员立即上报主管，随后主管人员到场，在保护人员的基础上保持现场的状态不被破坏，并请相关专业人员来做初步鉴定 （2）在公司外发生事件时，公司要迅速派人进行调查，查明原因，并进行记录
②分析和判定问题原因	（1）在判定原因时，一定要严谨而慎重，并且要对其客观地分析。首先要根据产品的追踪性找问题的根源，再明确相关人员的责任 （2）如有供应商方面的原因，则必须尽快联系供应商；如无供应商方面的原因，则公司内部人员应采取一定的奖罚措施对相关人员以示警告
③联系供应商到位	联系供应商一般先是通过采购人员联系，也可由高层主管人员联系
④供应商认清问题所在	需要供应商认识到问题所在，除了要在技术层面上让供应商认同之外，还要在问题的追踪上让供应商认可是他们的问题，否则容易引发权责问题，而且最好还能与供应商沟通好预防的措施
⑤与供应商商讨责任归属及义务	这是最严肃的问题，一定要有理有据地来商讨。如果已经在采购合同中作了明确规定，即可按照采购合同的要求进行责任划分
⑥内部讨论后的事务处理	公司内部相关人员，如管理层、各部门主管一起讨论该事件的后续处理事务
⑦落实供应商的责任与义务	如发生了重大问题，则不需要向供应商发出"质量抱怨单"，而应立即暂停所有下发给该供应商的新订单，并将供应商等级直接降低，甚至取消其供应资格

（五）供应商违约管理

在采购活动中，企业可能经常要应对违约的不利诱因。在对方可能违约时，采购人员应积极跟进、了解原因，与对方协商解决，将问题控制在萌芽阶段；在对方实际违约时，采购人员须先行协商解决，在可能的情况下做出适当让步，保证货期；若对方不接受处理意见，则将该合同纠纷移送仲裁部门解决，采购人员应积极配合仲裁部门处理。若在仲裁部门的干预下不能顺利解决，一般会进入诉讼程序。

合同签订后进入执行阶段，业务经办人员应随时跟踪合同的履行情况，发现合同对方可能发生违约、不能履约或延迟履约等行为的，或企业自身可能无法履行或延迟履行合同的，应及时汇报部门主管并采取补救措施。

补救的目的在于供应商在发现缺陷并得到通知后的合适时间内，给采购方提供符合合同要求的货物。

采购合同纠纷一般可分为质量纠纷和供货纠纷两种情况，在采取补救措施时要注意如图2-11所示的要点。

质量纠纷

（1）双方共同就质量问题进行协商，供应商确认货物确实存在质量问题
（2）双方要核实该质量问题是否给企业造成了损失，要求直接使用部门提供确切的损失数额及相关证明材料
（3）若因质量问题给企业造成了损失，则须与供应商协商，要求其承担损失

供货纠纷

（1）企业应与供应商协商，分析利害关系，如未按期交货就要承担违约责任，督促其按时交货，并且不至于涨价
（2）遇到供应商预期违约时，若与供应商协商后无法圆满解决，则及时从其他公司处购买，避免影响生产进度

图2-11 采取补救措施的注意要点

书面通知供应商没有如期履约、没有如约发货或者送错货（非一致性供货）都是违约。在以上任何一种情况下，采购方须以书面形式在合理时间内告知供应商违反了合同约定。

在非一致性供货的情况下，供应商有权采取补救措施，也就是弥补违约行为，只要供应商能在合理期限内完成补救即可。但根据相关法律规定，必须允许双方在约定期限内履约。因此，如果供应商在合同规定时间前发错货，其仍有剩余时间在采购方声称其违约前再发货以取代发错的货。采购方可以根据具体情况，以书面的形式向供应商提出违约的解决办法。

2-05 供应商考核

供应商考核是指持续不断地对现有供应商保持监督控制，观察其是否能够实现预期绩效；对新供应商进行甄别，看其潜力是否能达到企业未来发展所需水平的过程。现有供应商是指已经通过了供应商甄别分析程序，并接受过至少一次订货的供应商。

（一）考核目的

（1）掌握供应商的经营概况，确保其供应的产品质量符合企业的需要。
（2）了解供应商的能力和潜力。
（3）协助供应商改善质量，提高交货能力。

（二）明确供应商考核内容

1.主要内容

不同企业、不同行业的供应商的考核内容不尽相同，但通常都有交货品质、配合状况、管理体系3个主项，其考核主要内容如表2-6所示。

表2-6　供应商考核主要内容

序号	项目	主要内容
1	交货品质	交货品质是根据具体的交货状况每批产品评一次和每月或每季评一次
2	配合状况	一般是每季评一次，若供应商较多，还可以考虑每个月或每两个月评一次
3	管理体系	一般是根据目前ISO 9000的标准，在初次成为合格供应商之前评一次，以后每半年或每一年评一次，再就是在出现较大问题时评一次
4	其他项	视具体内容而定，如把价格因素纳入，且价格是三个月重审一次时，就需要三个月评一次

2.权重设定

为了管理和运算的方便，在总体考核上，一般都采用设定总分100分，各主项的权重（或称为比重）用比例（％）来设定。至于怎样配分，企业可以视具体情况自行决定。

（三）实施考核

企业按制度规定的日期对供应商实施考核，在实施过程中最好制定一些标准的表格以方便考核工作的开展。

（四）根据评选结果实施奖惩

采购方依据考核的结果，给予供应商升级或降级的处分；并根据采购策略的考虑，对合格、优良的供应商给予优先议价、优先承揽的奖励，对不符合标准的供应商给予拒绝往来的处分。

1.奖励

（1）评选绩优者，使其优先取得交易机会。

（2）评选绩优者，对其优先支付货款或缩短票期。

（3）对于推行改善成果显著者，给予奖励。

（4）供应商享受各项训练、研习及考察的参与机会。

（5）颁奖。

2.资格重估

发生下列情形时，供应商的资格应重估（也为"追踪"调查的范围）。

（1）供应商已修改其制程、改用原料、改装设备或停止生产某一产品而以另一新品取代，称性能相同甚至改进者，或变更料号者，均应于更改之前书面通知采购方。

（2）拟采购项目的规格或要求事项已有修正或补充，且足以影响产品的性能者。

（3）对采购的货品能否符合本企业原先设计的性能与规格，颇感怀疑者。

3.取消供应商资格

企业发现某零部件或供应商服务的品质或交货行为不符合相关标准时，可随时对该供应商的资格进行调查，并要求其改善；如无法改善则可提出零组件审核申请，征询各单位意见后，填写"QVL（合格供应商清单）异动通知单"，做降级处理或取消该供应商资格。

对于取消供应商资格来说，分取消某特定材料的某一供应商资格，或完全取消该供应商对本企业销售的权利两种。若完全取消，则将其列入不合格供应商名单中，在一年内不再予以审核。不合格供应商名单由采购部负责维护与更新，并分发给各相关单位。

2-06 采购订单跟进管理

1.采购订单的签订

采购订单根据采购物品的要求、供应的情况、企业本身的管理要求、采购方针等要求的不同而各不相同。企业签订采购订单一般需要经过以下过程。

（1）拥有采购信息管理系统的企业，可以直接在信息系统中生成订单。

（2）对一些散单，或有特殊要求的采购需求，可以用纸质订单的方式进行采购。

2.采购订单的执行

在完成订单签订之后，即转入订单的执行时期。加工型供应商要进行备料、加工、组装、调试等过程；存货型供应商只需从库房中调集相关产品及适当处理，即可送往买家。

3.采购订单的跟催

订单跟催是采购人员的重要职责，订单跟催的目的有三个方面：促进订单正常执行、满足企业的物料需求、保持合理的库存水平。在实际订单操作过程中，订单、需求、库存三者之间会存在矛盾，突出表现为：由于各种原因订单难以执行、需求不能满足导致缺料、库存难以控制。恰当地处理供应、需求、缓冲余量之间的关系是衡量采购人员能力的关键指标。采购订单跟催的具体方法如表2-7所示。

表2-7 采购订单跟催的具体方法

序号	方法名称	具体说明
1	分订单跟催	以每张订单为依据，识别其产品的型号、批号及其物料需求数量，确定各种物料的提前期并按交货期确定它们的进料日，然后提前一定时间进行跟催
2	联单法	联单法就是将物料按性质分类，然后把性质相近的订购单联合起来按日期顺序排列，形成一连串具有衔接性的供应排程，再提前一定时间进行跟催。这种方法效率高，但是比较烦琐，而且最好要用计算机操作，一般适合有一定跟单经验的人员使用
3	统计法	把联单法所对应的物料数量输入库存控制数据库中，然后依据系统统计出来的物料需求计划制定报表，提前一定时间进行跟催。这种方法准确性好、效率高，但是需要某种管理系统软件来支持

序号	方法名称	具体说明
4	定期跟催	对于那些具有广泛使用性的物料，在规定好必要的库存量后于每月（或每周）固定时间将要跟催的订单整理好，再制成物料需求报表统一跟催。这种方法简单明了，但是，需要一定数量的库存作为垫底
5	现场跟催	这里的现场指的是物料的制造现场，如供应商的生产车间等。对于那些十分紧急、品质有争议或制造过程容易发生异常的产品，采购人员为了能把这些风险降到最低，需要亲自到现场进行跟催

4.紧急请购处理

紧急请购将会造成品质降低、价格偏高等损失，因此企业应做好存货管制、生产计划，并正确掌握请购及采购时机，以避免负担产销上的额外成本。但对于那些并不是出于紧急需要的所谓"紧急"订单而言，企业可以通过制定正确的采购流程加以解决。例如在一家企业，如果某一个部门发出了紧急订单，这个部门必须向总经理做出解释并需得到批准。而且，即使这一申请得到批准，紧急采购所增加的成本在确定之后也要由发出订单的部门来承担，其结果自然是紧急订单的大量减少。

2-07 仓储管理

（一）仓储在供应链管理中的意义

仓储管理是企业活动中一项基本而不可或缺的活动。由于仓储管理处于极为基础的地位，因而其重要性往往被绝大多数企业的决策者和高层管理者所忽视。实际上，仓储管理按照科学管理的原则对物料进行整体计划、协调和控制，从而为企业节约成本，获取最大的销售利润和经济效益。

1.仓储是供应链中不可缺少的重要环节

从供应链角度来看，物流过程由一系列的"供给"和"需求"所组成，在供需之间既存在物的"流动"，也存在物的"静止"，这种"静止"是为了更好地使前后两个流动过程紧密衔接。如果缺少必要的"静止"，则会影响物的有效流动。仓储管理环节正是起到物流中的有效"静止"的作用。

2.仓储能够保证进入下一环节前的质量

物料在整个供应链中，通过仓储环节，对进入下一环节前的物料进行检验，可以防止伪劣物品进入下一道工序或混入市场。因此，为保证物料的质量，要把好仓储管理这一关，以保证物料不变质、受损、短缺和有效的使用价值。通过仓储来保证物料的质量主要体现在两个环节：物料入库检验和物料储存期间的保质。

3.仓储是加快流通、节约流通费用的重要手段

物料在库场内的滞留，表面上是供应链内流通的停止，实际上恰恰起着促进流通畅通的重要作用。仓储管理的发展，在调配余缺、减少生产和销售部门的库存积压以及总量上减少地区内货物的存储量等方面都有积极的作用。此外，在很多发达国家中，将物流领域的成本降低看作是"第三利润源泉"，仓储管理成本的降低正是节约整个流通成本的重要手段。

（二）仓储管理方法

仓储管理属于企业管理的一个重要组成部分，是保证企业生产过程顺利进行的必要条件，是提高企业经济效益的重要途径。企业应从以下几方面做好仓储管理工作。

1.建立健全仓库质量保证体系

仓库质量管理就是"全面质量管理"的理论和方法在仓库技术经济作业活动中的具体运用，是提高企业经济效益的必要途径。全面质量管理倡导将管理的触角深入各个作业环节，并不厚此薄彼，企业管理者能通过其所提供的方法，发现影响仓库储存的物品质量，以便采取改进措施，这对降低供应成本，提高企业经济效益具有重要意义。企业管理者在质量保证体系运行过程中，人人都要牢固树立"质量第一"的思想，工作积极主动，以达到供应好、消费低、效益高的要求。

2.加强仓储管理各个基本环节

仓储活动虽服务于生产，但又与生产活动不同，有它独特的劳动对象和方式。

在仓储活动过程中，物资验收、入库、出库等一些基本环节，是仓储业务活动的主要内容，这些基本环节工作质量的好坏直接关系到整个仓储工作能否顺利进行，直接影响整个仓储工作质量的好坏。因此，企业管理者应加强各个基本环节的管理，是做好仓储工作的前提。

3.物资保管、保养是仓储管理的中心内容

物资在入库验收时进行了一次严格的检查后，就进入储存阶段，因此物资入库后必须实行"四号定位""五五摆放"，标识清楚，合理堆放，企业管理者要做好"三化""五防""5S"等工作，以上工作都是使物资在储存中不受损失的必要措施，但是因物资本身性质、自然条件的影响或人为的原因，易造成物资数量的损失。在这种管理模式上物资损耗有可以避免的，也有难以完全避免的，一般将难以完全避免的称为自然损耗。因此要求从事储存工作的人员需要掌握和运用所储存货物的性质及受到各种自然因素影响而发生的质量变化规律，企业管理者从根本上采取"预防为主，防治结合"的方针，做到早防早治，最大限度地避免和减少货物损失。

2-08　物流配送管理

配送作业是按照客户需求，将货物进行分拣、重新包装、贴标签、配货、配装等物流活动，按时按量发送到指定地点的过程。

配送作业是配送中心运作的核心内容，其作业流程的合理性、作业效率的高低都会直接影响整个物流系统的正常运行。

（一）配送的具体内容

配送的具体内容包括：订单处理、进货、搬运装卸、储存、加工、拣选、包装、配装、送货、送达服务等作业项目，它们之间衔接紧密，环环相扣，整个过程既包括实体物流，又包括信息流，同时还包括资金流。

（二）配送作业流程图

配送中心的主要活动是订货、进货、发货、仓储、订单拣货和配送作业。首先确定配送中心的主要活动及其程序之后，才能规划设计。有的配送中心还要进行流通加工、贴标签和包装等作业。当有退货作业时，还要进行退货品的分类、保管和退回等作业，如图2-12所示。

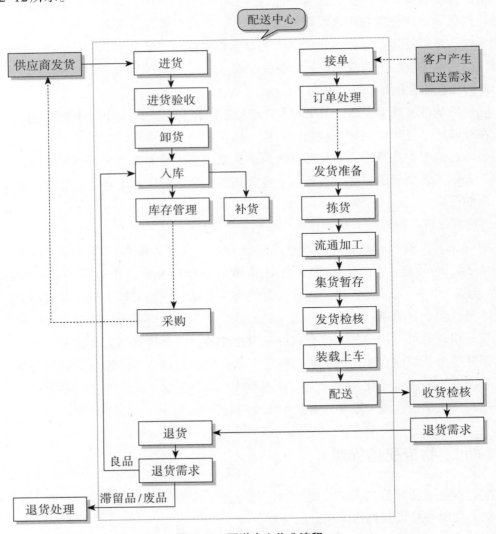

图2-12　配送中心作业流程

（三）配送中心业务流程内容说明

1.进货

进货就是配送中心根据客户的需要，为配送业务的顺利实施，而从事的组织商品货源和进行商品存储的一系列活动。

进货是配送的准备工作或基础工作，它是配送的基础环节，又是决定配送成败与否、规模大小的最基础环节。同时，也是决定配送效益高低的关键环节。

2.订单处理

从接到客户订单开始到着手准备拣货之间的作业阶段，称为订单处理。订单处理是与客户直接沟通的作业阶段，对后续的拣选作业、调度和配送产生直接的影响，是其他各项作业的基础。

订单是配送中心开展配送业务的依据，配送中心接到客户订单以后需要对订单加以处理，据以安排分拣、补货、配货、送货等作业环节。

订单处理方式：人工处理和计算机处理。目前主要采用计算机处理方式。

3.拣货

拣货作业是依据顾客的订货要求或配送中心的送货计划，迅速、准确地将商品从其储位或其他区域拣取出来，并按一定的方式进行分类、集中，等待配装送货的作业过程。

拣货过程是配送不同于一般形式的送货及其他物流形式的重要的功能要素，是整个配送中心作业系统的核心工序。

拣货作业的种类：按分拣的手段不同，可分为人工分拣、机械分拣和自动分拣三大类。

4.补货

补货是库存管理中的一项重要的内容，根据以往的经验，或者相关的统计技术方法，或者计算机系统的帮助确定的最优库存水平和最优订购量，并根据所确定的最优库存水平和最优订购量，在库存低于最优库存水平时发出存货再订购指令，以确保存货中的每一种产品都在目标服务水平下达到最优库存水平。

补货作业的目的是保证拣货区有货可拣，是保证充足货源的基础。补货通常是以托盘为单位，从货物保管区将货品移到拣货区的作业过程。

5.配货

配送中心为了顺利、有序、方便地向客户发送商品，对组织来的各种货物进行整理，并依据订单要求进行组合的过程。配货是指使用各种拣选设备和传输装置，将存放的货物，按客户的要求分拣出来，配备齐全，送入指定发货区。

配货作业与拣货作业不可分割，两者一起构成了一项完整的作业。通过分拣配货可达到按客户要求进行高水平送货的目的。

6.送货

配送业务中的送货作业包含将货物装车并实际配送，而要完成这些作业则需要事先进行配送区域的划分或配送线路的安排，由配送路线选用的先后次序来决定商品装车顺序，并在商品配送途中进行商品跟踪、控制，制定配送途中意外状况及送货后文件的处理办法。

送货通常是一种短距离、小批量、高频率的运输形式。它以服务为目标，以尽可能满足客户需求为宗旨。

7.流通加工

流通加工是配送的前沿，它是衔接储存与末端运输的关键环节。流通加工是指物品在从生产领域向消费领域流动的过程中，流通主体（即流通当事人）为了完善流通服务功能，为了促进销售、维护产品质量和提高物流效率而开展的一项活动。

流通加工的目的如下。

（1）适应多样化客户的需求。

（2）提高商品的附加值。

（3）规避风险，推进物流系统化。

不同的货物，流通加工的内容是不一样的。

8.退货

退货或换货在经营物流业中不可避免，但应尽量减少，因为退货或换货的处理，只会大幅增加物流成本，降低利润。发生退货或换货的主要原因包括：瑕疵品回收、搬运中的损坏、商品送错退回、商品过期退回等。

第3章 与供应链有关的部门架构

本章阅读索引：

- 采购部的设置
- 仓储物流部的设置

3-01 采购部的设置

随着现代企业竞争的日趋激烈，采购管理日益成为企业战略管理的一个核心内容。伴随着市场经济的发展与完善，采购管理不仅是企业组织生产的先决条件，而且是降低成本、获取利润，从而提升企业核心竞争力的重要手段。

（一）设置要求

许多企业设立了专门的采购部，全面负责采购物品的管理。企业设置采购部应按如表3-1所示的要求进行。

表3-1 采购部设置要求

序号	设置原则	具体内容
1	明确职能	确定赋予采购管理什么职能：如要不要做需求分析？供应商管理体系要不要建立？市场信息要不要完善？进货要不要管？入库、验收、仓库管理要不要管等。若赋予不同程度的职能，则采购管理组织的结构就会随之变动
2	采购工作量	采购工作量（包括企业内需要采购物资的品种、数量、采购空间范围）越大，采购工作就越复杂、越难。另外还要考虑供应商管理的工作量、进货的工作量、仓储管理的工作量、市场信息的工作量等。总之，工作量越大，采购管理的机构也就越复杂
3	设定相关岗位	根据具体的采购管理职能、管理机制和管理任务的作业流程设定各个岗位，包括对每一个岗位责任和权利的设置，对每个岗位的人数、工作条件等的设置。这些一定要设计好，并且要形成文件，或者制定出管理规范，作为招聘条件予以公布
4	配备合适人选	选择人员是非常关键的一环，要非常慎重，特别是对各部门的主管要选择好。在人员配备完成以后，把所配备的人员和所规定的岗位职责、规章制度、管理职能等结合起来实施，就可以构建成一个有效的采购部

（二）采购部的位置

在生产制造型企业中，虽然因为产业不同，导致各企业架构有所不同，但是一些基本的部门，如研发部、生产部等，是必须配备的，而采购部所处的位置如图3-1所示。

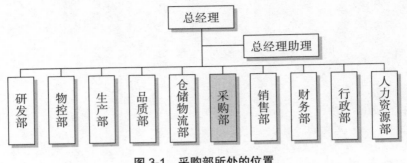

图 3-1　采购部所处的位置

备注：

① 采购部是企业的采购管理部门，主要负责各项物品的采购工作。采购部工作质量的好坏决定着企业采购物料、设备的质量，进而决定着最终产品的质量。

② 采购部为生产部的正常运营提供必不可少的物料、设备，同时也为各部门采购必备的用品，如办公用品、办公设备等，是企业正常运转不可缺少的一个重要部门。

（三）大型企业采购部常见架构

大型企业采购部常见架构如图3-2所示。

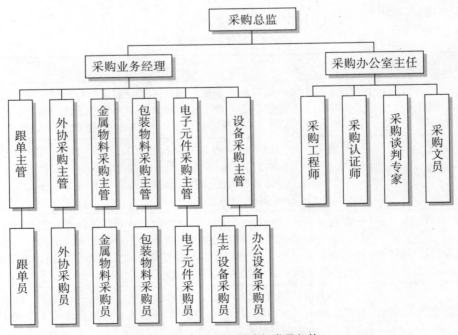

图 3-2　大型企业采购部常见架构

备注：

①大型企业生产规模大，需要采购的物料、设备也多，部门划分也更细，例如其物料采购往往划分为金属物料、包装物料、电子元件等部分，各有采购员专门负责其采购业务。

②同时有的大型企业下面设有分公司，分公司下又设有采购部，总部的采购部要对分公司的采购部进行管理。

（四）中小型企业采购部常见架构

中小型企业采购部常见架构如图3-3所示。

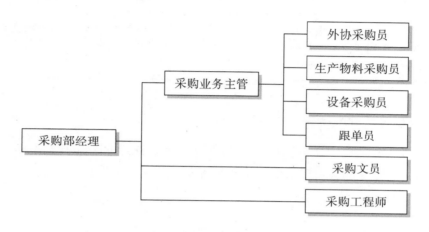

图3-3　中小型企业采购部常见架构

备注：

①根据《中小企业划型标准规定》，对中小企业的划型规定如下：以工业企业为例，从业人员1000人以下或营业收入40000万元以下的为中、小、微型企业，也就是通常所说的中小型企业。本书内容主要针对中小型企业。

②中小型企业规模较小，采购部层级也较少，因此比较易于管理，同时内部沟通也较为便捷。

3-02　仓储物流部的设置

仓储物流管理是企业物资管理的重要组成部分。企业的仓库，一头连接社会流通领域，一头同企业的生产过程相衔接，它直接为企业生产服务，企业一刻也离不开。仓储管理既担负着储存保管的职能，又担负着企业物资供应和使用监督的职能。企业对生产部门的物资供应必须通过仓库这个环节得到具体的贯彻和落实。

（一）设置要求

企业必须设置仓储物流部，以全面加强对仓储物流事务的管理。企业设置仓储物流部应按如表3-2所示的要求进行。

表3-2　仓储物流部设置要求

序号	要求	详细说明
1	有效性	有效性要求仓储物流部必须是有效率的。有效率的内容包括管理的效率、工作的效率和信息传递的效率
2	统一指挥	（1）统一指挥是建立仓储物流部的基础。其实质是对仓储物流部进行合理分工，使其便于指挥 （2）仓储物流部是企业仓库、物流的管理部门，为使仓储物流部的内部协调一致，更好地完成仓储物流管理任务，必须遵循统一指挥的要求，实现"头脑与手脚一体化"、责任和权限的体系化，使仓库部门成为有指挥命令权的组织
3	协调性	仓储物流管理的协调性，是指对部门中一定职位的职责与具体任务要协调，不同职位的职能要协调，不同职位的任务要协调，只有确保协调，才能使不同岗位员工一起协同工作

（二）仓储物流部的位置

在生产制造型企业中，虽然因为情况不同，导致各企业架构有所不同，但是一些基本的部门，如研发部、生产部等，是必须配备的，而仓储物流部所处的位置如图3-4所示。

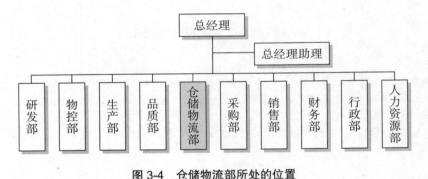

图3-4　仓储物流部所处的位置

备注：
①仓储物流部是企业的物资储存场所，主要负责各类物品的储存与运输管理，只有提供了良好的仓储管理，才能保证企业顺利生产，同时减少采料、废料的产生。
②仓储物流部需要与采购部做好采购物资入库和出库的管理工作，与生产部做好各类半成品、成品的入库和出库工作，同时其他各部门的日常办公用品、办公设备也要存储在仓库中。

（三）大型企业仓储物流部常见架构

大型企业仓储物流部常见架构如图3-5所示。

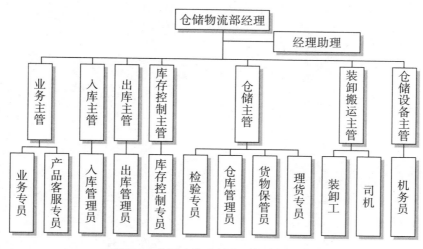

图 3-5　大型企业仓储物流部常见架构

备注：

① 大型企业设置的各类仓储物流岗位较多，层级也较多，例如设置了专门的入库主管来负责各类物品的入库管理，甚至设置了业务主管、业务专员、客服专员等直接与供应商、客户进行沟通，部分取代了采购部的职能。

② 大型企业规模非常庞大，涉及的仓储物流事务往往也较为复杂，往往会设置专门的物料仓、成品仓，并为这些仓库设置单独的管理机构。

（四）中小型企业仓储物流部常见架构

中小型企业仓储物流部常见架构如图 3-6 所示。

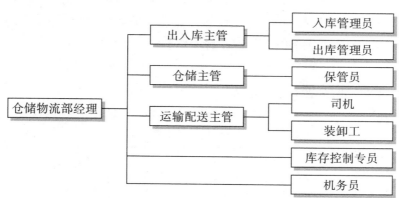

图 3-6　中小型企业仓储物流部常见架构

备注：

① 根据《中小企业划型标准规定》，对中小企业的划型规定如下：以工业企业为例，以从业人员 1000 人以下或营业收入 40000 万元以下的为中、小、微型企业，也就是通常所说的中小型企业。本书内容主要针对中小型企业。

② 中小型企业规模较小，仓储物流部层级也较少，因此比较易于管理，同时内部沟通也较为便捷。

③ 中小型企业往往将成品仓、物料仓、半成品仓等仓库设置于一个大仓库内，分区放置，其出入库管理员既负责物料的出入库管理，也负责成品的出入库管理，以最大限度减少人工成本。

第4章　与供应链有关的岗位说明

本章阅读索引：

对企业来说，每个岗位都代表着一份工作。只有对岗位进行最准确的说明才能为招聘人员提供最佳的参考意见，也才能使在该岗位任职的员工充分了解并圆满完成该岗位的工作内容。以下列举与供应链有关岗位说明供参考。

4-01　采购部经理岗位说明

采购部经理岗位说明书

岗位名称	采购部经理	岗位代码		所属部门	采购部
职系		职等职级		直属上级	总经理

1.岗位设置目的

　根据公司整体发展战略及相关制度流程，在总经理的领导下，全面负责公司的物资采购管理工作，确保控制成本、降低风险、保证质量和提高效率，提升公司整体水平和竞争力

2.岗位职责

　（1）依公司总体方针、政策，健全、完善部门内部规章、制度，积极宣导并要求本部门全体员工遵守，确保其被有效执行

续表

（2）确保本部门质量目标的达成

（3）采购部的工作安排与管理

（4）进行市场调查，确保采购物品价格合理，使公司产品在市场中具备竞争力

（5）定期组织工程部、品质部对合格供应商进行评审和管理

（6）协助品质部处理供应商的供货质量问题，确保供货质量得到改善

（7）对本部门员工的工作督导以及目标绩效的考核

（8）负责审核部门内各类统计报表并对其进行分析

（9）依计划对本部门员工进行教育训练

（10）建立并管理好本部门相关质量记录和相关数据

（11）解决下属提出的具体困难和需要，协调本部门与其他部门之间的关系

（12）完成上级交办的其他事项

3.工作关系

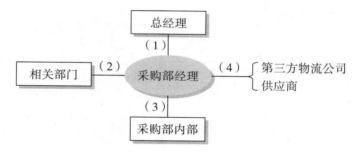

（1）协助总经理进行采购决策，并具体执行

（2）与相关部门做好沟通协调工作，尤其是与财务部做好采购资金的拨付协调工作

（3）领导采购部内部员工完成日常工作

（4）考核供应商，并做好日常联系与沟通协调工作，选择并督促第三方物流公司及时送货

4.任职要求

（1）教育背景：大专以上学历，经济、管理或相关专业

（2）经验：5年以上的采购工作经验，2年以上的物流管理工作经验

（3）专业知识：熟悉行业、了解供应商，掌握有关采购政策法规以及相关业务知识

（4）能力与技能：很强的组织能力、沟通协调能力、文字表述能力和公关社交能力

5.工作条件

（1）工作场所：采购部办公室

（2）工作时间：固定（五天八小时工作制）

（3）使用设备：计算机、电话、计算器等

4-02　采购业务主管岗位说明

采购业务主管岗位说明书

岗位名称	采购业务主管	岗位代码		所属部门	采购部
职系		职等职级		直属上级	采购部经理

1.岗位设置目的

　　全面负责采购业务的实施开展，协助采购部经理管理采购部

2.岗位职责

　　（1）协助采购部经理做好采购部日常管理工作

　　（2）组织大宗物料采购的定样、预算及招标工作，确定物料预算、发布招标书；调查分析，确定采购物品的定样与价格

　　（3）参与制定和审核各采购员与供应商所签订的"采购合同"

　　（4）对本部门员工进行入职指引，对本部门对口的业务负责组织编写教材并实施培训

　　（5）建立有效的采购团队

　　（6）召开部门例会，传达上级指示，部署工作任务，制订部门计划

　　（7）完成上级交办的其他事项

3.工作关系

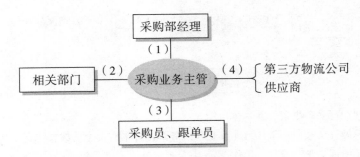

　　（1）接受采购部经理的直接指导，做好各位采购员的采购协调工作

　　（2）与生产部、财务部、仓储物流部等部门做好沟通协调工作

　　（3）听取下属采购员、跟单员的报告，并对其采购申请等文件进行审批，帮助其与相关部门取得联系，加强沟通

　　（4）协助采购部经理做好对供应商日常联系与沟通协调工作，选择并督促第三方物流公司及时送货

4.任职要求

　　（1）教育背景：大专以上学历，经济、管理或相关专业

　　（2）经验：3年以上的采购工作经验，2年以上的物流管理工作经验

　　（3）专业知识：熟悉行业、了解供应商，掌握有关采购政策法规以及相关业务知识

　　（4）能力与技能：很强的组织能力、沟通协调能力、文字表述能力和公关社交能力

5.工作条件

　　（1）工作场所：采购部办公室

　　（2）工作时间：固定（五天八小时工作制）

　　（3）使用设备：计算机、电话、计算器等

4-03 生产物料采购员岗位说明

生产物料采购员岗位说明书

岗位名称	生产物料采购员	岗位代码		所属部门	采购部
职系		职等职级		直属上级	采购业务主管

1.岗位设置目的

全面负责生产物料的采购管理，执行各项采购计划，与供应商做好沟通工作

2.岗位职责

（1）严格执行物料采购制度及有关规定，熟悉所需物料的性能、作用、规格型号及市场新产品

（2）严格按采购计划进行采购，核实物料库存状况，确保采购物料按期、按质、按量完成

（3）对采购计划存有异议时及时反馈到生产部门，保持沟通

（4）选择合格的供应商，填写"供应商评定记录"，建立"合格供应商名单"，择优采购

（5）发现采购物料存在质量问题时，及时记录并反馈给供应商，负责办理退货或索赔事项，并采取纠正措施，跟踪结果

（6）对供应商多次出现质量问题或未纠正的，反馈给上级领导做及时处理，取消供应商资格

（7）供应商资料、采购文件等档案归档管理，条理清晰正确

（8）负责与供应商定期对账，保证往来账目清晰准确

（9）按计划跟催采购物料到货情况并及时通知有关部门接收，保证货物与送货清单无误

（10）及时掌握并反馈市场动态，有效解决短缺物料的供应

（11）签订"供货合同"须掌控好供应物料的价格、质量和交期，做到有计划、有控制、有追踪

（12）与供应商、生产部门保持密切联系，做好采购计划实施的过程控制及信息反馈

（13）严禁利用采购工作之便拿取供应商回扣，刁难供应商，或徇私舞弊，一经发现坚决予以辞退并追究相关责任

（14）完成上级交办的其他事项

3.工作关系

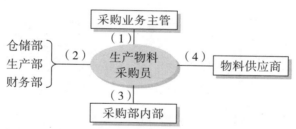

（1）接受采购业务主管的直接指导，做好生产物料的生产工作

（2）与仓储部沟通物料到货情况；与财务部沟通采购货款支付情况；与生产部沟通生产物料需求状况

（3）和采购工程师等一起与供应商进行谈判，与跟单员沟通订单执行情况

（4）与物料供应商做好沟通协调工作，协调物料的供应情况

4.任职要求

（1）教育背景：中专或同等学历以上，物流管理、公共关系或相关专业

（2）经验：1年以上的生产物料采购经验

（3）专业知识：对采购工作有一定认知

（4）能力与技能：具有良好的沟通、表达能力；对行业状况比较了解，掌握自动化办公软件的使用方法，具备基本的网络知识

5.工作条件

（1）工作场所：不固定

（2）工作时间：固定（五天八小时工作制）

（3）使用设备：计算机、电话、计算器等

4-04 外协采购员岗位说明

外协采购员岗位说明书

岗位名称	外协采购员	岗位代码		所属部门	采购部
职系		职等职级		直属上级	采购业务主管

1.岗位设置目的

　　服从采购业务主管安排，及时、保质地完成外协任务

2.岗位职责

　　（1）严格按生产排程表的要求安排外协采购

　　（2）严格按采购计划要求做好外协采购工作

　　（3）跟踪外协采购进度，确保外协单位按时交货

　　（4）严格把握外协质量关，有特殊要求的环节应及时提醒，确保外协采购质量

　　（5）对外协和采购返回半成品进行质量和数量清点，如不符应及时处理

　　（6）及时办理外协品与半成品入库手续，配合仓库人员做好半成品台账

　　（7）定期与仓库人员配合进行半成品库清点，做好数量与产品统计

　　（8）确认外协结算单，交给采购部经理签字付款

　　（9）定期汇总外协数据，评判外协厂商加工能力，开发新外协厂商

　　（10）完成上级交办的其他事项

3.工作关系

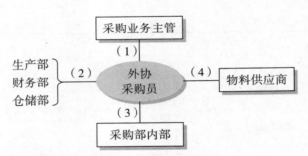

　　（1）接受采购业务主管的直接指导，做好生产物料的生产工作

　　（2）与生产部沟通生产排程情况；与仓储部沟通到货情况；与财务部沟通外协付款事宜

　　（3）与采购工程师等一起与外协厂商进行谈判，与跟单员沟通订单执行情况

　　（4）与物料供应商做好沟通协调工作，协调外协物料的供应情况

4.任职要求

　　（1）教育背景：中专或同等学历以上，物流管理、公共关系或相关专业

　　（2）经验：1年以上的外协采购经验

　　（3）专业知识：对采购工作有一定认知

　　（4）能力与技能：具有良好的沟通、表达能力；对行业状况比较了解，掌握自动化办公软件的使用方法，具备基本的网络知识

5.工作条件

　　（1）工作场所：不固定

　　（2）工作时间：固定（五天八小时工作制）

　　（3）使用设备：计算机、电话、计算器等

4-05　设备采购员岗位说明

设备采购员岗位说明书

岗位名称	设备采购员	岗位代码		所属部门	采购部
职系		职等职级		直属上级	采购业务主管

1.岗位设置目的

　采购各类设备，满足公司生产需要

2.岗位职责

　（1）负责各类生产设备、检测设备、办公设备的采购业务

　（2）采购工作应严格执行申请和批准的手续，因特殊情况需改变时须请示领导同意

　（3）价格上要货比三家，做到质优价廉，要自觉抵制不正之风，不得收受贿赂，回扣要交公

　（4）遵守财务规定，报账要及时，入库时钱、物、凭证要三者相符，并在凭证上签字，以示负责

　（5）购入的设备验收时发现质量不合格，或型号、厂商不符时要及时退货调换

　（6）采购贵重设备，特别是进口设备时，须备齐全各种资料送上级主管研究

　（7）完成上级交办的其他事项

3.工作关系

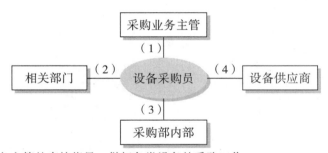

　（1）接受采购业务主管的直接指导，做好各类设备的采购工作

　（2）为生产部、品质部、仓储部、人力资源部、行政部等部门采购其需要的各类设备

　（3）和采购工程师等一起与设备供应商进行谈判，与跟单员沟通设备采购订单执行情况

　（4）与设备供应商做好沟通协调工作，协调物料的供应情况

4.任职要求

　（1）教育背景：中专或同等学历以上，机械、物流管理、公共关系或相关专业

　（2）经验：1年以上的设备采购经验

　（3）专业知识：对设备采购工作有一定认知

　（4）能力与技能：具有良好的沟通、表达能力；对行业状况比较了解，掌握自动化办公软件的使用方法，具备基本的网络知识

5.工作条件

　（1）工作场所：不固定

　（2）工作时间：固定（五天八小时工作制）

　（3）使用设备：计算机、电话、计算器等

4-06 跟单员岗位说明

跟单员岗位说明书

岗位名称	跟单员	岗位代码		所属部门	采购部
职系		职等职级		直属上级	采购业务主管

1.岗位设置目的
　　对所有采购工作进行全面跟踪，确保交期

2.岗位职责
　　（1）对采购物料价格进行分析评审
　　（2）根据采购计划制作采购订单
　　（3）与各采购员沟通采购紧张情况
　　（4）定期制作采购进展报告
　　（5）跟踪交期及交货情况
　　（6）处理物料数量及品质问题
　　（7）处理对账付款问题
　　（8）做每季、每年物料采购总结
　　（9）完成上级交办的其他事项

3.工作关系

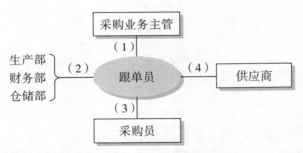

　　（1）接受采购业务主管的直接指导，做好各类设备的采购工作
　　（2）与生产部沟通生产计划信息；与仓储部沟通采购到货情况；与财务部进行对账、付款工作沟通
　　（3）协助各采购员做好采购工作，跟踪其工作进度
　　（4）协助各采购员与供应商进行沟通协调

4.任职要求
　　（1）教育背景：中专或同等学历以上，机械、物流管理、公共关系或相关专业
　　（2）经验：1年以上的跟单工作经验
　　（3）专业知识：对跟单工作有一定认知
　　（4）能力与技能：具有良好的沟通、表达能力；对行业状况比较了解，掌握自动化办公软件的使用方法，具备基本的网络知识

5.工作条件
　　（1）工作场所：采购部办公室
　　（2）工作时间：固定（五天八小时工作制）
　　（3）使用设备：计算机、电话、计算器等

4-07　采购文员岗位说明

采购文员岗位说明书

岗位名称	采购文员	岗位代码		所属部门	采购部
职系		职等职级		直属上级	采购部经理

1.岗位设置目的

　　加强采购部内部文件资料、合同、订单等的管理

2.岗位职责

　　（1）对所有合同、订单文件等资料进行保存

　　（2）负责部门内所有文件的传递、整理、上呈

　　（3）做好生产延误申请单的统计汇总工作

　　（4）做好品质异常单的接收及统计

　　（5）做好办公用品月均用量统计

　　（6）完成上级交办的其他事项

3.工作关系

　　（1）接受采购部经理的直接指导，做好各类资料的管理工作

　　（2）收集相关部门的采购申请单并妥善保管

　　（3）与各级采购员、采购工程师等就所有采购资料的收集进行沟通协调

4.任职要求

　　（1）教育背景：高中或中专以上学历、经济管理相关专业

　　（2）经验：1年以上的文职类工作经验

　　（3）专业知识：具备一定文职类岗位相关知识

　　（4）能力与技能：较强的计算机办公软件使用技能

5.工作条件

　　（1）工作场所：采购部办公室

　　（2）工作时间：固定（五天八小时工作制）

　　（3）使用设备：计算机、电话、计算器等

4-08 采购工程师岗位说明

采购工程师岗位说明书

岗位名称	采购工程师	岗位代码		所属部门	采购部
职系		职等职级		直属上级	采购部经理

1.岗位设置目的

　　进行供应商的认证、物料估价及与采购有关问题的沟通协调

2.岗位职责

　　（1）主要物料的估价

　　（2）供应商物料样品的品质初步确认

　　（3）物料样品的初期制作

　　（4）替代物料的搜寻

　　（5）采购部有关技术、品质文件的拟制

　　（6）与技术、品质部有关技术、品质问题的沟通与协调

　　（7）与供应商有关技术、品质问题的沟通与协调

　　（8）完成上级交办的其他事项

3.工作关系

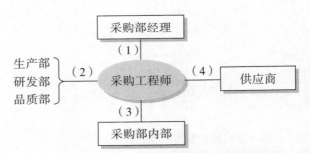

　　（1）接受采购部经理的直接指导，做好采购人员物料价格、品质确认等工作

　　（2）与生产部沟通生产信息；与研发部、品质部沟通采购物料的品质信息

　　（3）向采购人员提供采购物料的品质信息，并解答其疑问，同时参与大宗项目的采购谈判

　　（4）与供应商有关技术、品质问题的沟通与协调

4.任职要求

　　（1）教育背景：大专以上学历，经济、管理或相关专业

　　（2）经验：3年以上的采购工作经验

　　（3）专业知识：熟悉行业、涉外公司的有关政策法规以及相关业务知识

　　（4）能力与技能：积极进取，责任心强；很强的自我约束力，独立工作和承受压力的能力；高度的工作热情，良好的团队合作精神

5.工作条件

　　（1）工作场所：采购部办公室

　　（2）工作时间：固定（五天八小时工作制）

　　（3）使用设备：计算机、电话、计算器等

4-09　仓储物流部经理岗位说明

仓储物流部经理岗位说明

岗位名称	仓储物流部经理	岗位代码		所属部门	仓储物流部
职系		职等职级		直属上级	总经理

1.岗位设置目的

　根据公司整体发展战略及相关制度流程，在总经理的领导下，全面负责公司的仓储管理工作，确保仓储质量，提升公司整体水平和竞争力

2.岗位职责

（1）根据公司年度经营计划及战略发展规划，制定仓库工作计划及业务发展规划

（2）根据公司经营管理整体要求，制定库房管理、出入库管理等各项制度并贯彻实施

（3）根据公司仓储工作特点，编制各项工作流程及操作标准并监督执行

（4）贯彻执行公司下达的仓储工作任务，并将各项任务落实到责任人

（5）采用科学的仓储管理方法，做好库存物品的存放管理及各类物品的出入库管理

（6）核定和掌握仓库各种物品的储备定额，并严格控制，保证合理库存和使用

（7）根据生产任务安排，做好物料、工具等物品的收发服务，并保证质量和生产的需要

（8）掌握各类物品的收发动态，审查统计报表，定期撰写分析报告并上报总经理

（9）定期组织盘点，对盘盈、盘亏、丢失、损坏等情况查明原因和责任，并提出处理意见

（10）加强安全、消防管理，做好防火、防盗、防潮等工作

（11）改善仓储环境，提高搬运效率，提供及时、安全、有效的搬运、配送服务

（12）参与制定公司全面质量管理制度体系及服务标准建设，并监督实施情况

（13）负责废旧物品的管理，对滞料、废料、不合格品等提出处理意见并协助实施

（14）参与供应商、协作厂商的绩效评审工作

（15）负责与其他职能部门的协调沟通

（16）组织与建设仓仓储物流管理团队，协助人力资源部做好员工的选拔、配备、培训、绩效考核工作

（17）对下属员工进行业务指导、合理调配，监督其计划执行，努力提高其积极性和服务意识

（18）完成上级交办的其他事项

3.工作关系

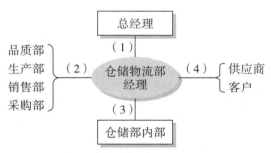

（1）向总经理提供仓库运营信息，提出改善建议，并落实其工作安排

（2）与品质部就物料、成品、半成品的品质统计信息进行沟通；与生产部就半成品、成品入库，物料发放进行统筹安排；与销售部就出货计划进行沟通，安排下属部门准时发货；与采购部就物料的送达进行沟通

（3）指导仓储物流部内部各部门按相关流程、制度开展工作，并听取其汇报

（4）协助采购部与供应商沟通送货、退货信息，协助销售部与客户沟通送货信息

续表

4.任职要求 （1）教育背景：大学本科或以上学历，物流管理、公司管理或微观经济管理相关专业 （2）经验：5年以上的仓储物流管理工作经验 （3）专业知识：熟悉仓储物流管理知识 （4）能力与技能：有一定的组织能力及较强的决断能力，善于沟通，能协调处理好各相邻有关部门之间的关系	
5.工作条件 （1）工作场所：仓储物流部办公室 （2）工作时间：固定（五天八小时制） （3）使用设备：计算机、电话、计算器等	

4-10 出入库主管岗位说明

出入库主管岗位说明

岗位名称	出入库主管	岗位代码		所属部门	仓储物流部
职系		职等职级		直属上级	仓储物流部经理

1.岗位设置目的
协助仓储物流部经理做好各类物料、成品、半成品的出入库管理工作

2.岗位职责
（1）负责制定所有物品的入库验收作业规范，并监督实施
（2）落实所有物品的入库验收工作，并出具入库验收报告
（3）妥善处理存在异常问题而不可入库的物品
（4）协助采购部处理不合格材料、货物的退货工作
（5）对所有物品的规格、包装、外观及运输条件提出改善意见或建议
（6）制定仓储物品的出库管理制度，上报领导审批后贯彻实施
（7）负责制定物品的出库工作流程及优化，提高工作效率
（8）负责审查出库手续、凭证等是否齐全
（9）对出库申请进行审批，对手续齐全、质量合格、数量无误的，在"出库单"上签字后放行
（10）负责物品搬运出库过程中的现场指挥，避免出现意外损失
（11）监督出库物品装载上车
（12）每日编制出库物品统计报表，并上报仓储物流部经理
（13）与生产等部门沟通、协调有关出库物品事宜
（14）完成上级交办的其他事项

3.工作关系

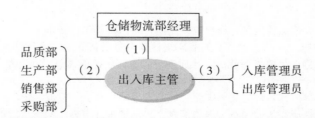

续表

（1）接受仓储物流部经理的直接指导，向其提供出入库报表，管理好各类物料、成品、半成品的出入库管理工作

（2）与品质部就物料、成品出入库检验人员的安排和检验工作的开展进行沟通；与生产部就半成品、成品入库，物料发放进行具体安排；接受销售部的发货通知，安排下属部门准时发货；与采购部就物料的送货与退货进行沟通

（3）指导入库管理员、出库管理员做好物料、半成品、成品等的出入库管理工作

4.任职要求

（1）教育背景：大专或以上学历，物流管理、公司管理或微观经济管理相关专业

（2）经验：3年以上的仓储物流管理工作经验

（3）专业知识：熟悉仓储物流管理知识

（4）能力与技能：有一定的组织能力及较强的决断能力，善于沟通，能协调处理好各相邻有关部门之间的关系

5.工作条件

（1）工作场所：仓库出入库区域

（2）工作时间：固定（五天八小时制）

（3）使用设备：计量设备、检验设备、计算机、电话等

4-11　入库管理员岗位说明

入库管理员岗位说明

岗位名称	入库管理员	岗位代码		所属部门	仓储物流部
职系		职等职级		直属上级	出入库主管

1.岗位设置目的

协助出入库主管进行物品入库验收作业

2.岗位职责

（1）协助出入库主管制定物品入库验收作业规范，并严格参照执行

（2）负责所有物品的入库验收工作，并如实填写相应的入库验收单

（3）识别和记录物品的质量问题，对物品的包装、运输及其他方面提出改进建议

（4）拒收进料中的不合格材料和物件

（5）做好物品验收记录，对物品的验收情况进行统计、分析、上报

（6）完成上级交办的其他事项

3.工作关系

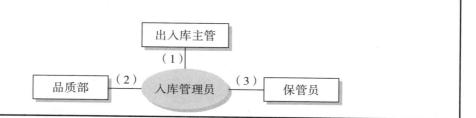

续表

（1）接受出入库主管的直接指导，做好入库验收工作，向出入库主管反映验收中出现的各类问题 （2）与品质部检验人员共同协作，做好物料、半成品、成品等物品的入库检验工作，对检验人员检验确认不合格的物品不得予以验收 （3）物品验收完毕后，通知保管员将其运至相应区域进行上架储存
4.任职要求 （1）教育背景：中专或以上学历，物流管理相关专业 （2）经验：1年以上的仓储物流管理工作经验 （3）专业知识：熟悉仓储物流管理知识 （4）能力与技能：有较强的执行力、口头表达能力以及沟通、协调能力
5.工作条件 （1）工作场所：仓储物流部入库验收区域 （2）工作时间：固定（五天八小时制） （3）使用设备：计量设备、检验设备、计算机、电话等

4-12　出库管理员岗位说明

出库管理员岗位说明

岗位名称	出库管理员	岗位代码		所属部门	仓储物流部
职系		职等职级		直属上级	出入库主管
1.岗位设置目的 　协助出入库主管进行物品出库作业管理					
2.岗位职责 （1）协助出入库主管制定仓库出库管理制度，并提出合理化建议 （2）总结工作经验，提出工作改进建议，优化工作流程 （3）协助出入库主管检验待出库物品的质量、包装情况，清点数量或过磅 （4）协助审核物品出库手续、凭证等的完整性，确保出库工作准确 （5）严格按照出库凭证发放物料，做到账、卡、物相符 （6）负责物料出库过程中人员的安排，指导物品的搬运操作规范，防止发生意外 （7）出库单的收集、汇总、统计及保管 （8）出库物品数量统计，并将数据提交给出入库主管 （9）完成上级交办的其他事项					
3.工作关系  （1）接受出入库主管的直接指导，做好出库工作，向其反映出库中出现的各类问题 （2）与品质部检验人员共同协作，做好物料、半成品、成品等物品的出库检验工作，对检验人员检验确认不合格的物品不得予以出库 （3）监督装卸工将成品搬运上车，确保其不被损坏					

续表

4.任职要求
（1）教育背景：中专或以上学历，物流管理相关专业
（2）经验：1年以上的仓储物流管理工作经验
（3）专业知识：熟悉仓储物流管理知识
（4）能力与技能：有较强的执行力、口头表达能力以及沟通、协调能力
5.工作条件
（1）工作场所：仓储物流部出库区域
（2）工作时间：固定（五天八小时制）
（3）使用设备：计量设备、检验设备、计算机、电话等

4-13 仓储主管岗位说明

仓储主管岗位说明

岗位名称	仓储主管	岗位代码		所属部门	仓储物流部
职系		职等职级		直属上级	仓储物流部经理

1.岗位设置目的
协助仓储物流部经理做好各仓库储存物品的保管工作
2.岗位职责
（1）安排货物的存放地点，登记保管账本和货位编号
（2）组织检查货物的包装是否漏包、霉变、虫害，清点数量，并按规格、重量分别存放
（3）组织对仓库进行温湿度管理、物品防腐防霉管理、防锈管理和病虫害防治工作
（4）负责仓库安全管理，检查仓库消防、防汛等设施，巡查安全隐患，保证仓库安全
（5）负责仓库的现场管理，要求仓库管理人员严格执行"5S"管理规定
（6）负责仓库管理人员的业务、劳动纪律、现场管理等的日常检查、督导
（7）负责仓库保管员业务知识的培训
（8）完成上级交办的其他事项
3.工作关系

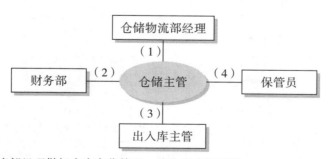

（1）协助仓储物流部经理做好仓库存货管理、消防安全管理等
（2）协助财务部开展仓库盘点的安排工作
（3）与出入库主管沟通协调入库物品的存放安排，出库物品的备货工作
（4）指导保管员进行各类物品的日常保管、保养工作，并监督其有效搬运

续表

4.任职要求
（1）教育背景：大专或以上学历，物流管理、公司管理或微观经济管理相关专业
（2）经验：3年以上的仓储物流管理工作经验
（3）专业知识：熟悉仓储物流管理知识
（4）能力与技能：有一定的组织能力及较强的决断能力，善于沟通，能协调处理好各相邻有关部门之间的关系
5.工作条件
（1）工作场所：仓储区域
（2）工作时间：固定（五天八小时制）
（3）使用设备：搬运设备、储存设备、计算机、电话、计算器等

4-14 保管员岗位说明

保管员岗位说明

岗位名称	保管员	岗位代码		所属部门	仓储物流部
职系		职等职级		直属上级	仓储主管

1.岗位设置目的
协助仓储主管开展保管区内物品的保管工作
2.岗位职责
（1）协助仓储主管对保管区内的货物及时登记实物登记卡
（2）定期清扫保管区，保证保管区内清洁卫生，无虫害、鼠害
（3）定期检查所保管的货物品种、数量、质量状况
（4）负责保管物品的安全管理工作，协助仓储主管进行仓库消防安全管理
（5）加强仓库的温湿度管理，保持物品储存的合理温湿度
（6）采取适当的措施，防止库存商品的腐蚀和霉变
（7）保持仓库的卫生和清洁，防止鼠害和病虫害
（8）对库存的特殊物品，根据其物品特性要求采取相应的措施，保证其在库期间的质量
（9）检查仓库养护设施设备的运转情况，保证仓库的储存条件经常处于良好的状态
（10）完成上级交办的其他事项
3.工作关系

（1）接受仓储主管的直接指导，做好负责区域的仓储物品保管工作
（2）协助入库管理员将入库的各类物品摆放好；协助出库管理员准备待出库的物料、成品等
4.任职要求
（1）教育背景：中专或以上学历，物流管理相关专业
（2）经验：1年以上的仓储物流管理工作经验
（3）专业知识：熟悉仓储物流管理知识
（4）能力与技能：有较强的执行力、口头表达能力以及沟通、协调能力

续表

5.工作条件
（1）工作场所：仓储区域
（2）工作时间：固定（五天八小时制）
（3）使用设备：搬运设备、储存设备等

4-15 运输配送主管岗位说明

运输配送主管岗位说明

岗位名称	运输配送主管	岗位代码		所属部门	仓储物流部
职系		职等职级		直属上级	仓储物流部经理

1.岗位设置目的
协助仓储物流部经理做好成品的发货工作以及具体的运输配送事务

2.岗位职责
（1）制订成品配送计划并组织执行，负责制定运输配送日常管理制度并负责落实执行
（2）负责审批运输配送计划并监督实施
（3）负责对运输配送人员进行调度和安排
（4）负责对运输配送部门的设施进行管理
（5）负责车辆的组织、调配和管理
（6）对运输配送过程中产生的单据和档案进行管理
（7）负责装卸工的业务、劳动纪律、现场管理等的日常检查、督导、考核工作
（8）完成上级交办的其他事项

3.工作关系
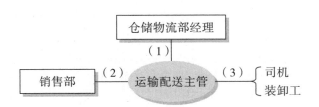
（1）接受仓储物流部经理的直接指导，做好成品出货工作
（2）接受销售部的发货通知，组织下属员工安排发货
（3）指导并监督司机正常驾驶车辆，做好车辆日常管理；指导装卸工正常装卸货物，并及时入库

4.任职要求
（1）教育背景：中专或以上学历，物流管理相关专业
（2）经验：2年以上的仓储物流管理工作经验
（3）专业知识：熟悉仓储物流管理知识，拥有专业汽车驾照
（4）能力与技能：有一定的组织能力及较强的决断能力，善于沟通交流

5.工作条件
（1）工作场所：不固定
（2）工作时间：固定（五天八小时制）
（3）使用设备：车辆、车辆维修工具、搬运设备、电话、计算器等

4-16　司机岗位说明

司机岗位说明

岗位名称	司机	岗位代码		所属部门	仓储物流部
职系		职等职级		直属上级	运输配送主管

1.岗位设置目的

　　驾驶运输车辆，做好运输工作

2.岗位职责

　　（1）做好运输车辆的驾驶工作，保证驾驶安全

　　（2）监控物料的发送及运输，以保证物料配送的及时、安全

　　（3）负责与客户或供应商进行沟通，协调配送过程中发生的问题

　　（4）优化物料配送作业流程，不断提高配送工作效率

　　（5）与运输作业人员密切配合，保障物料配送用车

　　（6）完成上级交办的其他事项

3.工作关系

　　（1）接受运输配送主管的直接指导，并协助其做好成品出货管理工作

　　（2）与客户做好货物交接工作，协助其做好货物的放置工作

　　（3）指导并协助装卸工做好货物的装卸工作

4.任职要求

　　（1）教育背景：中专或以上学历，物流管理相关专业

　　（2）经验：1年以上的仓储物流管理工作经验

　　（3）专业知识：熟悉本地物流运输路线，货物搬运知识尤其是危险物品运输知识

　　（4）能力与技能：有一定的组织能力及较强的决断能力，善于沟通交流

5.工作条件

　　（1）工作场所：不固定

　　（2）工作时间：固定（五天八小时制）

　　（3）使用设备：车辆、车辆维修工具、搬运设备、电话、计算器等

4-17 装卸工岗位说明

装卸工岗位说明

岗位名称	装卸工	岗位代码		所属部门	仓储物流部
职系		职等职级		直属上级	运输配送主管

1.岗位设置目的
　负责货物的装卸工作

2.岗位职责
　（1）做好物品的装车工作
　（2）协助客户卸货
　（3）进行货物装卸作业，保证按时按量装卸
　（4）进行货物装载后的固封防护工作
　（5）根据公司5S管理要求，负责作业后的场地清扫和物品清理工作
　（6）完成上级交办的其他事项

3.工作关系

　（1）接受运输配送主管的直接指导，并协助其做好货物装车工作
　（2）与客户做好货物交接工作，按客户要求卸货
　（3）监督司机对车辆进行正常驾驶

4.任职要求
　（1）教育背景：中专或以上学历
　（2）经验：1年以上的仓储物流管理工作经验
　（3）专业知识：熟悉配送物品知识，危险物品搬运、防护安全知识
　（4）能力与技能：身体强壮，无疾病，有较强的执行力

5.工作条件
　（1）工作场所：不固定
　（2）工作时间：固定（五天八小时制）
　（3）使用设备：装卸工具、搬运设备等

4-18 机务员岗位说明

机务员岗位说明

岗位名称	机务员	岗位代码		所属部门	仓储物流部
职系		职等职级		直属上级	仓储物流部经理

1.岗位设置目的

　协助仓储物流部主管做好各类仓储设备、工具的管理工作

2.岗位职责

　（1）制订合理的设备和车辆的使用与维护保养计划，执行设备的预防保养制度

　（2）负责仓储设施设备的管理

　（3）定期检查各种在用的仓储设施设备，及时发现设施设备使用过程中存在的各种事故隐患

　（4）加强技术改造，节约设备的运营费用，降低仓储成本

　（5）对设备操作人员进行定期的技术培训

　（6）完成上级交办的其他事项

3.工作关系

　（1）接受仓储物流部经理的直接指导，并协助其做好各类仓储设备的日常管理工作

　（2）培训仓储物流部内部人员使用各类仓储设备，并监督其正常使用，不得损坏设备

4.任职要求

　（1）教育背景：中专或以上学历，机械相关专业

　（2）经验：1年以上的仓储物流管理工作经验

　（3）专业知识：熟悉各类仓储设备特性，拥有丰富的设备管理知识

　（4）能力与技能：善于沟通交流，有较强的执行力

5.工作条件

　（1）工作场所：仓储区域

　（2）工作时间：固定（五天八小时制）

　（3）使用设备：储存设备、搬运设备、计算机、电话、计算器等

4-19　库存控制专员岗位说明

库存控制专员岗位说明

岗位名称	库存控制专员	岗位代码		所属部门	仓储物流部
职系		职等职级		直属上级	仓储物流部经理

1.岗位设置目的

　协助仓储物流部经理控制仓库的库存

2.岗位职责

　（1）分析、跟踪每日库存状态，并根据分析、跟踪结果采取相应的处理措施

　（2）协助仓储物流部经理不断优化库存控制系统，降低库存控制成本

　（3）协同生产、物料、品质等各部门，分析物料损耗，并提出相关处理意见

　（4）具体负责对呆滞物料的处理工作

　（5）分析和改进库存控制系统，协助仓储物流部经理降低库存和提高库存周转次数

　（6）负责库存数据录入和库存报表工作

　（7）完成上级交办的其他事项

3.工作关系

　（1）接受仓储物流部经理的直接指导，并协助其优化库存控制系统，降低库存控制成本

　（2）及时与采购部沟通库存信息，督促其准时开展采购工作；与财务部就存货信息进行沟通，并就存货账目进行交接

4.任职要求

　（1）教育背景：大专或以上学历，采购、机械相关专业

　（2）经验：2年以上的仓储物流管理工作经验

　（3）专业知识：熟悉各类库存品的特性，拥有丰富的库存管理知识

　（4）能力与技能：善于沟通交流，有较强的执行力

5.工作条件

　（1）工作场所：仓储部办公室

　（2）工作时间：固定（五天八小时制）

　（3）使用设备：计算机、电话、计算器等

第2部分

供应链管理制度

　　没有完善的管理制度，任何先进的方法和手段都不能充分发挥作用。为了保障供应链管理系统的有效运转，企业必须建立一整套供应链管理制度，作为供应链工作的章程和准则，使供应链管理规范化。

　　本部分共分为九章，如下所示：

- ·供应链管理制度概述
- ·供应链战略规划制度
- ·采购计划管理制度
- ·供应商认证管理制度
- ·供应商日常管理制度
- ·供应商考核管理制度
- ·采购订单跟进管理制度
- ·仓储管理制度
- ·物流配送管理制度

第5章 供应链管理制度概述

本章阅读索引：

· 制度的基本内容
· 管理制度的样式

· 管理制度的实施
· 供应链管理模块及制度概览

"一切按制度办事"是企业制度化管理的根本宗旨。企业通过制度规范员工的行为，员工依据制度处理各种事务，而不是以往的察言观色和见风使舵，使企业的运行逐步规范化和标准化。一个具体的、专业性的企业管理制度一般由一些与此专业或职能相关的、规范性的标准、流程或程序，以及规范性的控制、检查、奖惩等因素组合而成。在很多场合或环境里，制度即规范或工作程序。

5-01 制度的基本内容

从一个具体的企业管理制度的内涵及其表现形式来看，企业管理制度主要由以下内容组成。

（1）编制目的。

（2）适用范围。

（3）权责。

（4）定义。

（5）作业内容，包括作业流程图，及用5W1H（Who——何人，When——何时，Where——何地，What——什么，Why——为什么，How——怎样做）对作业流程图的要项逐一说明。

（6）相关文件。

（7）使用表单。

一般来说，编写管理制度的内容时，应按照以下要领进行，如表5-1所示。

表5-1 管理制度内容编写要领

序号	项目	编写要求	备注
1	编制目的	简要叙述编制这份制度的目的	必备项目
2	适用范围	主要描述这份制度所包含的作业深度和广度	必备项目
3	权责	列举本制度和涉及的主要部门或人员的职责及权限	可有可无

序号	项目	编写要求	备注
4	定义	列举本制度内容中提到的一些专业名称、英文缩写或非公认的特殊事项	可有可无
5	作业内容	这是整个制度的核心部分。用5W1H的方式依顺序详细说明每一步骤涉及的组织、人员及活动等的要求、措施、方法	必备项目
6	相关文件	将管理规定中提及的或引用的文件或资料——列举	可有可无
7	使用表单	将管理规定中提及的或引用的记录——列举，用以证明相关活动是否被有效实施	可有可无

5-02 管理制度的样式

严格来说，制度并没有标准、规范的格式，但大多数企业都采用目前比较流行的、便于企业进行质量审核的文件样式，如表5-2所示。

表5-2 制度样式

××公司标准文件		××有限公司 ×××管理制度/工作程序	文件编号×× - ×× - ××	
版次	A/0		页次	第×页
1.目的 2.适用范围 3.权责单位 　3.1部门 　　负责×× 　3.2部门 　　负责×× 　　…… 4.定义 5.管理规定/程序内容 　5.1 　5.1.1 　5.1.2 　5.2 　… 6.相关文件 　××文件				

续表

7.使用表单					
××表					
拟定		审核		审批	

5-03 管理制度的实施

企业管理制度的执行与企业管理制度既有联系又有区别：制度是文件，是命令；执行是落实，是实践；制度是执行的基础，执行是制度的实践，没有制度就没有执行；没有执行，制度也只是一个空壳。所以要想贯彻落实企业管理制度，还需做到以下几个方面。

（一）需要加强企业管理制度和执行在员工中的透明度

员工是企业管理制度落实到位的主要对象。如果员工连遵守什么、怎样遵守都不明白或不完全明白，就是没有目的或目的（目标）不明确，后果将导致公司制定的管理制度"流产"。企业管理制度是员工在工作中不可或缺的一部分，制度遵守得好坏，取决于员工的工作态度和责任心。如果员工把平时的工作表现和制度执行程度分开来衡量自己是不恰当的。因为制度和工作在性质上不可分，是相互联系和依存的。制度遵守得好，工作起来就好，就顺心，没有压力；反过来，工作上的每一次过失和失误，大多是不遵守制度或遵守制度不彻底而引起的。因此，遵守企业管理制度虽然提倡自觉性，但同时不能忽略强制性，对少数员工实行罚款、辞退、开除等执行措施是很有必要的。

（二）企业管理人员在制度和执行上应做到"自扫门前雪"

企业管理人员有宣贯企业管理制度的义务和责任，制度的拟定者和执行者都应把心态放正，不要掺杂个人感情在制度中。同时要杜绝一问三不知。在企业管理制度的执行上对执行者要做到相互监督、落实。

企业管理制度执行本身就具有强制性的特征。没有过硬的强化手段，有些刚建立的企业管理制度就是一纸空文。一般地讲，制度的制定，来自基层，也适用于基层，为基层服务。因此，建立持久的强化执行方案是完成管理制度最有效的方法。当一种企业管理制度，经过一定阶段强化执行后，它就逐渐形成了一种习惯，甚至可以成为一种好的企业传统发扬下去。

企业管理人员有好的决心，才能有好的制度执行力。优秀的领导应从宏观角度去监督指导企业管理制度执行的程度，随时检查纠正，调整执行方案、执行方法，不断完善企业管理制度，推动公司制度的执行在管理人员、员工的行为中的深入度，坚持用诚实可信、勤恳踏实的务实敬业作风去感化和影响自己的下属，为自己的工作服务，为企业服务。

5-04 供应链管理模块及制度概览

本书为企业的供应链管理提供了一些实用的制度范本供参考，具体包括如表5-3所示的几个方面。

表5-3 供应链管理模块及制度概览

序号	管理模块	制度名称
1	供应链战略规划制度	供应链战略规划方案
		供应链贸易安全制度
		战略供应商管理实施细则
2	采购计划管理制度	物资采购计划管理规定
		采购计划控制程序
		采购预算编订办法
3	供应商认证管理制度	新供应商引入管理办法
		供应商审核管理办法
		潜在供应商资源信息库建设及管理办法
		供应商选择程序
		供应商认证管理规程
		供应商生产件批准程序
4	供应商日常管理制度	供应商管理实施办法
		采购更换供应商流程规范
		合同纠纷处理办法
		供方索赔管理规定
		产品质量赔偿和激励管理办法
5	供应商考核管理制度	供应商业绩考核管理办法
		供应商绩效评价管理办法
		供应商奖惩管理制度
6	采购订单跟进管理制度	采购订单运作流程规范
		请购作业处理程序
		采购交期管理办法
		进料接收管理办法
7	仓储管理制度	仓储规划及管理流程规范
		出入库管理制度
		物资入库验收管理制度
		在库品防护程序
		客户财产控制程序
		仓库盘点作业管理流程

续表

序号	管理模块	制度名称
8	物流配送管理制度	物流配送管理办法
		配送中心业务流程规范
		配送中心业务规范
		配送中心订货信息员作业指导书
		配送中心验收员作业指导书
		配送中心商检员作业指导书
		配送中心管理员作业指导书
		配送中心库管分拣员作业指导书
		配送中心冷藏配送作业指导书
		物流运输管理制度

本章阅读索引：

- 供应链战略规划方案
- 供应链贸易安全制度
- 战略供应商管理实施细则

6-01　供应链战略规划方案

××公司标准文件		××有限公司 供应链战略规划方案	文件编号××-××-××	
版次	A/0		页次	第×页

1. 目的

通过整合专业××领域价值链上下游合作伙伴的资源，充分发挥合作伙伴的专业能力，提升供应链各方过程管理能力，为客户提供人性化的专业××产品和服务。为提高运营的有效性和效率性，实现合作共赢，满足供应链合作伙伴的发展与变革需求，特制定本方案。

本方案包括依据内外部顾客的需求与市场订单，调动内外部资源，对产品设计、采购、制造、交付等各环节的组织与协调，进行有效管理的过程。

2. 职责

（1）总裁负责批准供应链战略规划，并提供必要的资源。

（2）供应链管理部总监负责审核供应链战略规划的制定、调整以及所需资源的配置，并监督本规划方案的执行落实。

（3）供应链管理部为供应链管理的职能部门，负责组织供应链规划的制定、实施与监测，并根据需要及时地组织修订调整。

（4）各部门负责按供应链规划要求贯彻实施。

3.总体要求

3.1　使命：提供人性化的专业××产品和服务

3.1.1　方法：基于供应链管理现状和××精益管理模式的差距，通过系统运用和优化资源、技术、方法及工具，提高产品质量、缩短交付周期、改善工作环境、提高供应链运作效益，提升供应链整体竞争能力。

3.1.2 人性化：及时、准确地提供满足客户个性化产品需求和物超所值的服务，特别是客户对安全、节能、环保、舒适、周到等产品和服务的特性需求，不给客户增添麻烦，并给客户带来快乐。

3.2 愿景：成为全球专业××领域最佳的集成供应链

3.2.1 集成供应链包括××系统产品的集成和供应链的集成。

3.2.2 ××系统产品的集成：是指持续创新产品及产品组合，为客户提供人性化的专业××产品、××系统解决方案和产品生命周期的服务保障。

3.2.3 供应链的集成：是指供应链上的每个成员共享信息、同步计划、使用协调一致的业务处理流程，共同应对复杂多变的市场，为最终用户提供高效、快捷、灵活、可靠的产品和服务，从而在竞争中获得优势，最终实现全球专业××领域产品和服务质量最佳、交付速度第一、供应链成本费用率最优，成为全球专业××领域供应链标杆企业。

3.2.4 供应链成本费用率：包括当期采购成本、生产成本、物流成本（不包括研发新产品与非生产领用物料等）、制造费用之和与当期销售额之比。

3.3 价值观：快速、高效、和谐、共赢

3.3.1 快速：既保持常规条件下组织管理体系高效运作，同时又能在特殊任务条件下做出敏捷性响应。

3.3.2 高效：是指高绩效，通过优质、低耗、效率高、收益高来体现。

3.3.3 和谐：目标观念协调一致，信息共享准确及时，行为步调顺畅统一，资金流动快速有序。

3.3.4 共赢：协同作战、优势互补，实现供应链利益最大化。

3.4 战略目标

供应链战略目标与对应时间表

战略目标	第一年	第二年	第三年
产品故障率/DPPM（每百万缺陷数）			
顾客满意度/%			
未准时发货率/%			
供应链综合成本费用率/%			
关键物料准时合格率/%			

3.5 战略措施

3.5.1 系统识别供应链要求，分析与标杆企业××管理模式的差距，进行供应链设计；在供应链全过程推行TQM（全面质量管理）、精益生产；申报全国现场管理星级评定。

　　3.5.2　识别供应链关键点，掌控关键供应链资源，把握时机，通过战略联盟、收购、自建等后向一体化策略控制关键模块/技术。

　　3.5.3　提高零部件标准化、模块化的水平和管理能力。

　　3.5.4　不断完善以终端客户为导向、合作共赢的供应链管理系统，提升供应链整体竞争能力。

　　3.5.5　引进和培育供应链管理关键人才，包括供应链战略管理、高级精益生产及工艺管理、高级全面质量管理、高级供应链计划管理、高级物流管理等方面人才。

　　3.5.6　实施供应链信息一体化建设。

　　3.5.7　建设工业园，逐步实现生产、物流、质量监控自动化、半自动化改造。

4.目标及绩效预测

关键绩效指标（KPI）预测及目标值一览表（包括相关战略KPI，协调一致）

KPI （Key Performance Indicator）	第一年		第二年		第三年	
	预测值	目标值	预测值	目标值	预测值	目标值
供应链成本费用率						
顾客满意度						
未准时发货率						
产品故障率						
供应商满意度						
客户投诉率						
关键物料准时合格率						
安全事故数						
主生产计划准确率						
生产一次送检合格率						
产品一次验收合格率						
工程一次验收合格率						
产品老化合格率						
库存周转次数						
采购成本降低率						
生产费用率						
单位物流成本率						
来料合格率						
来料及时率						
优秀供应商比率						

续表

KPI （Key Performance Indicator）	第一年		第二年		第三年	
	预测值	目标值	预测值	目标值	预测值	目标值
优秀供应商采购占比						
战略联盟数量						
人均培训时数						

5.风险应对措施及计划

风险应对措施及计划

序号	主要风险	控制措施	应变计划 或应急预案	责任部门
1	安全生产事故（火灾/人员伤亡等）	《安全生产管理规定》《化学品安全管理规定》	信息和数据做好备份；《安全生产应急管理方案》	工厂
2	产品、工程质量事故	质量管理体系文件	启动《紧急质量事故处理规范》	工艺质量部
3	供应商倒闭或不合作	定期了解供应商的经营状况；建立备选供应商信息库	收购倒闭的供应商；启用备选供应商；重新开发新供应商	中心采购部供应链运营部
4	自然灾害（地震等）	财产投保，制定自然灾害发生后的应急预案	全体员工集体协作应对；公司搬迁	供应链管理部
5	重大疫情	保持良好的工作和生活环境，培养员工良好的生活习惯，对员工定期体检、接种疫苗，制定重大疫情应急预案	启动《重大疫情应急预案》	供应链管理部
6	销售预测偏差太大，PMC（生产物料管理）反应迟钝，导致断货或库存积压	参考历史经验发展趋势进行预测分析；进行过程控制，实施滚动计划	启动应急采购与生产模式	商务部/计划运作部
7	合作战略联盟失败，关键合作方不配合	前期调研把握发展趋势；进行价值观宣讲，合作渠道加强沟通；做充分的市场调查，储备资源	启动《战略联盟备选方案》	中心采购部供应链运营部

拟定		审核		审批	

6-02 供应链贸易安全制度

××公司标准文件		××有限公司 供应链贸易安全制度	文件编号××-××-××	
版次	A/0		页次	第×页

1.目的

为了有效地对公司供应链通关安全风险和威胁进行控制管理，确保整个通关过程符合《海关认证企业标准》及进出口海关法律法规，结合本公司实际情况，特制定本制度。

2.适用范围

适用于对公司供应链安全管理的全过程，以及对所涉及相关方供应链过程的评估、要求、检查等管理和控制。

3.职责

（1）责任人为负责海关事务的副总经理，由关务部配合实施。

（2）职责：负责对公司商业伙伴的供应链安全风险和威胁控制的管理工作的督导检查，并制定商业伙伴供应链评估、要求、检查的指标文件，负责审批相关规范、规定等管理控制文件。

4.管理规定

4.1 商业伙伴的供应链安全评估

4.1.1 企业在选择商业伙伴时，需在海关信用公示平台查询确认商业伙伴的海关信用类别，根据商业伙伴的海关信用类别确定是否进行实地评估。

4.1.1.1 若商业伙伴是海关认证企业，可免于评估，只需提供认证证书。可作为确立合作关系的首选对象。

4.1.1.2 若商业伙伴是一般信用企业或者失信企业，需做出重点全面评估。

4.1.2 全面评估方法。

4.1.2.1 需请商业伙伴提供企业遵守海关等法律法规的书面文件，确认商业伙伴在遵守法律法规方面信用良好。

4.1.2.2 请商业伙伴展示其行业所获得的资质证书证明。

4.1.2.3 深入商业伙伴场地实地勘查，重点勘查其场所安全、进入安全、人员安全等供应链安全。

4.1.3 供应链安全评估原则。

4.1.3.1 公司应每隔半年对商业伙伴进行风险评估的评价，不合格的解除商业伙伴的合作关系。

4.1.3.2 风险评估记录应存档，记录保存2年以上。

4.1.4 供应链安全评估评级标准。

4.1.4.1　标准：满分100分。

4.1.4.2　等级：60分以下为不合格，应取消与其合作关系；60～69分为合格，可保持合作关系；70～79分为良好，可保持合作关系；80分以上为优秀，应积极保持合作关系，并从公司长远发展的角度出发，在选择商业伙伴时可优先考虑。

4.2　商业伙伴的供应链安全要求

对公司合作的商业伙伴在确立合作关系之前，需要求商业伙伴按照海关认证企业认证标准执行。

4.3　商业伙伴的安全供应链安全监控检查

公司对商业伙伴的安全供应链进行安全监控检查，每6个月一次。

拟定		审核		审批	

6-03　战略供应商管理实施细则

××公司标准文件		××有限公司 战略供应商管理实施细则	文件编号××-××-××	
版次	A/0		页次	第×页

1.目的

为规范战略供应商管理中的具体实施过程和手续，特制定本实施细则。

2.适用范围

适用于××有限公司战略合作供应商目录中的所有供应商。

3.术语

3.1　整改通知、预警

对供应商的产品质量、供货、服务等进行控制的办法。

3.2　供货管理

供货管理的内容如下。

（1）供货数量——少于计划数：短交。

（2）供货数量——超过计划数：超交。

（3）供货及时性——提前交货。

（4）逾期交货。

（5）交货质量——按质量要求交货。

（6）交货质量——未按质量要求交货。

供应商未能按供货计划要求的交货期、交货量、技术要求进行供货，较为重大的情况由各驻项目采购人员提出由采购部对供应商执行相应处罚；其他情况各驻项目采购人员按本细则执行，并将此信息传递到采购部备案。

3.3 暂停供货

发生较大的供货和质量问题，对涉嫌的责任单位，采购部可以在没有收到责任认定前，为了防止问题的扩大化，自行决定停止涉嫌供应商供货改为其他供应商供货，并出示暂停供货通知。

3.4 追溯索赔

因供应商原因用户要求本公司赔偿的，有权通过采购部向供应商追溯索赔。

3.5 份额调整

采购部结合供应商的综合评价和产品价格，核准供应份额在每月计划中体现。

如果供应商在供货管理和质量方面出现较大问题和频繁出现小问题，采购部将降低该供应商的供货份额。如果供应商的供货和质量方面有较好表现，采购部将适当提高供应商的供货份额。

3.6 资格调整

采购部结合供应商实力和业绩对供应商进行等级划分，拥有高等级资格的供应商在供货验证、付款方式、供货份额上拥有较多的优势，同时也有机会成为产品免检供应商或唯一供应商。如果供应商在供货管理和质量方面出现较大问题或频繁出现小问题，采购部将降低该供应商的等级，从而丧失资格优势，直至开除供应商资格。

3.7 质量信息

本细则中特指为供应商提供的产品的质量信息，包括进货验证信息、库存中存储的质量信息、生产中的产品应用质量信息、售后服务中的服务质量信息。

3.8 超交

如果验证合格的数量大于供货计划数量的记为超交。

3.9 短交

如果实际供货数量或因为质量验证不通过造成交货数量低于供货计划数量的情况，记为短交。

3.10 时间遵守性

指的是本公司要求的供应商交付产品的时间。

3.11 超额运费

供应商必须建立稳定的生产、物流系统，按规定采用合理经济的运输方法，发交产品到本公司指定地点。如果供应商因为特殊情况产生超额运费，即使用不同的运输方式满足交量交期要求的，采购部认定产生超额运费，认定供方物流发交系统出现不稳定情况，或紧急反应计划没有有效落实执行，采购部要求供应商做出纠正措施，此费用不予确认。

3.12 环境质量健康安全

本公司承诺遵守《环境管理体系　要求及使用指南》（GB/T 24001—2016）、《职业健康安全管理体系 要求及使用指南》（ISO 45001：2018）标准的规定，对采购运作中必须要求供应商做到。

4.管理规定

4.1 供应商管理基本原则

4.1.1 供应链管理原则：供应商作为本公司配套供应资源，应该与××公司供应链系统密切合作，并接受本公司对上游供应链的管理。供应商应保证协配件产品质量，遵守准时交货的要求，保证对本公司的客户提供及时的服务，并根据自身具体的成本情况每年度降低一定比例的供货价格对本公司实施让利。

4.1.2 为用户服务、生产现场服务的原则：供应商处理在生产现场和用户处的质量问题时要积极配合，处理完后再按流程鉴定责任，并进行责任分担。

4.1.3 自主管理的原则：本公司实施本着强化供应商自主管理的意识，以交、要货双方为赔偿机制的主体，明确双方的权、责、义务。

4.1.4 区别对待的原则：本公司实施等级供应商区别对待的原则，对供货单位因不可抗拒的外因造成的发交延误具体对待。

4.1.5 验证原则：供应商必须向本公司提供合格产品，本公司只负责对所供产品进行验证，确定产品的符合性，并且执行"0收1退"的零缺陷标准接收，即验证认定产品同图纸、采购协议等文件要求的符合性。

4.1.6 一级追溯原则：采购部根据各种事实依据，向导致供货有问题或质量有问题的供应商直接提出索赔要求或执行相应处罚，由供应商自行决定向上游供应链追溯相关责任。

4.1.7 可申诉原则：供应商接到采购部提出的索赔要求或执行相应考核处罚的通知时，可以出示相关证据向采购部申诉。

4.2 供货管理

4.2.1 供应商在本公司签了《采购合同》后，成为本公司的合格供应商，遵守《采购合同》中的相关条款，根据其中"产品供货要求"的规定供货。

4.2.2 供应商严格按本公司供货计划中明确的时间、数量、质量、交货地点向本公司供应合同所列产品。

（1）时间为采购员或检验员确定产品到达指定地点的时间；数量为供货计划中规定的数量。

（2）如果实际供货数量或因为质量验证不通过造成交货数量低于供货计划数量，记为短交，如果验证合格的数量大于供货计划数量，记为超交。

（3）驻项目采购员根据交货时间遵守性、交货质量等指标，对供应商交货情况进行记录，每周向采购总部传递信息，以便备案及对供应商进行管理。

（4）各驻项目采购员对供应商在一个月内出现短交现象两次或者单次短交数量比较大即低于实际要货数量的，各驻项目采购员根据合同中具体条款执行，并将此信息及时传递到采购部备案。

（5）采购部收集供货管理信息，对连续两个月中出现短交现象，采购部发整改通知，视情况更新考察供应商的实际供应能力，并做供应商资格调整，进行"亮牌"，直至废除供应商资格。

（6）各驻项目采购员对供应商出现的超交数量有权拒收，并将计入考核。

（7）供应商必须建立稳定的采购、生产、物流的交付流程并持续改进，关注额外运费的产生。

4.3 供货质量管理

4.3.1 对供应商供货质量和质量体系的要求。

（1）本公司目前规定供应商必须达到 ISO 9001：2018 体系要求，努力达到装饰行业的质量体系要求，并根据本公司的要求及时提供产品相关的技术性文件。

（2）供应商必须建立一套能稳定运作的质量管理体系，工作人员必须接受必要、相应的培训，并保证本公司的质量要求。与质量相关的问题必须在不超过 2 个工作日内得到解决和答复。

（3）供应商提供产品时必须按照预先规定的包装方式交付，并保证包装和工位器具在正常储运的过程中防锈、防污、防止磕碰伤。

（4）供应商为本公司提供的产品必须是合格产品（包括规定的包装方式）。本公司将验证产品的符合性，执行零缺陷的接受准则。

（5）供应商产品质量出现较大问题，采购部经理可以召集供应商主要负责人（包括公司"一把手"、首席执行官、管理者代表、客户代表等）到采购部说明情况，了解具体整改措施和落实执行情况。召集不到、迟延或没有做明确答复的，依据本细则的相关条款做相应处理。

4.3.2 本公司用户处的采购产品质量信息。

（1）市场营销部和客户服务中心接到用户（包括某某地产公司）抱怨、索赔和投诉信息后，可以直接通知采购部人员，采购部人员应在第一时间通知供应商指定联络人员，供应商指定联络人员接到信息后及时处理，或通知相关部门和人员分析处理，得出结论后反馈给市场营销部和客户服务中心，如果接到市场营销部等部门对信息处理情况不满的消息，采购部将分析该信息并作为考核供应商的依据。

（2）风险控制中心负责本公司的质量指导和仲裁工作，对供应商重大的质量问题，有权单独仲裁和处理供应商问题。

4.3.3 进货验证中的质量信息。

采购产品进货验证验收信息、供应商交付产品后的服务评价信息，由各驻项目采购员根据各工种施工班组的质量反馈信息，及时通知供应商处理相关问题，供应商处理结果以及态度，按周反馈到采购部。日常发生的异常情况和处理信息及时通知采购部，紧急情况立即报告，由采购部发出"供应商问题整改通知书"或执行考核。

（1）进货验证执行零缺陷指标，统计供应商的交货质量业绩并关注供应商的运输工具和额外运费。

（2）各驻项目采购员针对出现质量不合格后供应商服务的态度、及时性、服务效果和质量改进效果的综合评价，及时通知采购部给予奖励和考核。

4.3.4 供应商质量业绩评价。

（1）采购部统计汇总供应商交付采购产品后的质量信息，提供数据和信息给项目部，对供应商产品质量业绩进行初步综合评价。项目部在初步综合评价等级的基础上，结合市场营销部与售后客服中心反馈的"用户使用产品质量信息"，做出综合评价。由于产品质量问题导致用户投诉或用户重复抱怨或用户索赔金额较大的，在产品质量综合评价时直接降为 D 等；由于供应产品质量问题导致用户抱怨但次数较少且得到妥善处理、导致索赔但金额不大且供应商主动处理的，在产品质量综合评价时酌情降等。最终评价等级依据结果好坏分为 A、B、C、D 四等。

（2）采购部根据生产质量部产品质量综合评价结果，并结合供货情况对供应商实施考评。

（3）因供应商因质量原因给公司与项目造成不良影响，公司将降低供应商等级，进而降低供货份额幅度。

（4）供应商产品质量综合评价结果为 D 等的供应商，采购部发出通知，要求其进行整改，视情况暂停其供货，限期整顿，整顿期间降低供货份额，如果没有整改效果的，执行"亮牌"，直至开除供应商资格。

（5）供应商产品质量综合评价结果为 C 等的供应商，采购部向其提出改进要求，如果没有改进效果的，执行"预警"，直至开除供应商资格。

（6）供应商产品质量综合评价结果为 B 等、A 等的供应商，采购部视供货管理情况，适当增加供货份额，同时适当提升供应商等级。

4.4 供应商积分管理

积分制度如下。

（1）公司采购部负责对积分进行管理，执行依据为相关评分和考核结果。

（2）所有合格供应商每月可以得到 100 分的积分。

（3）采购部按照下表中的项目对供应商每月积分进行扣除。

供应商月评分标准

项目	最高扣分		扣分标准
1	质量体系评价	5	通过 ISO 9001、QS 14000 等装饰行业标准的 5 分；通过 ISO 9001：2018 等通用标准的 3 分；通过 ×× 装饰公司审核、有贯标证书但证书已到期的 2 分；未通过质量体系贯标或未经本公司审核的 0 分

续表

项目		最高扣分	扣分标准
2	交货质量检查	20	供货不良品每发生一次，扣3分；每办一次让步接收扣5分；拒收一次扣20分
3	项目生产中发现问题（或影响生产）	30	影响生产正常进行的每次扣5分；影响生产，被迫调整生产计划的每次扣5分；影响生产，导致返工的一次性扣完
4	售后发生质量问题	5	（1）1次问题扣1分，扣完为止，本月重复出现每次扣2～3分 （2）A、B类件出现每次2～3分 （3）A、B类件出现严重问题或零件数量较多每次扣5分
5	质量整改/重复发生问题	5	接到通知未整改一次扣2分；整改无效果，每重复发生一次扣5分
6	数量准确性	5	每次供给不足（未影响生产）扣1分，扣完为止
7	时间遵守性	5	每降低1%扣1分，扣完为止
8	消息反馈准时性	5	采购管理部发出的"供应商整改通知书"等相关信息，信息一次未反馈扣3分，反馈不及时扣1分，扣完为止
9	售后服务情况	5	公司各部门对供应商服务进行投诉一次扣1分，同一问题两次投诉扣2分，扣完为止
10	价格保护	10	供应商所供产品低于市场同类同级产品价格
11	供应商等级	5	设有A、B、C、D级，分别给5～1分

（4）供应商根据本公司的要求及时办理结算手续，如果结算不及时，未登记发生额，导致无供货业绩积分，后果自负。

（5）采购部按照每月供应商积分对供应商原供货比例（包括招标、议价供货比例）进行调整。

（6）采购部提高供应商等级积分，并视供应情况增加5%～10%份额。供应商采购部视供应情况降低5%～10%的供货份额，或由采购部向供应商发出"预考核通知单"，进行考核1000元；供应商采购部视供应情况要求其整改或者暂停供货，或考核3000元。

（7）年末汇总统计每月积分，进行排名，后十名列为问题供应商，限期整改或整合开除。前二十名有资格参加年度优秀供应商评选。

（8）在产能能够保证的前提下，公司对优秀供应商提高采购比例；对于优秀供应商，根据战略合作伙伴的相关条款给予相应优惠待遇。

4.5 管理与考核

4.5.1 管理与考核文件。

4.5.1.1 供应商问题整改通知书：采购部通过业绩信息系统传递获得信息，并根据具体情况，确定需要对问题进行整改或修正的供应商发出"供应商问题整改通知书"。供应商必须按照通知书要求逐条整改纠正，并提供照片或记录证实纠正措施的效果及实施情况。

4.5.1.2 供应商态度/沟通文件：采购部根据需要向相关供方发出该文件，需要供方负责人处理或反馈该文件。

4.5.1.3 质量问题处理通知书。

（1）采购部向责任供应商出具"质量问题处理通知书"。"质量问题处理通知书"明确以下内容。

①考核单位：指责任供应商。

②考核金额：对用户赔偿的费用，可附理赔的凭证。

③考核原因：考核具体情况或附原始索赔申请单材料复印件和其他需赔偿的材料复印件。

④总考核费用：为因供货失误造成的损失金额之和，其中包括因停产而导致的相关服务人员（如仓储、运输、检验等）的停工损失。

（2）采购部将"质量问题处理通知书"及其附件分别传至财务部一份，采购部自留复印件。

（3）财务部负责"质量问题处理通知书"的强制执行。

4.5.2 供货管理问题的索赔与考核。

（1）供应商如果预计会出现短交情况，提前5天以书面形式通知本公司，采购部根据实际情况进行调序。对因不可抗力而发生供货延迟，供应商应及时通知本公司。采购部对要求调序的供应商登记其业绩，每月出现两次调序或连续两月出现调序情况，采购部将降低其份额或者暂停其供货，并降低其等级直至开除供应商资格。

（2）供应商如果预计下月没有能力按计划如数提供产品，或者供应商拒绝接受、执行计划，必须向本公司采购部提出由该供方总经理签字认可的书面申请。采购部根据需要停止该供应商的产品供应，可以暂定支付货款，并每次考核供应商2000元。

（3）因为供应商原因造成本公司生产停产。

（4）采购员协调供应商要求到货的，得到供应商确认。但未按双方约定到货的，采购部每次考核供应商1000元，经外检入库数少于原计划数量的每次考核供应商100元。

（5）特殊情况下停产索赔金额的确定。

①因天气或其他不可抗拒的自然灾害导致供货零部件发交受阻，供应商经过努力仍未能避免，在提供充分证据的情况下，免于提出停产索赔和考核。

②因不可预见的停电、停水、停气等原因造成供货无法完成，供应商经过努力仍未能避免，在提供充分证据的情况下，免于提出停产索赔和考核。

4.5.3 供货质量问题的索赔与考核。

（1）本公司根据公司质量管理指标分解质量指标给主要供应商，得到供应商确认后执行。主要指标为：交检的不良品每发生一次，考核供应商300元；现场生产过程中每发现一次不良品，考核供应商500元。

（2）供应商按计划供货，因供应商产品质量引起的索赔与考核按以下标准执行。索赔时，采购部向供应商出具"问题整改通知书"；若因供应商产品质量问题对公司项目生产造成影响，并且采购部以重大质量问题和重大供货问题处理，暂停该供应商的供货，传递"问题整改通知书"给供应商并责令其整改，若整改无效果，则进行预警管理，直到取消供应商资格。

4.5.4 索赔与考核申诉。

（1）索赔与考核申诉针对的是采购部对检验入库及生产中发生的质量问题与售后索赔中发现的问题。

（2）供应商在接到"质量问题处理通知书"或其他管理处罚文件后，超过5天或通知后不做任何回应的视为认同赔偿，财务部按"质量问题处理通知书"或管理处罚文件执行。

（3）供应商在接到"质量问题处理通知书"或其他管理处罚文件后5天内，向本公司采购部提供相关资料进行申述。

（4）采购部根据相关资料是否有足够的说服力，证明免于赔偿或降低赔偿。采购部向主管采购的副总经理请示维持索赔（考核）、降低索赔（考核）或免于索赔（考核）。

4.6 战略合作伙伴的维护

4.6.1 反腐败与投诉原则。战略合作协议后附《反腐败协议》以规范合作过程中的商业行为，并为防止在实际采购过程中的卡、拿、要等腐败行为，公司设立供应商投诉专线，直线连线公司主要高层领导。

4.6.2 加强沟通原则。

（1）每季度末风险控制中心组织战略合作伙伴进行合作总结，发现及解决合作中的共性问题。

（2）每年末开展答谢会，由高层领导出面主持会议，奖励配合良好的合作伙伴，并请合作伙伴对公司提出合理化建议。

（3）针对重大项目合作，在项目开工前由采购部组织战略合作伙伴与项目管理层开协调会，拿出专项方案，以便合作的流畅。

拟定		审核		审批	

第7章 采购计划管理制度

本章阅读索引：

· 物资采购计划管理规定
· 采购计划控制程序
· 采购预算编订办法

7-01 物资采购计划管理规定

××公司标准文件		××有限公司 物资采购计划管理规定	文件编号××-××-××	
版次	A/0		页次	第×页

1.目的

为规范公司物资采购计划、采购申请单和采购统计报表的管理，特制定本规定。

2.适用范围

规定了物资采购计划、采购申请单、物资采购统计报表的编制、执行与变更办法。

3.职责

（1）项目采购经理负责编制项目采购计划、项目月度采购计划、项目月度招标计划和项目月度资金计划，并组织实施。

（2）物资采购部统计核算员负责编制物资采购部资金计划。

（3）项目经理部设计人员负责提出该项目的采购申请单和采购申请变更单；总经理部负责提出公司生产和办公设备采购申请单；物资采购部计划员负责接受采购申请单、采购申请变更单，并建立相应台账，编制相关统计报表。

（4）采购工程师按照采购计划和采购申请单的要求，承担具体采购工作。

4.程序

4.1 项目采购计划

4.1.1 项目采购计划是项目采购经理根据项目计划的要求，为实现项目目标，对项目采购的目标任务、采购原则、采购程序、采购重点和方法等的总体构思而形成的书面文件。项目采购计划是项目计划在采购方面的深化和补充。

4.1.2 编制项目采购计划是项目初始阶段的工作，应当在项目初步（基础）设计审查会之后两周内完成。项目采购经理在项目经理和物资采购部部长的组织及指导下，编制项目采购计划。项目采购计划一般包括如下内容。

（1）描述项目采购任务的范围，明确公司与业主及施工单位在项目采购任务方面的分工及责任关系。

（2）说明业主对项目采购工作的特殊要求，以及公司的应对措施。

（3）对采购原则做出规定，包括经济原则、质量保证原则、安全保证原则、进度保证原则、进口设备材料的采购原则、分包原则等。

（4）费用/进度控制要求。项目采购的费用/进度控制目标，应服从整个项目的费用/进度控制目标。在项目采购计划中，应明确规定费用/进度控制的要求和目标。

（5）催交、监造、检验和运输要求。对关键设备应制订出明确的催交、监造计划，提出具体的检验要求，并对运输和包装做出计划。

（6）特殊问题的说明。例如关键设备的采购，要求提前采购的设备，超限设备的采购和运输，现场组装的设备等。

（7）降低采购成本的具体措施。

（8）为完成项目采购任务的其他问题说明。

4.1.3　项目采购计划编制完成后，报物资采购部部长和项目经理。

4.1.4　项目采购经理每个月必须根据项目采购计划编制月度采购计划。

（1）月度采购计划是项目采购计划的细化，项目采购经理依据月度采购计划组织实施并检查项目采购工作，确保物资采购交货进度。

（2）项目采购经理每月26日提交下月月度采购计划。月度采购计划一般应包括当月采购设备的清单、采购方式的选择、采购工作具体时间及人员安排等内容。月度采购计划除包括当月计划安排外，还必须有对上月采购计划执行情况的总结、对执行偏差的分析及纠偏措施。

（3）月度采购计划经物资采购部部长批准后，报项目经理。

4.1.5　项目采购经理每个月依据月度采购计划，编制月度招标计划。

4.2　年度采购计划

4.2.1　物资采购部部长在每年年末编制下一年度物资采购年度计划，报分管副总经理批准。

4.2.2　年度采购计划的编制依据为正在实施的工程项目的采购计划、项目管理部项目实施的实际进展情况、市场营销部对下一年度可能承接的工程项目的数量及规模的预测，在此基础上，对物资采购部下一年度采购工作进行总体构思和统筹策划而形成的书面文件。

4.2.3　由于市场预测的不确定性，计划采购按远粗近细的原则编制，年度采购计划的内容如下。

（1）全年采购任务，包括正在实施的项目在本年度的采购计划任务和预计将要承接的工程项目在本年度实施的采购任务。

（2）采购工作的全年进度安排。

（3）采购资金计划平衡及时间进度安排。

（4）招标工作计划安排，可以安排捆绑招标的情况必须明确提出。

（5）可以发展为战略伙伴关系的供方情况，签订长期协议的设想，重点供方的考察建议，合格供方的评审计划等。

（6）员工队伍的建设。

4.3　采购申请单

4.3.1　物资采购申请单是请购部门提交物资采购部进行物资采购的文件，是物资采购部进行采购活动的唯一有效的依据和指令，物资采购申请单应包括：物资名称、数量、规格型号、技术要求、质量标准、交货期、交货地点等，并附上必需的技术文件，如图纸、数据表、技术规范等。请购部门可提出建议的供方名单或品牌并提出推荐理由。

物资采购部门必须按采购申请单的要求，保质保量按期采购回所需物资以满足项目需求和生产经营所需。

4.3.2　项目设计人员，依据项目实施计划的要求针对项目进行设计和结构分解，直到提出采购申请单以及相应的技术规范书。

公司生产和办公设备由总经理部提出采购申请单。

4.3.3　采购申请单必须有编号，编号应保证采购申请单有较强的可追溯性。

4.3.4　工程项目的采购申请单需经项目经理和物资采购部部长审核后报公司分管副总经理批准；公司内部生产和办公设备的采购申请单由总经理工作部部长和物资采购部部长审核后报公司总经理批准。

4.3.5　物资采购部计划员接收并归档经批准生效的采购申请单，同时按项目、请购部门建立《采购申请单台账》。

物资采购部计划员按产品类别和项目月度采购计划安排相关采购工程师负责有关的采购工作。

4.4　计划的执行与检查

4.4.1　物资采购部计划员应根据物资采购申请单检查采购工作进度，并及时向物资采购部部长和请购部门反馈。

4.4.2　项目采购经理依据项目月度采购计划检查该项目采购工作进度，及时发现采购计划执行的偏差情况，采取有效的纠正措施，并将计划执行中的偏差情况和纠偏措施向项目经理和物资采购部部长汇报。

4.5　采购申请单的变更

4.5.1　当采购申请单的有关内容如供货范围、交货期、技术要求等方面发生变更时，请购部门必须及时发出采购申请变更单。

4.5.2 项目采购申请变更单需经项目经理批准后生效。

4.6 采购统计报表的编制与审核

4.6.1 每月25日前，物资部采购工程师按项目编制下月《资金计划》，分别报给相关采购经理，项目采购经理汇总整理所负责项目的《资金计划》，并与该项目费用控制工程师协商后拟订本项目的《资金计划》。

4.6.2 物资采购部计划员每月末依据采购合同台账，按工程项目分别编制各项目的当月合同汇总表，经部长审核后报公司主管领导和各项目部。

4.6.3 物资采购部计划员每月月末依据采购申请单台账和采购合同台账，按工程项目编制当月"采购合同到货情况反馈表""采购申请执行情况反馈表"，经部长审核后报各项目部。

4.7 月计划会

4.7.1 物资采购部部长每月末主持召开物资采购月计划会，总结当月采购工作，对物资采购部下月采购工作进行统筹安排和资源平衡，确定每个项目具体的采购工作进度和人员安排，确定每个项目的资金计划。

4.7.2 月计划会须对各项目报送的《资金计划》进行确认，物资采购部统计核算员每月月末汇总各项目《资金计划》，编制物资采购部下月《资金计划》，经部长审核后报经营计划部和分管副总经理。

5.记录

（1）"采购申请单"。

（2）"采购申请变更单"。

（3）《项目月度采购计划》。

（4）《项目采购申请单台账》。

（5）《物资采购部月份物资招标工作计划》。

拟定		审核		审批	

7-02　采购计划控制程序

××公司标准文件		××有限公司 采购计划控制程序	文件编号××-××-××	
版次	A/0		页次	第×页

1.目的

为编制采购计划，配合公司采购计划管理制度的推行，特制定本程序。

2.适用范围

本公司采购计划的制订，除另有规定外，悉依本程序处理。

3.管理规定

3.1　采购计划的编制

3.1.1　编制采购计划的作用。

（1）预估用料数量、交期，以防止断料。

（2）避免库存过多、资金积压、空间浪费。

（3）配合生产、销售计划的顺利达成。

（4）配合公司资金运用、周转。

（5）指导采购工作。

3.1.2　编制采购计划的依据。

制订采购计划时，应考虑经营计划、物品需求部门的采购申请、年度采购预算、库存情况、公司资金供应情况等相关因素。对经营活动的急需物品，应优先考虑。

3.1.3　采购计划的种类。

（1）年度采购计划。根据公司年度经营计划，在对市场信息和需求信息进行充分分析和收集的基础上，依据往年历史数据的对比情况，权衡所制订的计划。

（2）月度采购计划。在对年度采购计划进行分解的基础上，依据上月实际采购情况、库存情况、下月需求预测、市场行情等所制订的当月采购计划。

（3）日采购计划。在对月度采购计划进行分解的基础上，依据各部门每日经营所需物品的汇总，经审核后制订的采购计划。

（4）日常经营需求计划。根据每天的经营情况、物品日常消耗情况、库存情况，各部门向采购部报送的日采购需求计划。

3.1.4　采购申请的提出及审批权限。

（1）采购申请应注明物品的名称、数量、需求日期、参考价格、用途、技术要求、供应商（参考）、交货期、送货方式等。

（2）各种物品采购申请的提出及审批权限的相关规定如下表所示。

采购申请的提出及审批权限的规定表

物品类别	采购申请提出人	申购依据	审核人	审批人
工程项目所需采购的材料、设备等	项目负责人	依据合同及设计任务书所做的预算表、工程进度表、材料及设备采购清单	部门负责人或授权人	工程副总经理
日常经营所需的材料、设备等	各部门	经营需求、加工要求	部门负责人或授权人	经营副总经理

物品类别	采购申请提出人	申购依据	审核人	审批人
工具及配件、器皿、劳保用品、量检具等	使用部门	月初提出采购申请	部门负责人或授权人	相关主管领导
经营、办公等需要的大件设备和工具（属于固定资产投资类）	使用部门	在年初编制固定资产采购申请		总经理
普通办公用品、劳保用品等	综合办公室	根据使用部门需求统一提出年度或月度采购申请	部门负责人或授权人	总经理
常备用料	采购计划专员（由库房管理员配合）	日常领料情况、库存情况		各部门经理
研究开发所需要的原料、辅助材料、工具、设备等	技术中心	根据需求时间提出月度或日采购申请	部门负责人或授权人	技术副总经理

（3）上表所列各类物品如在年度预算外或超过年度预算，则按超预算的审批程序办理，最终审批人为总经理。

（4）采购申请表应注明材料的名称、规格与型号、数量、需求日期、参考价格、用途、技术要求、安装尺寸、生产厂家（参考）、交货期、是否直发现场（若直发现场，应注明地址）。

（5）部门负责人或授权人审核本部门的采购申请表时，应检查采购申请表的内容是否准确、完整，若不完整或有错误则应予以纠正。

（6）经审批后的采购申请表由采购部审核汇总。审核内容包括采购申请表的各栏填写是否清楚，是否符合合同内容规定，是否在预算范围内，是否有相关负责人的审批签字，以及是否在审批范围内等。

3.1.5 编制采购计划的步骤。

3.1.5.1 明确销售计划。

（1）企业于每年年底制定次年度的营业目标。

（2）市场营销部根据年度目标、客户订单意向、市场预测等资料，进行销售预测，并制订次年度的销售计划。

3.1.5.2 明确生产计划。

（1）生产部根据销售预测计划，以及本年度年底预计库存与次年度年底预计库存，制订次年度的生产预测计划。

（2）物控人员根据生产预测计划、物料清单、库存状况，制订次年度的物料需求计划。

（3）各单位根据年度目标、生产计划、预估次年度各种消耗物品的需求量，编制预估计划。

3.1.5.3 编制采购计划。

（1）采购部汇总各种物料、物品的需求计划。

（2）采购部编制次年度采购计划。

3.1.5.4 编制采购计划时，应注意以下所列事项。

（1）采购计划要避免过于乐观或保守。

（2）企业年度目标达成的可能性。

（3）销售计划、生产计划的可行性和预见性。

（4）物料需求信息与物料清单、库存状况的确定性。

（5）物料标准成本的影响。

（6）保障生产与降低库存的平衡。

（7）物料采购价格和市场供需可能出现的变化。

3.2 采购计划的管理

3.2.1 采购计划由采购部根据审批后的采购申请表制订，日采购计划由采购部经理批准执行，月度采购计划报请营运副总经理批准执行，年度采购计划需报请公司总经理审批。

3.2.2 采购计划应同时报送财务部审核，以利于公司资金的安排。

3.2.3 采购计划专员应审查各部门申请采购的物品是否能由现有库存满足或有无可替代的物品，只有现有库存不能满足的申请采购物品才能列入采购计划。

3.2.4 如果采购申请表所列的物品为公司内其他部门所生产的产品，在质量、性能、交货期、价格相同的情况下，必须采用本公司的产品，不得列入采购计划。

3.2.5 请购部门下达给采购部的采购申请表，应分类列表，且必须是经过汇总、计划后的材料清单。

3.2.6 对于无法于指定日期内办妥的采购申请单，必须及时通知请购部门。

3.2.7 对于已申请的采购物品，请购部门若需要变更规格、数量或撤销请购申请时，必须立即通知采购部，以便及时根据实际情况更改采购计划。

3.2.8 未列入采购计划的物品不能进行采购。如确属急需物品，应填写紧急采购申请表，由部门负责人审核后，报公司运营副总经理核准后才能列入采购范围。

拟定		审核		审批	

7-03　采购预算编订办法

××公司标准文件		××有限公司 采购预算编订办法	文件编号××-××-××	
版次	A/O		页次	第×页

1.目的

为使企业采购工作顺利进行，特制定本办法。

2.适用范围

本企业每年度的采购预算的编订，除另有规定外，悉依本办法的规定处理。

3.管理规定

3.1　材料预算的分类

3.1.1　材料的预算如下。

（1）用料预算：营业支出用料预算、资本支出用料预算。

（2）购料预算。

3.1.2　材料预算按编制期间分为以下两类。

（1）年度预算。

（2）分期预算。

3.2　预算的编制

3.2.1　用料预算。

3.2.1.1　年度用料预算编制。

（1）由用料部门依据营业预算及生产计划编制"年度用料预算表"（特殊用料应预估材料价格），经主管人员核定后，送企划部汇编"年度用料总预算"转工厂财务部。

（2）凡属委托物控部补充的工作，概由物控部按用料部门计划代为编列预算，并通知用料部门。

（3）材料预算经最后审定后，由仓储部门严格执行，如经核减，应由一级主管召集相关主管研拟分配后核定，由企划科分别通知各用料部门重新编列预算。属于自行调配者，按本条第（2）款的规定办理。

（4）用料部门用料超出核定预算时，由企划部门通知仓储部。用料部分，超出数在10%以上的，应由用料部门提出书面理由，呈转一级主管核定后办理。

（5）用料总预算超出10%的，由企划部通知仓储部，由仓储部说明超出原因，并办理追加手续。

3.2.1.2　分期用料预算。

分期用料预算由用料部门编制，凡属委托修缮的工作，物控部按用料部门计划分别代为编列"用料预算表"，经一级主管核定后，由企划部转送仓储部。

3.2.1.3　资本支出用料预算。

（1）资本支出用料预算，由一级主管根据工程计划，通知企划部按前条的规定办理。

（2）资本支出预算，年度有一部分未动用或全部未动用的，其未动用部分不能保留，视情况应在下一年度补列。

3.2.1.4　未列预算的紧急用料，由用料部门领用料后，补办追加预算。

3.2.1.5　用料预算除由用料部门严格执行外，仓储物流部及企划部应给予配合和控制。

3.2.2　购料预算。

3.2.2.1　购料预算编制程序如下。

（1）年度购料预算由企划部汇编并送呈审核。

（2）分期购料预算，由仓储物流部视库存量、已购未到数量及财务状况编制"购料预算表"，由企划部送呈审核，并转公司财务会议审议。

3.2.2.2　经核定的分期购料预算，在当期未动用的，不得保留。其确有需要者，须于下期补列。

拟定		审核		审批	

第**8**章 供应商认证管理制度

本章阅读索引:

- 新供应商引入管理办法
- 供应商审核管理办法
- 潜在供应商资源信息库建设及管理办法
- 供应商选择程序
- 供应商认证管理规程
- 供应商生产件批准程序

8-01 新供应商引入管理办法

××公司标准文件		××有限公司 新供应商引入管理办法	文件编号××－××－××	
版次	A/0		页次	第×页

1.目的

为了规范公司新供应商的引入,保证采购物资的质量、交付周期、合理价格,特制定本办法。

2.适用范围

(1)本办法适用于因新产品开发、旧供应商所供产品严重影响产品质量或不能满足公司生产要求、替代及降低成本等情况需要开发的新供应商的管理。

(2)直接用于产品生产的原材料、零部件和委外加工的新供应商引入必须遵循本办法。

(3)客户指定的需引入的新供应商不在本规定之内。

3.定义

(1)新供应商:是指因新产品开发、供应商资源开拓及降低成本等需要,新引进的全新供应商。

(2)合格供应商:是指通过评审和确认有能力正常供货的供应商。

4.职责

(1)采购部负责组织技术中心、品质部选择和评价零部件、原材料及委外加工供应商;负责制订新供应商监察计划,建立供应商档案,并保存相关资料。

(2)品质部负责实施零部件、原材料及委外加工新引进供应商的监察、评估及量产后的供应商监察,负责形成审核报告,并跟踪验证。负责审核资料的保存及归档。

（3）技术中心负责提供原材料、外协零部件等采购物资的技术要求，负责零部件、原材料及委外加工供应商引入和量产前的监察、评估及实施。

5.新供应商开发需求的提出

5.1 提出需求

供应商整改不力或所供产品严重影响产品质量，不能满足公司生产要求，需要开发替代供应商的需求由品质部提出，新产品开发涉及的新供应商开发需求由技术中心提出，涉及拓展供应商和降低成本的新供应商开发需求由购买部提出。

5.2 需求确认

提出开发申请的部门填写"新供应商开发申请表"交采购部，采购部进行寻源，寻找到资源后由技术中心对技术要求进行确认，品质部对质量管控进行确认，采购分管领导批准后实施。

5.3 资料评审

5.3.1 供方调查表。

采购部负责向新寻源到的供应商发放和收集"供方调查表"，调查表包括以下内容。

（1）供应商经营资格及能力。

（2）供应商认证情况及相关资料。

（3）供应商的产品结构。

（4）供应商主要生产及检测设备清单。

（5）关键（特殊）工序控制情况。

（6）主要分供方清单。

（7）供应商主要客户清单。

（8）供应商主要联系人清单有等。

5.3.2 证实性材料。

除完整的"供方调查表"外，采购部应要求供应商提交但不限于以下证实性材料以证实供应商的经营资格及能力。

（1）营业执照复印件。

（2）新供应商组织架构图。

（3）质量认证证书。

（4）相关资质认证证书。

（5）有害物质的检测报告。

（6）工厂的具体位置图。

（7）工厂近期公司简介。

5.3.3 采购部、品质部、技术中心对供应商提交的资料进行评审，评审结果填入

《新供应商评审报告》，资料评审汇总后采购部归档保存。

5.3.4 资料评审中判定不合格时，则停止供应商的引入；判定合格时需在资料评审结论中注明是否需要现场审核。

5.3.5 在资料评审时需同时满足以下几个原则。

（1）新供应商必须有3年以上的专业经验。

（2）必须通过ISO 9001及以上体系认证。

（3）资料评审不合格，如规模小、质量管控水平低、没有通过体系认证、关键工序能力不足、没有相关检测设备等不进行现场审核，供应商引入自动停止。

（4）采购部提供样品及技术要求并进行询价，如果超出预期目标则供应商引入自动停止。

5.4 新供应商现场审核

5.4.1 采购部制订审核计划，组织技术中心、品质部SQE（供货商管理工程师）等相关人员对新引入的供应商进行现场审核。

5.4.2 现场审核由品质部SQE主导，品质人员负责品质保障能力审核，采购人员负责供应保障能力审核，技术中心负责技术保障能力审核。审核人员回避原则：负责直接引入供应商人员原则上不作为审核组成员。

5.4.3 审核的具体流程参照"××供应商品质监察表"执行。

5.4.4 现场审核过程中如果发现供应商提交的资料有作假、伪造行为，应立即停止引入工作。

5.4.5 供应商现场审核得分。

（1）综合得分：＜60分，原则上停止引入。

（2）综合得分：60分＞总分＜70分，必须在3个月内完成整改并由采购部重新组织评审小组进行复审。

（3）综合得分：70分＞总分＜80分，必须在1个月内完成整改并提交书面的整改资料到品质部SQE，SQE确认关闭了所有不合格项后列入合格供方名录。

（4）综合得分：＞80分可直接列入合格供方名录。

5.4.6 采购部根据评审小组对供应商的评估结果，完善《供方质量体系评估报告》，供方评审小组根据现场评估的结果决定是否需要接纳此供应商，并报公司分管领导确认、总经理批准。

拟定		审核		审批	

8-02　供应商审核管理办法

××公司标准文件		××有限公司 供应商审核管理办法	文件编号××-××-××	
版次	A/0		页次	第×页

1.目的

规定对供应商审核的方式和基本准则，明确对供应商审核的活动要求，审查潜在供应商进入供应体系前的质量保证能力，审查供应商批量供货前的质量稳定情况，监控供应商批量供货后的质量体系保持持续稳定情况。

通过审核促使供应商提升其产品质量保证能力，保持同步发展。

2.适用范围

适用于本公司供应商的审核活动或对拟纳入供应体系资源的考察活动。

3.术语

3.1　审核

审核是指为获得审核证据并对其进行客观的评价，以确定满足审核准则的程度所进行的系统的、独立的并形成文件的过程。

3.2　确认

确认是指通过提供客观证据对特定的预期用途或应用要求已得到满足的认定。

4.职责

（1）审核组长编制审核计划，并组织实施。

（2）审核员负责编制审核检查表，对审核后出现的不符项进行跟踪、验证。

（3）管理者代表或分管领导负责审核计划的审批工作。

5.管理规定

5.1　审核方式

5.1.1　非现场审核。

通常情况下，对于产品质量稳定的供应商采取资料审核、监控确认的非现场审核方式，一般从以下方面进行。

（1）审核供应商按要求提交的相关材料，如复印或扫描的产品质量证明文件，营业执照、第三方认证证书等资质证明文件，其中对于代理商，必须同时提供生产厂家的代理授权证明。

（2）确认样件试用情况。

（3）监控检验情况、售后反馈情况。

5.1.2　现场审核。

以下情形对供应商采取现场审核。

（1）出现大量的和突发性重大质量事故的。

（2）质量评分连续3个月走势下降，且平均分差≥5分的情形，并经核实属质量问题原因造成的。

（3）上年度供应商综合评价为D级（综合评价得分＜70分）拟再供货的。

（4）必要时，按照公司级指令开展实施供应商现场审核。

5.2 审核类型

5.2.1 潜在供应商审核。

（1）拟进入供应体系的供应商及其生产的零部件。

（2）现有合格供应商进行扩供而生产的新增零部件。

5.2.2 PPAP（生产件批准程序）提交审核。

供应商批量供货之前、成熟产品生产线停产1年以上复产、场地变更、重大工程变更等进行PPAP提交审核，以产品确认、过程确认为主，主要评估能否批量生产。

5.2.3 常规质量体系审核。

批量生产状态审核后，进行常规质量体系周期审核。通常是根据体系年度覆盖要求，以及质量稳定情况进行开展。

5.2.4 飞行检查（必须是现场审核方式）。

一般是指供应商零部件在使用中出现严重或批量性质量问题，或因供应商突发的问题可能影响到公司的生产经营活动而临时决定对供应商进行的及时、快速到位和针对性的现场审核。

5.3 现场审核工作程序

主要责任	流程图	工作内容	支持文件和记录
质量采购	策划	5.3.1 策划 相关单位按5.2条提出需求报公司	审核计划
	编制审核计划	5.3.2 编制审核计划 （1）体系管理人员或供应商管理人员根据实际情况制订具体供应商审核工作计划 （2）与供应商沟通	
	审核计划审批	5.3.3 审核计划审批 （1）审核计划提交质量部门审核 （2）报管理者代表或分管领导批准	
	组建审核组	5.3.4 组建审核组 质量部门根据审核计划和实际需要组建审核组，人员由质量、技术、采购、工艺和相关管理人员组成	

主要责任	流程图	工作内容	支持文件和记录
审核组长	审核准备	**5.3.5　审核准备** 审核组长负责做好审核前的准备工作 （1）根据审核类别、审核内容，拟定审核方案 （2）明确小组工作内容及各自分工，安排审核日程，明确审核有关要求 （3）收集、汇总审核所需要的相关资料(控制计划、整改措施、攻关措施等)，熟悉检查内容要求和相关质量管理体系标准 （4）与待审核供应商提前确认好审核事宜	
审核组	实施审核	**5.3.6　首次会议** （1）审核组组长主持召开首次会议，与会人员包括审核组全体组员和供应商领导及有关人员 （2）首次会议主要内容 审核目的、范围、日程安排、成员分工及工作纪律、供应商情况介绍等。 （3）会议时间一般控制在45分钟内 **5.3.7　现场审核实施** 根据审核方案，进行现场审核取证 **5.3.8　末次会议** （1）审核组长主持召开末次会议，通报检查情况 （2）双方确认不符合项事实，双方确定后续整改事宜(含整改计划、整改证据等) 注：对于不能在规定时间内完成整改闭环的情形，应要求供应商先行提供整改计划，审核组可按照整改时间进行跟踪验证。若经多次提醒供应商超出1个月以上未提供整改计划的，审核组上报公司进行处理	签到表、审核记录表、不符合项整改报告
审核组	编写审核报告	**5.3.9　编写审核报告** （1）审核组根据审核情况、不符合项的验证结果编写供应商审核报告，对审核做出最终结论 （2）审核组按流程和范围发布审核报告 注：对于不按时开展审核工作或未按照要求完成提交审核报告等情况，须对责任人进行追责考核	审核报告

续表

主要 责任	流程图	工作内容	支持文件和 记录
审核组	● ↓ 审核提出问题 整改跟踪 ↓ ◇ 有效性验证 ◇ 无效 ↓ 有效	5.3.10 审核提出问题的整改跟踪 完成审核后，审核组应做到以下几点 （1）根据提出问题的整改要求，督促供应商提交整改计划，收集整改证据 （2）对整改措施及相应的证据进行确认(对于未闭环的问题，审核组需要持续跟踪及确认) （3）整改完成后，将闭环确认情况维护到审核报告中	
审核组	归档	5.3.11 归档 对审核情况进行归档，更新到相应管理台账中	
各部门	结果处置	5.3.12 结果处置 将审核结果纳入供应商管理中，具体按相应流程和管理规定进行	

5.4 供应商审核注意事项

5.4.1 调查评价关键、重要质量特性所用生产设备和检验手段，按主要资源配备(含工装状态)要求进行检查。特别要注意各关键工序(主要质量特性、特殊过程特性)所必备的方式和设备(包括生产、检测)是否齐备，是否有欠缺，并做好记录。

5.4.2 调查评价现场质量控制情况，着重对设备、工模夹具的管理和维护保养状态，工艺设计合理性，检测设备器具、方式的管理和维护保养状态，按工艺要求执行情况、过程检验情况、重要过程参数或质量特性值监控和控制情况，全程质量跟踪批次管理实施情况等进行检查，另外对生产现场的安全文明生产及工位器具的合理使用等也要注意进行检查，内容至少包括物流、空间布置、工位器具、设备设施、作业环境、作业操作、节拍瓶颈、人机工程学、工序间产品堆积情况等。

5.4.3 实物质量抽查：随机抽取样品，按审核标准要求检查，检验项目按进货检验项目要求执行(特别要注意公司无检测能力的项目，供应商检测控制情况)，判定标准按进货检验标准执行。

5.4.4 质量整改验证：针对反馈的质量问题或整改要求，检查厂家是否制定了相应的改进措施，措施是否得到有效实施并对措施进行效果验证，做好检查情况记录。

5.4.5 供应商质量体系运行情况及主要二次配套情况检查。对供应商质量体系的要求：是否按要求建立质量体系，如果供应商通过第三方质量体系认证并且产品质量稳定，可不进行全面的质量体系检查，而做适当的抽查；如未通过第三方质量体系认证，着重检查质量管理制度或相应技术文件是否完善，是否按规定执行及主要二次配套件的检验、控制情况，并做情况记录。

5.4.6 审核组将检查发现的不符合项整理汇总，经(潜在)供应商确认后限期整改，并要求被审核供应商按规定格式提交整改计划，到期检查验证整改效果，逐项过关。

5.4.7 所有检查的原始记录都应做好保存以方便查阅统计。

5.4.8 审核组根据实际检查的结果，编制审核报告。

5.4.9 在审核过程中原则上以审核标准作为核查依据模式。但在具体实施过程中，只要供应商的运行模式合理有效，且能够保证产品质量，也是可以接受的，也就是供应商的质量策划是按照APQP（产品质量先期策划）的思想，对整个过程进行了系统的策划，其具体的质量策划过程和方式可以不必完全等同于审核标准的具体条款，但界定了的过程的主要节点及各相关职能必须完成的业务活动均应有业务活动结果的输出物，同时其能够且必须进行有效性确认和评价，此种质量策划即可接受。

拟定		审核		审批	

8-03 潜在供应商资源信息库建设及管理办法

××公司标准文件		××有限公司 潜在供应商资源信息库建设 及管理办法	文件编号××-××-××	
版次	A/0		页次	第×页

1.目的

旨在建立××有限公司（以下简称公司）规范的潜在供应商资源信息库，以便公司充分利用国内外优秀的供应商资源，不断优化供应商结构，提高产品的市场竞争力。

2.适用范围

本办法适用于公司对潜在供应商资源信息库的建设及管理。

3.术语

潜在供应商是指经调查确认具备向公司提供所需合格生产件或生产用原辅材料能力的组织。

4.管理规定

4.1 潜在供应商相关信息的来源

公司潜在供应商相关信息的来源主要有以下几个途径。

（1）公司现有合格供应商。

（2）公司相关部门、各分公司及有关人员推荐。

（3）通过各种媒体收集的相关企业信息。

（4）企业自荐。

（5）通过在公司网页上公开招录而获取的相关企业信息。

（6）其他途径。

4.2　潜在供应商应具备的条件

（1）产品工艺技术先进合理，生产、检测、试验设备齐全。

（2）生产批量较大，在行业内具有一定的竞争优势。

（3）具有较强的质量保证能力。

（4）具有较强的产品开发能力。

（5）生产经营及财务状况良好，具备良性发展的潜力。

（6）产品价格合理。

（7）良好的售后服务。

4.3　选择潜在供应商的原则

发挥存量、相对集中、价格竞标、质量服务优先的原则。

4.4　建立潜在供应商资源信息库的步骤

4.4.1　生产部采购管理室负责组织潜在供应商资源信息库的建立。

4.4.2　生产部采购管理室负责收集并归口整理与公司业务相关的国内外企业信息，产品规划部门、产品开发部门和各分公司相关部门可定期向采购管理室提供相关企业信息资料并填写"潜在供应商推荐表"予以推荐。

4.4.3　采购管理室负责组织对信息资料进行筛选、比较、确认，对基本满足潜在供应商要求的企业由采购管理室按潜在供应商资源信息库格式发给调查表，待企业返回调查表后，对企业所提供的信息资料进行进一步的分析、确认，必要时可对企业进行现场调查。

4.4.4　对满足潜在供应商要求的企业信息资料由采购管理室（或由采购管理室组织分公司相关部门）按相关的格式和要求进行信息资料录入及编辑。由采购管理室定期提交"潜在供应商推荐表"，经质量管理者代表批准后将其列入潜在供应商目录及潜在供应商资源信息库进行管理。

4.5　潜在供应商资源信息库的使用、管理及维护

4.5.1　潜在供应商资源信息库由生产部采购管理室负责以活页文本或磁盘、光盘的形式汇编或在局域网上以网页的形式供产品规划部门、产品开发部门及各分公司相关部门使用。

4.5.2　潜在供应商资源信息库按分公司及产品类别分类汇编。

4.5.3 潜在供应商资源信息库根据使用情况分阶段逐步实现信息查询功能及在局域网上实现授权用户信息共享功能。

4.5.4 潜在供应商资源信息库由生产部采购管理室负责管理和维护更新。

4.5.5 潜在供应商目录及潜在供应商资源信息库实行动态管理，新增和取消的潜在供应商由采购管理室定期向相关部门发布。

4.5.6 根据《供应商选择程序》的要求，分公司根据新产品开发或现生产需要需新增供应商时，分公司从潜在供应商目录中选取2~3家相关的经资格评审合格的潜在供应商，经分公司组织进行技术交底、询价、比价后，满足要求的潜在供应商由分公司负责进行生产件批准，生产件批准合格的供应商即可列入合格供应商目录并成为正式合格供应商。

4.5.7 因特殊情况需要实施紧急采购而来不及对潜在供应商进行资格评审时，若以后仍准备长期从此供应商处采购，事后仍应组织对该供应商的资格评审及生产件批准，并将该供应商纳入合格供应商目录进行管理。

拟定		审核		审批	

8-04　供应商选择程序

××公司标准文件		××有限公司	文件编号×× - ×× - ××	
版次	A/0	供应商选择程序	页次	第×页

1.目的

为了不断提高产品质量，降低采购成本，构建更加规范而有效的采购体系和具有竞争力的供应商体系，使公司持续地保持产品竞争优势，特制定本程序。

2.适用范围

本程序适用于对供应商选择的管理。

3.职责

3.1 生产部

3.1.1 负责供应商选择流程的引导和监控。

3.1.2 负责《潜在供应商资源信息库》的建设及管理维护。

3.2 分公司

3.2.1 负责潜在供应商资源的提供。

3.2.2 负责潜在供应商资格认可。

3.2.3 负责对潜在供应商环境状况的调查和评定。

3.2.4 负责对合格潜在供应商按《生产件批准程序》实施生产件批准。

3.2.5 负责将经生产件批准合格的供应商纳入合格供应商目录并进行管理。

3.2.6 负责定期组织对合格供应商的第二方认证。

3.2.7 负责制定对合格供应商的环境行为管理办法并予以实施。

3.2.8 负责对供应商的日常业绩考评。

4. 管理规定

4.1 潜在供应商的选择

4.1.1 生产部负责按《潜在供应商资源信息库的建设及管理办法》建立潜在供应商资源库信息系统，此系统可实现相关部门及分公司资源库信息共享。

4.1.2 潜在供应商资源信息库为开放式，信息的来源主要有以下几个途径。

（1）公司现有供应商。

（2）通过各种媒体获取的相关企业信息。

（3）公司各部门、各分公司及有关人员推荐。

（4）企业自荐。

（5）通过在网页或其他媒体上公开招录而获取的企业信息。

（6）其他途径。

4.1.3 对基本符合要求的企业由生产部（或由生产部授权的分公司相关人员）录入潜在供应商资源库。

4.1.4 潜在供应商资源库由生产部向产品开发部门和分公司进行发布并及时维护更新。

4.2 潜在供应商资格的认可

4.2.1 分公司根据新产品开发及现生产需要组织产品开发部门、财务部门及分公司相关人员组成评审小组，按《潜在供应商资格认可标准》对相关潜在供应商进行资格认可。

4.2.2 分公司在对潜在供应商进行资格认可时，同时对潜在供应商的环境状况进行调查和评定，环境状况评定不合格的，不能作为合格潜在供应商。

4.3 合格供应商的确定

4.3.1 分公司根据新产品开发和现生产需要需增加新的供应商时，在经资格认可的相关合格潜在供应商中选择2～3家供应商，由分公司组织对供应商进行产品技术交底、技术评审、工艺评审和询价、比价工作，符合要求的供应商由分公司负责按《生产件批准程序》实施生产件批准。

4.3.2 通过生产件批准合格的供应商由分公司向生产部提交"产品协作配套许可证发放申请单"（包括相应合格产品清单）报生产部采购管理室，经确认并报经营/质量管理委员会批准后由采购管理室按《产品协作配套许可证管理办法》给供应商发放"产品协作配套许可证"（附配套产品清单），并将发放清单书面通知分公司和财务部门。

上述供应商即成为合格供应商并由分公司负责纳入"合格供应商目录"进行管理。

4.4 合格供应商的管理

4.4.1 合格供应商由分公司进行动态管理。

4.4.2 分公司按《供应商业绩评价及考核管理办法》对合格供应商进行日常业绩考评。按《供应商质量体系要求》定期对供应商实施第二方认证。

4.4.3 分公司负责组织对合格供应商实行定期或不定期产品质量监督抽查，对抽查不合格的供应商要求其限期整改。

4.4.4 分公司应定期对合格供应商的环境行为进行监督评定（一般每年一次），重点评定其是否遵守国家环境法律/法规和其他要求；是否按照环境管理体系要求对本企业的环境状况进行了改进。

4.4.5 分公司应建立供应商环境状况调查与评定结果台账，并将监督评定结果及时在台账中予以记录。

4.4.6 下列情况下分公司对供应商提出警告并要求供应商限期整改，经限期整改仍不合格的供应商由分公司提交"取消合格供应商资格申请单"报生产部采购管理室，经确认并报经营/质量管理委员会批准后，由采购管理室按《产品协作配套许可证管理办法》注销其相应产品的"产品协作配套许可证"并书面通知分公司和财务部门，分公司将该供应商（或相应配套产品）从"合格供应商目录"内予以取消。该供应商相应产品纳入"潜在供应商资源库"进行管理。

4.4.6.1 连续2年日常业绩评价及考核不合格。

4.4.6.2 凡实物质量抽查2次及2次以上不合格的供应商或实物质量抽查和第二方认证都不合格的供应商。

4.4.6.3 连续2年环境行为监督评定不合格并经限期整改后仍不合格的。

4.5 特殊情况

下列情况下经分公司总经理批准签字（或授权签字），可以从"合格供应商目录"以外的供应商中采购。

（1）客户在合同中明确指定的供应商而又不同意选择其他供应商时。

（2）客户有特殊要求而现有合格供应商不能满足规定要求时。

（3）生产急需而现有合格供应商不能满足要求时。

（4）以上三种特殊情况，在第二次供货前仍要按本程序的流程进行管理。

拟定		审核		审批	

8-05　供应商认证管理规程

××公司标准文件		××有限公司 供应商认证管理规程	文件编号××-××-××	
版次	A/0		页次	第×页

1.目的

明确对供应商进行评价、选择和审计的管理程序，以保证供应商能长期、稳定地提供质优价廉的物料。

2.适用范围

适用于本公司所有物料供应商评价、选择、审计和批准。

3.责任

质量部负责本程序的制定，质量审计小组负责本程序的实施。

4.供应商的分类

根据材料类别及对产品的影响，将本公司的供应商分为三类。

A类：提供关键物料的供应商，包括原料、用量大的辅料、直接接触药品的内包材。

B类：提供次要物料的供应商，包括用量少的辅料。

C类：提供辅助物料的供应商，包括外包材（含标签、说明书）、消毒剂、清洁剂、杀虫剂。

5.内容

5.1　质量审计小组

5.1.1　为保证所采购物料的质量，公司应组织专门人员对物料供应商进行审计。审计人员由总经理、质量审计小组（保障部授权负责人×××，生产部授权负责人×××，质量部授权负责人×××）组成。

5.1.2　职责

5.1.2.1　采购部负责所需物料的采购、负责组织和协调供应商的评审工作。

5.1.2.2　质量部负责采购物料的质量标准的制定及物料的取样与检验，负责建立供应商档案。

5.1.2.3　总经理负责领导质量审计小组的工作和批准供应商。

5.2　供应商评价和选择流程图

新增供应商→资质审核→样品检验、试制→现场审核。

次年1月，重新进行资质审核、现场审计（或书面审计）。

备用供应商、认可供应商、已有业务往来供应商的整改、淘汰年度考核（每年12），定点供应商审计（次年1月）。

对往年度考核的审计，重新进行资质审核、现场审计（或书面审计）。

注：有采购业务往来的认可供应商称为已有业务往来供应商。没有采购业务往来

的认可供应商称为备用供应商。已有业务往来的供应商经供应商审计合格后方能成为定点供应商。

5.3 供应商评价方法

5.3.1 资质审核。

采购前，由采购部发出"供应商基本情况调查表"，收集供应商相关资料，交由质量部判定其资质是否符合要求。

对物料供应商的资质要求如下。

（1）"二证一照"及"GMP（优良制造标准）证书"，医药原料药品生产单位必须具有药品生产企业许可证及该物料生产批准文号、营业执照、GMP证书等。直接接触药物的药用包装材料生产单位，必须具有药包材生产许可证、产品药材注册证、营业执照，印刷包装材料厂家须具有特种印刷许可证或包装装潢印刷许可证等。医药原料药经营单位，必须具有药品经营许可证、营业执照等。

（2）企业简介。

（3）组织机构图。

（4）企业主要负责人和部门负责人基本情况表。

（5）工艺流程简图。

（6）质量管理机构图。

（7）检测仪器清单。

（8）生产设备清单。

（9）产品及规格表。

以上有关资料均需加盖供应商企业公章。

5.3.2 样品评价

5.3.2.1 若资质符合要求，则采购部联系供应商提供样品，样品量应是全检量的2倍，质量部按企业内控标准对样品进行检验并出具检验报告。

5.3.2.2 若检验合格，采购部采购3批物料进行试生产，填写"物料试生产单"一式三份，交生产部按照生产工艺要求进行样品试生产，生产工艺记录应完整，附有工艺参数、中间产品检验结果及试制产品检验结果，并形成完整的批生产记录及批检验记录，应有试生产的结论。试生产的成品由质量部检验并出具检验报告，同时制订留样检测计划，以考察产品稳定性。

5.3.2.3 所有的试生产材料一式三份，由生产部、质量部、采购部各存档一份。

5.3.3 现场审计

采购部组织质量部、生产部等质量审计小组有关人员到供应商的生产或经营现场，对其质量管理现状、生产设备、检验手段、生产现场管理、人员结构等情况进行现场审计，并如实填写"现场审计项目表"，该表经双方相关负责人确认后，签字盖章。

5.3.4 审计的批准。

质量审计小组根据供应商的资质审核、样品评价及现场审计等情况，给出综合分析意见，由质量部整理《供应商质量审计审核报告》一式三份，经QA（质量保证）主管、质量部长审核后，报总经理批准，质量部、采购部、生产部各存档一份。

5.3.5 年度考核。

5.3.5.1 年度考核由总经理领导，采购部主持，质量审计小组协助。

5.3.5.2 年度考核主要由四方面构成：质量、交期（交货时间）、价格、配合度。

5.3.5.3 年度考核时间：以一年为单位进行考核，在每年12月份展开。

5.3.5.4 年度考核项目及比重。

考核项目	考核比重/%	考核单位
质量	40	质量部、生产部
交期	15	采购部
价格	30	采购部
配合度	15	采购部、质量部

5.3.5.5 考核成绩

（1）质量得分 $X=[1-($ 进料不合格批数/总进料批数$)] \times 40$。

（2）交期得分 $Y=[1-($ 逾期批数/总进料批数$)] \times 15$。

（3）价格得分 Z。

比目标价格低：30分。

与目标价格相同：20分。

比目标价格高：10分。

价格经常上调，大大超过目标价格：0分。

（4）配合度得分 W。

态度积极，能及时解决问题：15分。

配合不太到位：7.5分。

不配合：0分。

5.3.5.6 考核等级及奖惩。

等级	总得分（S）	奖惩
A	85分以上	可作为定点供应商，供优先采购
B	70～84分	可作为定点供应商，供正常采购
C	60～69分	可作为辅助供应商，供应急采购或暂停采购
D	<60分	为不合格供应商，予以淘汰

注：质量得分 $X<32$ 分者，仍视为D级不合格供应商。

5.3.5.7 考核登记。

采购部将考核成绩登记在"供应商年度考核表"上，交质量部纳入供应商档案。

5.4 认可供应商的评价与审批

5.4.1 认可供应商的评价流程。

5.4.1.1 对A类新供应商的选择必须使用5.3方法中的资质审核→样品评价→现场审计。

5.4.1.2 对B类新供应商的选择只需使用5.3方法中的资质审核→样品评价。

5.4.1.3 对C类新供应商只需使用5.3方法中的资质审核，然后根据物料出厂合格证等资料或外包装的完整性、数量是否准确、品名的标示和内容是否正确等进行检查，合格即可。

5.4.1.4 对已有业务往来的A类供应商的选择只需使用5.3方法中的资质审核→现场审计（或书面评审）→年度考核。

由于各种原因造成无法对物料供应商进行现场审计的或已有业务往来的物料供应商在生产质量管理体系未发生重大变化及所供物料未发生异常质量问题的，每年1月份由采购部应发出"供应商基本情况调查表""现场审计项目表"对其进行书面评审，书面评审合格者列入"认可供应商名册"，但须注明"非现场评审"字样。

本公司可根据"供应商年度考核表"上产品质量变化情况随时对已有业务往来的物料供应商进行现场审计。

5.4.1.5 对已有业务往来的B类供应商的选择只需使用5.3方法中的资质审核→年度考核。

5.4.1.6 对已有业务往来的C类供应商只需使用5.3方法中的资质审核，然后根据物料出厂合格证等资料或外包装的完整性、数量是否准确、品名的标示和内容是否正确等进行检查，合格即可。

5.4.2 认可供应商的审批。

质量审计小组依据供应商资质情况、样品情况、现场审计情况进行分析和比较，选择出合格的供应商，采购部将其纳入《认可供应商名册》。《认可供应商名册》经质量部批准后，下发到质量部、生产部等部门。

5.5 对已有业务往来供应商的审计

质量审计小组应定期对已有业务往来的供应商进行审计，一般情况下每年一次，在1月份进行，内容包括对往年度考核的审计，重新进行资质审核和现场审计（或书面审计）等。审计情况及结果汇总成《主要物料供应商审计报告》（作为定点供应商选择的依据），一式三份，经审计小组、质量部长审核后，报总经理批准，质量部、采购部、生产部各存档一份。

5.6 对备用供应商的审计

质量审计小组应在次年1月份重新对其进行资质审核和现场审计（或书面审计），如备用供应商在生产质量管理体系中未发生重大变化，则将其还原为认可供应商。

5.7　对定点供应商的管理

5.7.1　供应商产品出现异常时（如质量、数量与标准或合同上不符合等问题），由质量部以"供货质量反馈单"形式要求其改进。未积极配合改进者，应与其联系，办理退货手续。如已付出货款则应及时追回。如果对方认为质量无问题，须向对方解释，并出示本公司质量部所提供的质量标准及检验报告。

5.7.2　若有以下情况应按5.3方法中的规定对其进行重新评价。

（1）供应商产品出现较严重的质量问题。

（2）供应商的质量体系发生变动。

（3）本公司对产品的质量有更严格的要求。

5.7.3　对于连续3批出现不合格品或其他情况（企业倒闭、管理机构发生重大问题等），由QA提出取消定点供应商申请，报QA主管负责人批准，批准后列入采购部编制的《淘汰供应商名册》，从《定点供应商名册》中删除。此类供应商需彻底整改后，由采购部提出恢复供应厂商合格资格申请，并按5.3方法规定重新审核合格后，方可重新列入《定点供应商名册》。两名册各一式三份，分别保存于采购部、质量部、生产部。采购部应根据供应商动态及时更新《认可供应商名册》和《定点供应商名册》。

5.7.4　若因质量问题或市场变化需进行供应商变更时，应先由采购部或质量部提出书面申请，并按5.4.1.1或5.4.1.2或5.4.1.3的流程对新供应商进行评价、选择。

5.7.5　质量部负责建立并保存供应商档案，其中包括现场审计项目表、供应商相关资质证明材料、供应商年度考核表、样品报告、物料质量标准、供货合同、产品检验报告等相关资料。

拟定		审核		审批	

8-06　供应商生产件批准程序

××公司标准文件		××有限公司 **供应商生产件批准程序**	文件编号×× - ×× - ××	
版次	A/0		页次	第×页

1.目的

确认供方是否理解公司产品的所有要求，生产过程是否具备满足这些要求的潜力。

2.适用范围

（1）本程序文件包括了所有生产件批准的一般要求。

（2）本程序适用于对零部件供应商的批量生产零部件进行批准。

3.生产件定义

生产件是指在正式的生产现场使用正式生产用的设备、工装、量检具、工艺、材料、操作者、生产环境和工艺参数制造的零部件产品。

4.职责

（1）各分公司负责生产件的批准。

（2）各分公司负责生产件的工艺路线管理。

5.管理规定

（1）提交生产件批准的供方必须是经资格认可的合格潜在供应商，由分公司选定后经分公司组织产品技术交底、询价、比价后符合要求的合格潜在供应商。

（2）供方提交生产件批准的原则。

①下述三种情况供方在首批生产件发交前必须提交生产件批准。

a.一种新的零部件（如以前从未提供给指定顾客的特殊零部件、材料或颜色）。

b.对上次提交不合格处改进的零部件。

c.对设计、规范、材料、工艺进行了技术更改的产品。

②下述八种情况供方必须在首批生产件发交前通知分公司生产准备管理部门并提出生产件批准申请，除非分公司生产准备管理部门书面许可免除对该生产件的批准。

a.相对于以前批准过的零部件，使用了其他可选择的结构和材料。

b.使用了新的或更改过的工具（易损工具除外）、模具、铸模、仿型等，包括补充或更换工具。

c.对现有工装及设备进行检修或更换后。

d.工艺或制造方法更改后。

e.工装和设备搬迁到另外的场地后。

f.分供方的零部件、材料或服务（如热处理、电镀）发生了变化，货源更改后。

g.工装在停止批量生产达12个月后重新投入生产。

h.由于供方质量问题停止供货，重新恢复生产供货之前。

（3）供方负责通知分公司生产准备管理部门，提出生产件批准请求。

（4）分公司生产准备管理部门在接到供方提出的生产件批准请求后，按确定提交等级的原则来确定供方产品的提交等级及提交时间。提交等级分为五级，如下所示。

等级一——只提交保证书（对指定外观项目，还应提交一份外观件批准报告）。

等级二——提交保证书和零部件样品及有限的支持数据。

等级三——提交保证书和零部件样品及完整的支持数据。

等级四——提交保证书和完整的支持数据（不包括零部件样品）。

等级五——在供方制造厂评审完整的支持数据和零部件样品。

等级三是一般的指定等级，可用于所有的提交，除非分公司生产准备管理部门提出其他的要求。

（5）确定提交等级的原则。

①供方是否符合公司质量管理体系的要求。

②供方的质量认可状态。

③零部件的重要性。

④零部件以往的提交经历。

⑤与特殊产品有关的供方鉴定报告。

（6）分公司生产准备管理部门将确定后的提交等级和提交时间通知供方。

（7）供方按确定的提交等级和提交时间完成以下文件和项目。

①生产件提交保证书。

②与生产件颜色、表面结构或表面要求有关的外观件批准报告。

③两组样品（标准样品由供方保存）。

④要求供方提供的所有技术文件和记录。

⑤经批准的正式的技术更改文件。

⑥正式的产品图纸。

⑦对提交零件进行检验和试验要使用的特殊辅助装置清单。

⑧设计要求中规定的材料、性能和耐久性试验的试验报告。

⑨工艺流程图。

⑩产品失效模式及后果分析［如果供方负责设计，还要求提供设计FMEA（潜在失效模式与效应分析）］。

⑪产品重要或主要技术特性的工序控制要点。

⑫表明符合需方对产品重要的、关键的和与安全性、符合性有关的特性要求的数据。

⑬量检具检测能力测定。

在完成以上文件和项目的过程中，所需进行的尺寸检验、材料试验、性能试验都必须在需方认可的检验机构完成。

（8）供方在完成规定的文件和项目后，按要求向分公司生产准备管理部门提交资料，由生产准备管理部门组织进行审核。对等级五，生产准备管理部门应组织进行工厂现场审核，对（7）中所进行的活动进行现场验证。

（9）审核结论为通过的，由分公司生产准备管理部门出具生产件批准书，并发放给供应商，表明该产品的潜在供应商成为合格供应商，可按批量向分公司发运其产品，并纳入分公司采购部门的合格供应商管理程序。

（10）审核结论未通过的，则与供方协商确定下次提交的时间。供方在接到生产准备管理部门批准前，绝不能按批量发运其产品，公司内各相关部门及员工有权且必须拒绝以下工作。

①产品图纸、工艺文件的发放。

②生产用材料、辅料供应。

③工装、设备供应。

④生产交、要货。

⑤成本核算，财务结算等。

对违反规定者，按照公司相关管理考核办法实施考核。

拟定		审核		审批	

第9章 供应商日常管理制度

本章阅读索引：

- 供应商管理实施办法
- 采购更换供应商流程规范
- 合同纠纷处理办法
- 供方索赔管理规定
- 产品质量赔偿和激励管理办法

9-01 供应商管理实施办法

××公司标准文件		××有限公司 供应商管理实施办法	文件编号××-××-××	
版次	A/0		页次	第×页

1.目的

为了规范供应商质量管理，有效控制原辅材料质量，提高供应商的质量意识，防止由于原辅材料质量波动对产品质量和正常生产造成不良影响，规范供应商的评价、选择、管理，规范公司的物资采购行为，加强公司物资采购的监督管理，特制定本办法。

2.适用范围

（1）本办法规定了供应商开发、选择、评价、质量监督、供应商名册管理及采购比例调整等供应商管理流程，本制度适用于公司本部各单位及控股子公司。

（2）本办法所指供应商不包括建设项目技术成套商、设备成套商、设备制造商及工程材料供应商。

3.术语及说明

（1）供应商是与采购供应部发生经济合同关系或经济贸易关系的卖方。

（2）重要供应商是指供应重要生产物资、重要设备备件的供应商。

（3）供应商初步调查是指对潜在的供应商进行基本信息调查，主要包括以下信息：注册信息、管理体系、人员、资金、行业业绩、产品情况、特长、优势、年贸易量等。

（4）供应商现场考察是指对供应商进行实地调查。通过实地调查详细评价供应商的生产能力、人员情况、经营场所、管理水平等。

4.职责分工

（1）采购供应部是物资供应商的归口管理部门。负责组织供应商的调查、实地考察、评价与选择、供应商名册、采购配额和后续管理工作。

（2）各子公司（技术和质量管理部门）负责对供应商的技术、质量保证以及生产/服务能力进行评价，必要时对供应商进行现场考察。

（3）采购供应部负责寻找供应商、供应商资料的收集、样品的提供并及时通知子公司质量管理部门和仓库查收样品、样品登记、与供应商进行商务洽谈、对供应商供货异议的处理、协助供应商考核。

（4）各子公司质量管理部门负责样品测试、批量使用验证以及对供应商供货异议提出处理意见、供应商供货质量考核和供应商考核。

（5）各子公司技术和生产部门参与供应商样品验证、资格评定及年度考核评价。

（6）各子公司物资管理部门负责各类物资的出入库管理、外观质量和计量验收。

（7）稽查监管部参与并监督供应商的评价、选择和考核工作。

5.工作流程

5.1 供应商的评价和选择

5.1.1 采购供应部负责组织对供应商的评价、选择。

5.1.2 根据生产物资对公司产品质量的重要性及价值的大小，将其分为A、B、C三个等级，A类对产品质量影响较大且价值也较高，B类对产品质量影响较大或虽然对产品质量影响不大但价值较高，C类对产品质量影响较小且价值较低。具体分类参见"生产物资分类表"，"生产物资分类表"由子公司相关部门负责整理并提供。

5.1.3 初评与选择。

5.1.3.1 A类物资供应商评定程序。

（1）各子公司技术部门提供拟采购物资的技术标准，确定《原材料检验标准》，交质量管理部门用于对原材料的检验或验证。

（2）各子公司质量管理部门对原材料进行样品检验或验证，填写《原材料检验报告》或形成验证记录，并及时反馈给采购供应部。

（3）样品验证合格后，采购供应部向供方发放"供方基本情况调查表"（分为生产制造型供应商和贸易代理型供应商），要求供方如实反映情况，由采购供应部和子公司相关部门共同检查其真实性。调查内容包括：供应商地理位置、注册资金、信誉与财务状况稳定性、生产场地、设备、人员、主要产品、主要客户、生产能力、技术能力、价格等信息，评估其工艺能力、供应的稳定性、资源的可靠性以及其综合竞争能力，剔除明显不适合合作的供应商。根据供应商行业特点，必要时还应评估供应商的安全、环保风险。原则上尽量不选择贸易代理型供应商。

（4）采购供应部根据物资的重要性和质量要求，组织各子公司技术、质量管理人员以及相关部门人员组成考评小组，对制造型供应商进行实地考察，填写"供应商现场评价表"，形成对供方质量保证能力的评价结果。由于客观条件不能进行实地考察时，可将"供应商现场评价表"发给供应商自评，由考评小组确定是否具有作为供应商的资格。

（5）对贸易代理型供应商，采购供应部组织各子公司技术、质量管理人员根据贸易代理商调查表所反映的情况进行评价，并取得其代理产品生产商的授权证明，填写"贸易代理商初次评价表"。

（6）对被评定为合格的供方，作为潜在供应商列入《潜在供应商名录》中，进行归档管理。

（7）在批量试用合格后由采购供应部填写"供应商评价表"，将其列入《合格供应商名录》。必要时，各子公司质量管理部门应对试用合格的样品进行签字封样，封样一式两份（子公司和供应商各保存一份）。

5.1.3.2 B类物资供应商评定程序。

参见A类物资供应商评价方法。

5.1.3.3 C类物资供应商评定程序。

（1）对C类物资可采用进货检验或验证方式进行评价的，参见A类物资评价方法 [不要求进行5.1.3.1条中（3）～（6）步骤]。

（2）填写"供应商评估表"，经分管领导审批后列入《合格供应商名录》中，进行归档管理。

5.2 供应商名册管理

采购供应部负责对合格供应商进行登记，建立《合格供应商名录》，明确供应商名称、类别、所供应原辅材料名称等信息，并根据实际情况如需供应商增减则进行及时更新；建立供应商档案，主要包括合格供应商名单、供应商卡片、供应商资格审批表、供应商资料、供应商业绩评价表、考察资料、合同资料、业绩跟踪资料等。

5.3 供应商供货质量异常管理

5.3.1 若在入库检验中或使用过程中发现不合格物资，按《采购控制程序》和《供应商质量索赔管理控制程序》进行退换货及索赔。

5.3.2 供应商在供货中发生重大质量事故或连续发生质量异常，由各子公司质量管理部门反馈给采购供应部，由采购供应部向供应商下达整改通知，要求供应商限期改善，并提交整改报告；必要时，由子公司质量管理部门召集采购供应部等相关单位讨论，并采取采购配额调整的措施（包括采购比例缩减、暂停采购限期整改、停止采购取消资格）。

5.4 供应商的业绩考核评价

5.4.1 采购供应部组织对供应商进行半年度、年度供货业绩考核评价，相关部门配合实施。

5.4.2 供应商业绩考核评价每半年进行一次，由各子公司质量管理部门负责按照

"供应商半年考核表"对本公司考核期批量供货的供应商进行考核评价，并汇总提交至采购供应部，半年度考核情况作为采购比例调整、年度评价的重要依据。

5.4.3　每年12月底对供应商进行年度综合评定，供应商年度业绩考核评价工作由采购供应部组织子公司相关部门（如技术和质量管理部门）和稽查监管部共同负责。

5.4.4　供应商年度业绩考核按照质量保证、价格合理、交付能力、服务水平、供应实力、影响力、使用单位评价等内容评价。

5.4.5　按满分100分考核，供应商评价分为A、B、C和D四个等级。评定结果为A、B、C级的可以作为合格供应商，评定为D级的取消合格供应商资格。

A级（优秀）：≥85分。

B级（良好）：≥75分。

C级（合格）：≥60分。

D级（不合格）：＜60分。

5.4.6　根据年度业绩评价结果，采购供应部应做到以下几点。

（1）对下年度采购比例进行调整，年度业绩评价为A级的，采购供应部可以增加该供应商的供货量；年度业绩评价为B级的，采购供应部可以保持该供应商的供货量；年度业绩评价为C级的，采购供应部可以减少该供应商的供货量。采购比例调整原则可遵循：当质量、服务及其他相关条件能满足本公司供货要求时，以价格作为采购量的主要参考条件，由采购供应部自主调整。

（2）对评价为C级的供应商，采购供应部应组织对其实施现场审核或者向其提出改进要求、限时整改。

（3）对评价为D级（不合格）的供应商，采购供应部应要求供应商改进、组织现场审核或者直接淘汰。

5.5　供应商定期审核

5.5.1　审核计划由子公司质量管理部门根据供应商的分类负责制定，对于已取得ISO 9001质量体系认证证书的供应商，在进货检验合格的基础上，可适当延长或免于现场审核。原则上，对A级供应商，采购供应部应组织实施定期现场审核、评价，对供应商的质量保证能力进行确认。现场审核、评价频次应不少于两年一次。

5.5.2　由子公司质量管理部门组织技术、使用单位等部门，对供应商的经营、质量管理等规范性进行审核。采购供应部负责做好协调工作。

5.5.3　根据供应商规模及管理水平的不同，走访审核可依据"供应商现场评价表"形式进行，必要时要求供应商整改反馈的项目以整改建议反馈表形式现场下发至供应商。现场审核情况作为采购比例调整、年度评比的重要依据。

5.5.4　当出现以下情况之一时，采购供应部应负责组织有关部门人员立即进行实地考察、评价。

（1）供方生产规模、条件有大的变化。

（2）供方提供的原材料出现较大的质量问题或连续出现质量问题或连续两次退货。

（3）出了质量问题而不愿承担责任的供方。

（4）供方严重延误交货（包括物流货运）。

（5）供应商年度业绩评价结果为C级和D级。

5.6 新供应商开发

5.6.1 采购供应部应根据每年供应商年度业绩评价结果，提出新供应商开发计划并实施。

5.6.2 新供应商开发按照5.1"供应商的评价和选择"要求执行。

5.6.3 新供应商开发流程为：开发调查通过→样品验证通过→新供应商资格评定通过→签订相关协议后批量供货。

5.7 供应商终止和淘汰

5.7.1 对由于公司或供应商原因而终止合作的供应商，或者经评价确定为淘汰的供应商，采购供应部或子公司质量管理部门应填写"供应商终止合作审批表"，经各相关部门会签后报分管领导批准。

5.7.2 采购供应部应组织落实终止合作供应商相关的库存产品、资产、知识产权、余款支付等事项。

5.7.3 对于要求停止采购取消资格（评价确定为淘汰）的供应商，重新供货时必须按照5.1"供应商的评价和选择"要求执行。

5.7.4 供应商连续一年不供货，若再供货时需重新进行样品验证，必要时还需进行供应商审核。供应商连续两年不供货，则供应商资格自动取消，重新供货时必须按新供应商开发流程执行。

5.8 设备、服务及非生产类物资供应商管理

5.8.1 设备、服务及非生产性物资采购时，由项目组或使用单位对设备及其关键部件品牌、服务和非生产性物资供应商提出建议，原则上不少于两种或两家。

5.8.2 采购供应部组织对设备、服务及非生产性物资供应商进行评价和选择，评价内容包括品牌知名度、技术能力、价格、服务能力等，适用时考虑该供应商以往供货产品质量和/或服务质量。必要时，应到供应商处进行实地考察。

拟定		审核		审批	

9-02　采购更换供应商流程规范

××公司标准文件		××有限公司 采购更换供应商流程规范	文件编号××-××-××	
版次	A/O		页次	第×页

1. 目的

为规范供应商管理，确保来料品质，特制定本规范。

2. 适用范围

适用于包装材料、原料、酒精、辅料等供应商更换管理。

3. 职责

（1）采购部负责相关供应商资料的传递、信息的反馈。

（2）品管部负责需更换物料的检验与品质的跟踪。

（3）仓库或其余责任部门负责物料的接收。

（4）总经理负责变更申请的最终裁决。

4. 管理规定

4.1　采购部更换供应商流程

4.1.1　采购部提出更换供应商时应满足以下条件。

（1）原供应商供应的物料数量不能满足本公司生产需求时。

（2）原供应商供应的物料连续8批为不良且不可接受时。

（3）原供应商经营状况出现危机时。

（4）原供应商内部发生重大变化，未能通过本公司内部审核时。

（5）原供应商其他危及本公司正常生产和产品质量的情况。

4.1.2　采购部或品管部提出更换供应商的流程。

4.1.2.1　当原供应商出现4.1.1所提及的条件之一时，采购部或品管部可根据该供应商最近一年甚至两年内的供应商质量评估报告，向由该供应商供应的包装材料或原料或辅料包装材料或酒精等物料涉及相关的部门发出更换供应商申请，并说明事由，经相关部门商议后，最终由采购部负责寻找新的适合供应商，由供应商供应相应的物料经品管部评估，做出相应的质量评估回复，再经总经理审批，采购部将经总经理审批同意后的物料交于品管部留样。采购部根据审批后的相关数据对新的供应商下小量订单，品管部根据申请后由供应商提供样品得出相关的数据作为检测标准。

4.1.2.2　若是原料供应商需更换时，采购部应要求新供应商提供小量的样品（约为50g）和相应的检验报告，由品管部做相关的测试，并予以判断。

4.1.2.3　物料品质跟踪。

品管部的质检员根据在定样时做出的内控标准进行检测，加严检测1个月，若在1个月内均没出现过质量问题，或出现不超过1批不可接收批次的质量问题或出现不超过2批可接收批次的质量问题，可实行放宽检测；若在1个月内均没出现过质量问题，或出现不超过2批不可接收批次的质量问题，或出现不超过3批可接收批次的质量问题，可恢复正常检测。

4.2 注意事项

4.2.1 为保证货源稳定，或在质量、价格上有选择的余地，每一种原辅料、包装材料必须选择两家以上的供应商。

4.2.2 为了保证物料质量的均一和稳定性，供应商一经选定，应尽可能建立长期的供货关系，尽可能减少供应商变更的频率。

拟定		审核		审批	

9-03　合同纠纷处理办法

××公司标准文件		××有限公司 **合同纠纷处理办法**	文件编号××-××-××	
版次	A/0		页次	第×页

1. 目的

为维护本公司的合法权益，依法加强对公司的合同管理，根据本公司的合同管理办法，特制定本办法。

2. 适用范围

适用于本公司各类合同纠纷的处理。

3. 权责

合同纠纷由本公司法律顾问室统一管理。

4. 管理规定

4.1 登记

4.1.1 合同履行发生纠纷后，主办部门应在三日内将合同编号、合同纠纷情况等通报企业法律顾问室。法律顾问室应当统一编号、登记，并指定专人负责本案。

4.1.2 案件登记后，法律顾问应在三日内通知原合同经办人，并将有关材料送交至法律顾问室。

4.2 处理

合同纠纷可分为对方不履行、己方不履行或者双方都有责任三种情况。根据不同情况，由负责本案的法律顾问提出处理意见。

4.2.1 属于对方不履行合同或者不正确履行合同的，在对方违约行为发生后，法律顾问应在两日内提出法律意见书，并由经办人以公司的名义起草致对方的信函，经总经理批准盖章后，以传真或者特快专递的方式通知对方，并应取得对方收到信函的确认件。

4.2.2　属于己方未能正确履行合同的，应当积极与对方取得联系，提出解决问题的建议，做好协调工作。同时，要注意收集相关证据，为应诉做好准备。

4.2.3　对于双方都有责任的，公司要注意收集证据材料，并做好起诉或者应诉的准备。

4.3　时效

法律顾问一定要注意案件的诉讼时效，必须保证时效的有效性。

4.4　起诉

对方违约给公司造成损失的，如果双方协商不成，则公司应做好诉讼准备。经办人要根据法律顾问的要求，将相关材料交给法律顾问，由法律顾问决定是否聘请律师、向法院提起诉讼、计算诉讼标、组织证据材料等。一旦进入诉讼程序，法律顾问直接出庭的，有关部门要予以积极配合；聘请外部律师的，由法律顾问与律师进行沟通，并协助律师做好诉讼工作。

4.5　仲裁

根据合同中的仲裁条款，向仲裁机构申请仲裁的，由法律顾问负责起草申请书及组织相关材料证据。是否需要聘请律师，由法律顾问室决定。

4.6　应诉

本公司作为案件的被告或者仲裁的被申请人时，法律顾问要做好应诉工作。在规定的期限内提出答辩状，不得无故拖延、延误胜机。答辩状要与经办人所在部门会签后上报主管领导决定。但作为代理人的代理意见则由法律顾问室决定。

4.7　责任

因为法律顾问或者经办人的故意行为导致诉讼或者仲裁败诉的，法律顾问或者经办人应当承担相应的责任。

4.8　通报

案件审理过程中，一切重大事项均应及时向有关部门和主管领导汇报，需要集体研究决定的事项要提出建议，由主管总经理决定研究的时间、地点和参加人员。一旦集体做出决定以后，法律顾问室必须执行。

拟定		审核		审批	

9-04　供方索赔管理规定

××公司标准文件		××有限公司 供方索赔管理规定	文件编号××-××-××	
版次	A/0		页次	第×页

1.目的

为了规范管理供应商因服务及产品质量问题/事故等问题的索赔，有效地监督、推动供应商实施持续改进，确保提供符合本公司质量要求的产品，特制定本规定。

2.适用范围

适用于供应商因服务及产品质量问题/事故发生的费用索赔。

3.职责

（1）质量安全部。

①负责统计不合格品信息。

②负责将不合格品信息反馈给供应商、采购部、财务部等相关部门。

③负责供应商索赔费用的初步计算。

（2）财务部供方索赔管理规定：负责具体扣款的执行。

（3）其他部门负责协助质量安全部与供应商谈判确认索赔金额及扣款方式。

4.管理规定

（1）质量安全部根据图纸、工艺等技术要求对来料实施检验，发现不合格时填写"供应商质量异常处理联络单"，将异常信息反馈给供应商，同时知会采购部。

（2）供应商收到本公司发放的"供应商质量异常处理联络单"后确认不合格原因。如果确认是供方的原因，则供应商进行原因分析，采取纠正/预防措施，并在24小时内将回签完毕的"供应商质量异常处理联络单"以邮件、传真等方式回传给质量安全部。

（3）如果供方对"供应商质量异常处理联络单"存在异议，供方可以联系质量安全部确认不合格根源以及各自承担的责任，必要时供方可以派人来本公司现场确认。

（4）当供应商不配合、对质量异常产品进行整改或供应商响应不及时对本公司造成损失，以及其他公司认为需要对供应商实施索赔的情况时，由质量安全部开具"索赔通知单"，以邮件或传真的形式发给供应商确认，并与供应商确认索赔方式，同时要求供应商将"索赔通知单"签字盖章回传。

①本公司对供应商实施索赔依据为本公司与供应商签订的《采购合同》《质量保证协议》等有效文件。

②供方不合格品需要本公司返工、返修产生人工成本时，除与供应商特殊商定外，工时按照＿＿＿＿＿元/时进行计算。

③因供应商延迟交货导致公司不能及时生产、不能及时向客户交货时，索赔金额需包含误工及订单延迟交付的损失。

④供应商派人处理不合格品并及时补货，当该批不合格品没有对公司产生实质性的影响时可以免于处罚。

⑤索赔方式包括：直接在货款中扣除、供应商现金支付、补货等方式。

（5）财务部根据供应商盖章确认的"索赔通知单"或其他同意索赔扣款的有效证明实施扣款。

（6）质量安全部需将每一笔供应商扣款都登记在《索赔与内部考核台账》中。

（7）经过确认的扣款金额一般不能更改，特殊情况下需经质量安全部经理及以上级别人员签字方可以进行更改。

（8）索赔过程中所有单据、邮件、传真件、记录、照片等资料均应妥善保存，由质量安全部归口管理。

拟定		审核		审批	

9-05 产品质量赔偿和激励管理办法

××公司标准文件		××有限公司 产品质量赔偿和激励管理办法	文件编号××-××-××	
版次	A/0		页次	第×页

1.目的

为提高产品质量，落实产品质量责任，保护供需双方的合法权益，特制定本办法。

2.适用范围

适用于本公司所生产产品，供、需方质量责任的划分，以及产品质量责任赔偿和需方非常满意后的激励。

3.术语

（1）质量协议：指供需双方按国家有关法规和标准签订的产品质量契约，是合同的一部分。

（2）产品质量责任：指因产品质量不满足合同规定的质量要求而应承担的责任。

（3）质量赔偿：指由于供（需）方的产品质量责任，需（供）方依照本程序向对方索赔损失的过程。

（4）质量损失：指由于产品质量不符合质量协议要求所造成的损失。它分为直接损失和附加损失。

①直接损失：指不合格品本身和由其引起的相关产品报废的损失。

②附加损失：指不合格品流入需方生产过程中到被发现所造成的连带损失，即质量损失中除直接损失以外的损失。

（5）标准价：指本公司现行的产品结算价格。

（6）非常满意：需方对供方产品质量、价格、服务、交货期进行定期评价，凡连续半年或一年（由需方根据生产经营情况确定）被评为优秀供应商，则表示需方对供方非常满意。

（7）质量激励：需方对供方非常满意，需方给予供方优惠政策或奖励资金的行为即为质量激励。

（8）需方：本公司需要零件、总成、整车的单位。

（9）供方：供应零件、总成、整车给需方的单位（包括本公司内部和外部的生产厂）。

4.职责

4.1 总则

供需双方应全面贯彻落实国家有关法规、标准和本公司质量方针，开展以经济赔偿和质量激励为特征的用户满意活动，建立有效的质量保证体系。

4.2 供方的职责

4.2.1 供方必须按需方规定的要求，与需方签订《质量协议书》。

4.2.2 供方必须按照合同（包括《质量协议书》）要求组织生产，为需方提供合格产品。

4.2.3 供方要明确产品质量保证期和服务承诺，承担产品质量保证期限内的产品质量责任，赔偿相应损失。同时，应做好出厂产品的服务工作，建立定期会签制。

4.2.4 供方有权就需方不履行合同以及由于需方的责任给供方造成的损失提出索赔或申诉。

4.3 需方的职责

4.3.1 草拟供需双方《质量协议书》，并主动与供方正式签订。

4.3.2 需方按质量协议中的规定进行进货检验。

4.3.3 需方应及时记录和反馈供方产品在生产过程中的质量信息，并承担不合格品标识、保管不符合要求所造成的损失。

4.3.4 需方有权就供方不履行合同以及供方责任所造成的损失提出索赔。

4.3.5 出现下列情况之一时，需方有权调整合同中的供货比例，直至向生产部建议取消合同，开发新点。

（1）进货检验连续三批判为不合格或年度累计大于10%批次不合格。

（2）由于供方的产品质量责任导致发生公司级质量事故。

（3）由于供方的产品质量责任，虽经赔偿，但采取纠正措施不力，导致质量问题重复发生，或用户反映强烈。

4.3.6 需方对非常满意的供方，有权实行或不实行质量激励。

4.4 有关职能部门的职责

4.4.1 财务部负责质量赔偿和质量激励费用的结算与质量成本统计。

4.4.2 销售服务部代表用户就产品质量责任向公司索赔，公司采购部向责任的供方索赔。

4.4.3 生产部负责监督本程序的贯彻执行，并负责组织质量赔偿争议的有偿裁决。

5.管理规定

5.1 供需双方质量赔偿和质量激励的相关原则及规定

5.1.1 不合格品处理原则。

（1）查清质量问题的原因，确定可能对用户造成损失的程度。

（2）采取应急措施，使损失和不良影响降到最低限度。

（3）分析原因，积极采取纠正和预防措施。

5.1.2 质量赔偿原则。

（1）赔偿在供需双方（即上下工序）之间进行。

（2）按质量赔偿责任划分原则，可向分供方实行转嫁索赔。

（3）发现不合格品经供需双方确认的原则。

（4）让步降价原则。

（5）重复发生，加大赔偿比例原则。

5.1.3 质量赔偿项目责任。

（1）进货检验时不合格，退货或现场挑选、返工，全部损失由供方承担。

（2）让步产品，需方承担标识（或必要时可追溯性标识）和记录管理不善所造成的损失；供方承担让步降价损失。

（3）接受检验时判为合格的产品，在需方生产过程中发现的不合格品。

①全检或全项抽验时，直接损失由供方承担，附加损失由需方承担。

②分项目统计抽验时，直接损失由供方承担，附加损失分为：当部分统计抽验项出现不合格时，附加损失由需方承担；当非统计抽样项出现不合格时，附加损失由供方承担；定期内验证的项目出现不合格，附加损失由供方承担；超出定期时间内验证项目出现不合格，附加损失由需方承担。

（4）产品、工艺设计或更改所造成的质量损失由公司设计、更改部门负责赔偿。

（5）对产品入库验收和售时售后换件的产品质量赔偿，属于装调质量，由产品总装配方负责赔偿；属于非装调质量，由质量责任方负责赔偿（质量责任方：制造、运输责任为供方，保管责任为需方）。

5.1.4 质量激励。

（1）依据：以需方每月对供方质量的统计台账和需方每月对供应商的评价记录为基础。

（2）方式。

①优惠政策激励：给供应商升级，增加订货比例；比其他供方优先付款；优先安排新产品。

②一次性奖金激励。

5.2 质量赔偿项目、费用标准及质量激励标准

5.2.1 直接损失（Z），按产品报废损失（Z_b）计算。

产品报废损失费（Z_b）：Z_b=不合格品数×（单件不合格品报废价值+相关产品报废价值）。

经济赔偿后，实物原则上返回供方，但需方要采取标识，防止再次流入需方。

5.2.2 附加损失（F），$F=F_f+F_c+F_j+F_t+F_y+F_z+F_x+F_s$。

（1）返工费（F_f）：F_f=不合格品数×单件返工工时×10元/（小时·人）。

（2）材料消耗（F_c）：F_c=不合格品返工的辅助材料数×标准价×110%。

（3）加工损失费（F_j）：F_j=不合格品数量×单件工时×单件加工工时费。

（4）停工损失费（F_t）：F_t=不合格品数量×单件停工工时×单件停工工时费（按额定生产产品工时计算）。

（5）验证费（F_y）：裁决供需双方产品质量赔偿争议而进行调查、取证、分析等所产生的费用（此费用由败诉方承担）。

$$F_y=产品质量检验和试验费+调查人员工时费+调查人员旅差费［工时费$$
$$按30元/（小时·人），旅差费执行公司出差人员有关规定］$$

（6）退货产品保管和占地费用。凡退货产品，一经确定，供方应在3天内从需方现场拉走，否则需方有权收取保管和占地费。如果供方10个工作日后仍不处理，需方有权处理。

$$F_z=50元/（批·天）（小件或小批量）$$
$$F_z=100元/（批·天）（大件或大批量）$$

（7）信誉损失费（F_x），由于供方产品质量责任发生质量事故，或导致用户投诉，影响公司质量信誉所要求的赔偿。

$$F_x=责任事故处理费+声誉损失费（根据影响程度需方挽回损失所产生的费用确定）$$

（8）用户索赔费（F_s）：由于不合格品流入市场，引起用户赔偿的费用（按本公司用户索赔技术鉴定单计算的费用）。

5.2.3 让步降价：进货检验时对于不合格而让步接收产品，其结算价格根据让步级别在公司标准价基础上降价。其降价幅度如下。

①公司级让步降价幅度15%～40%。

②分厂级让步降价幅度5%～30%。

5.2.4 重复出现，加大赔偿比例：重复出现不合格现象，其质量赔偿要在质量损失的基础上考虑重复出现系数K。

$$质量损失=K（Z+F）$$
$$=K（Z_b+F_c+F_j+F_f+F_t+F_y+F_z+F_x+F_s）$$

式中，$K=1.5$或2.0，首次重复$K=1.5$，两次重复$K=2.0$。

5.2.5 赔偿费用的统计方法。

$$总赔偿费用=（Z+F）K（第一次出现时，K=1）$$

5.2.6 质量激励标准。

（1）需方非常满意标准：供方供货产品一年内无质量问题或供应商评价连续12个月为优。

（2）激励政策和一次性奖励金额。

① 供应商升级或增加订货比例。

② 比其他供应商优先付款。

③ 优先安排新产品。

④ 在以上三条均已实施后，供方仍保持需方非常满意1年以上，需方授予供方本年度优秀供应商称号，并发给适当的奖金。

以上由需方根据生产经营状况逐条依顺序进行。

5.3 工作流程

5.3.1 签订质量协议。

（1）公司作为需方与供方协商确定产品质量协议书，明确产品质量要求、验收依据、抽样方案、抽样项目、验收设备、拒收条件等内容。

（2）协议书一旦签订，双方必须严格遵守。如在执行过程中一方认为需要修改，必须供、需双方协商同意后，方可更改《质量协议书》。

5.3.2 质量赔偿确认和不合格品处置。

（1）质量赔偿确认可随时或定期进行。"定期"是针对一般的、少量的不合格品所造成的损失，供方应按要求定期进行确认会签；"随时"是针对质量事故或批量不合格品，供方应在3个工作日内完成确认会签。

（2）供方到现场确认包括对质量问题、不合格数量以及所要发生的质量索赔费用确认。在索赔发生前的争议，原则上由需方处理。

（3）确认应在需方发出通知后3个工作日内完成，3个工作日后若供方仍不到现场确认，需方可视为供方无异议，继续以下流程。

（4）不合格品需方负责标识，供方负责处理。

5.3.3 质量赔偿单据的传递。

（1）凡发生质量责任索赔，由索赔方填写"质量赔偿单"并提供相应证据，由被索赔方会签（公司内供方需加盖章），或超过会签日期（4个工作日）视为无异议，4个工作日后由索赔方提供相应证据，经公司生产部确认盖章后直接将"质量赔偿单"交公司财务部。有争议的按5.3.4处理。

（2）"用户索赔技术鉴定单"由销售服务部门负责收集、整理和信息传递，分公司按反工艺路线，执行索赔程序，原则上销售服务部门应将需要索赔的产品的旧件返回。

5.3.4 产品质量赔偿申诉与裁决。

（1）按照"用户至上"的宗旨，以事实为依据，以法律、标准为准绳的原则，实施产品质量赔偿申诉与裁决。

（2）申诉。

①供（需）方收到需（供）方索赔单后，如有异议可在2个工作日内与需（供）方协商解决。

②供（需）方与需（供）方协商无结果可向需（供）方和生产部同时提交《质量赔偿申诉书》，并提供足够的证明材料和依据。

（3）裁决。

①生产部收到《质量赔偿申诉书》后，应立即组织有关人员调查分析，在10天内做出裁决，对复杂的产品质量申诉可延长至30天，并用《质量赔偿裁决通知书》通知申、应诉方。

②申、应诉方收到裁决通知书3个工作日内没有在裁决通知书上签字反馈，生产部可将裁决通知书送财务部执行质量裁决。

③申、应诉方收到裁决通知书后仍有异议，可于3个工作日内向生产部反馈，再次申请复议。复议工作由生产部提请召开公司质量委员会专家会议，进行复议裁决，复议裁决为最终裁决。

（4）质量赔偿裁决的败诉方应承担处理申诉裁决产生的所有费用。

5.3.5 质量赔偿费用管理。

（1）对于公司内部的子公司采用现金结算，分公司所属工厂采用内部银行结算。

（2）公司内部单位与外部单位发生的质量索赔损失（含返工费、验证费及其他索赔损失），由财务部依据索赔单扣减责任单位货款。

（3）经裁决的质量赔偿，由财务部按《质量赔偿裁决通知书》执行。

（4）质量赔偿费用按如下原则使用。

①产品报废损失费（Z_b）、材料消耗费（F_c）在需方生产成本中列支，但须由需方在预算限额中自由消化。

②返工费（F_f）、加工损失费（F_j）、场地占用和保管费（F_z）以及停工损失费（F_t）用现金支付给需方作为劳务补偿。

③验证费（F_y）、事故处理费、用户索赔费、让步降价和声誉损失费在有关费用项目中列支。

5.3.6 质量激励。

（1）质量激励由需方按5.2.6标准以及生产经营状况确定。一旦确定进行质量激励，由需方填写"需方非常满意通知单"，交供方和财务部。

（2）政策激励和资金激励主要由需方实施。资金由财务部从有关费用项目中给供方予以兑现，如质量激励基金不够支付，则从需方生产成本中开支。

拟定		审核		审批	

第10章 供应商考核管理制度

本章阅读索引:

· 供应商业绩考核管理办法
· 供应商绩效评价管理办法
· 供应商奖惩管理制度

10-01 供应商业绩考核管理办法

××公司标准文件		××有限公司 供应商业绩考核管理办法	文件编号××-××-××	
版次	A/0		页次	第×页

1.目的

为提升质量、稳定供货、迅速开发新产品、优化配套体系,对供应商进行动态管理,特制定本办法。

2.适用范围

本办法适用于所有已在进行产品开发和批量供货的非进口供应商。

3.定义和术语

(1)有条件供货:即暂时供货,视重要程度和风险大小,有条件供货的价格要下浮5%~15%,整改周期短的在1个月内、周期长的在3个月内未完成整改的,供货价格将在此基础上进一步下浮10%。

(2)客户综合意识提升培训班:当单项扣分或一定时期内累计扣分达到一定分值时,由采购部组织供应商主管总经理、部门负责人及工程师参加客户综合意识提升培训班,重点学习公司的各种系统要求,针对问题和风险认真制定纠正和预防措施,并落实整改。

(3)暂停采购与配送:在质量问题原因未查明前及单项或一定时期内累计扣分超过一定分值时,对瑕疵产品所采取的临时停止采购和上线使用的行为。至问题查明或整改措施已落实时,可取消暂停的状态。

(4)产品停用:当产品发生重大、严重批量性质量问题或一定时期内累计扣分超过一定分值时,对供应商相应产品采取停止采购和使用。产品停用3~6个月后,才可以考虑恢复其供货，恢复供货的程序按相关条款的规定执行。

（5）一般性质量问题：未出现影响产品的关键尺寸、功能、性能、可靠性、耐久性项目，仅在外观或非关键尺寸上有明显瑕疵的质量问题。

（6）重大质量问题：影响到产品功能、性能、可靠性、耐久性的质量问题，或严重影响顾客满意度的外观缺陷。

4.职责

（1）由采购部、质保部、研发部分别对供应商从供货、物流、服务、备件、质量、产品开发等各方面进行扣分并按月汇总，上传至系统。

（2）采购部负责对扣分的汇总和公布，归口管理供应商业绩考核记录的存档和维护。

（3）采购部负责供应商处罚的执行，处置方案由三部门共同提出并报公司分管领导批准。

（4）质保部、研发部对业绩评价情况进行查询、核对，对执行情况和效果进行监督，并提出改进要求。

5.考核程序

5.1 处罚类别

处罚类别包括赔偿和补偿、参加客户综合意识提升培训班、暂停采购及配送、新产品开发限制、供应商降级、削减供货份额、产品停用、取消配套资格。

5.2 扣分项目及细则

项号	扣分细则	扣分值/分	考核部门
1	单项扣10分项目		
	擅自更改产品非主要特性	10	质保部、研发部
2	单项扣20分项目		
2.1	新产品送样连续3次以上不合格（对同一产品而言）	20	研发部
2.2	发现供应商开发方式、软件接口等不能满足现进行的新产品开发要求，也不能在约定时间内整改到位	20	研发部
3	单项扣30分项目		
3.1	供应商不具备必要的质量控制方式，或方式无效，也未在约定时间内整改到位	30	质保部
3.2	半成品、成品和物流管理混乱且未能在约定时间内整改到位	30	质保部采购部
3.3	关键工序失控、未达到要求且未能在3个月内整改到位	30	质保部
3.4	发生重大质量问题，且产生的原因已在24小时内得到控制	30	质保部

项号	扣分细则	扣分值/分	考核部门
4	单项扣40分项目		
	发生重大质量问题，且产生的原因未在24小时内得以控制	40	质保部
5	单项扣50分项目		
5.1	新产品开发试验重要项目漏项或弄虚作假	50	研发部、质保部
5.2	非法转让技术资料	50	研发部
5.3	已供货供应商质量体系或过程能力未能在规定期限内提高到指定的水平	50	质保部
6	单项扣60分项目		
6.1	擅自变更生产场地/关键工装设备/主要原材料/主要二级供应商/主要产品特性或尺寸	60	采购部、质保部、研发部
6.2	组织机构发生重大调整/企业名称、性质发生重大变更而未通知本公司供应商管理部门	60	采购部、质保部、研发部
6.3	未经正常程序，借壳进入公司	60	采购部、质保部
6.4	向公司有关人员行贿，间接导致重大质量事故	60	采购部、质保部、研发部
6.5	未经同意擅自将公司产品提供给第三方销售和赢利	60	采购部
7	其他非否决性扣分项		
7.1	必要的计划、图纸、技术标准、报告等未按要求提供，每延迟一天	0.5	研发部、质保部
7.2	产品开发中的技术支持和技术交流不主动、不充分，每次	2	研发部
7.3	新产品开发送样，每延迟1天	0.5	研发部
7.4	产品开发送样不合格，每次	1	研发部
7.5	产品开发成本控制差，每次	1～5	研发部
7.6	产品开发试制使用的原材料、模具开发商、委托试验的受委托方均应经公司确认，否则每次	3	研发部
7.7	产品开发其他项目未达到协议要求，影响总体开发计划完成的，每延迟1天	1	研发部
7.8	产品优化配合不主动或敷衍	5	研发部

续表

项号	扣分细则	扣分值/分	考核部门
7.9	产品优化方案提交，每延迟1周	1	研发部
7.10	产品优化方案实施，每延迟1周	1	研发部
7.11	质量问题未按要求整改到位，每延迟1天	0.5	质保部
7.12	出现质量问题时，供应商不积极配合分析并及时反馈结果的，每次	5	质保部
7.13	进货检验不合格，每拒收一批	5	质保部
7.14	进货检验不合格，每让步一批	2	质保部
7.15	提供的自检报告作假，每次	2	质保部
7.16	外协件发生批量的一般性质量问题	5	质保部
7.17	自检报告、供货清单填写不规范（未按公司要求），每次	0.5	质保部、采购部
7.18	因外协件质量问题导致的退件PPM（百万分比）在前10名以内	1～3	质保部
7.19	退件PPM远超过目标值（不在前10名以内，关键件、重要件功能性问题超过1000PPM，其他问题超过5000PPM）	0.5～1	质保部
7.20	供应商问题导致生产线停线，每分钟	0.5	质保部、采购部
7.21	AUDIT（稽核）出现B级以上质量缺陷时，每次每项缺陷	1	质保部
7.22	批量供货中性能或形式试验报告未按时提供，每种件每次	2	质保部
7.23	批量供货中性能或形式试验报告作假，每种件每次	5	质保部
7.24	由于自身管理缺陷，导致与主机厂沟通渠道不畅	5	采购部、质保部、研发部
7.25	对售后服务配合不积极（如宣传、索赔鉴定），每次	3	采购部质保部
7.26	没有按计划/订单时间、数量到货，但未造成停线的，每次	1	采购部
7.27	未按照标准高度码放、包装或器具不能满足配送要求的，每次	0.5	采购部
7.28	未按协议或产品特性要求进行有效防护的，如防潮、防震、防尘、防腐蚀等，每次	2	采购部
7.29	没有按照秩序等待卸货的，每次	0.5	采购部
7.30	零部件包装标识不正确/不完整/不便于追溯或不符合协议规定的，每次	1	采购部
7.31	非免检产品贴免检标识的，每次	5	采购部、质保部

续表

项号	扣分细则	扣分值/分	考核部门
7.32	未经许可，擅自更改包装的尺寸规格、数量，每次	2	采购部
7.33	装箱数量不统一（零头箱除外），每次	1	采购部
7.34	物流器具不能按要求及时返回，超出定置的限量时，每天	0.5	采购部
7.35	供货时器具未清理干净/器具未维护，每个	0.5	采购部
7.36	没有按规定的时间进行不合格件的处理，每延迟1天	0.5	采购部
7.37	非直接从货款中扣除的方式支付仓储费的，每延迟1天支付	0.5	采购部
7.38	正常供货3个月后仍未签订仓储合同的，每推迟10天	2	采购部
7.39	5天内没有确认订单，每推迟1天	0.5	采购部
7.40	发票不按规定开出的，每次	1	采购部
7.41	小批量试装时，售后备件没有准备好，每延迟1天	0.5	采购部
7.42	生产停用件，在没有可替代件的前提下，供应商必须保障约定年限内的备件供应，在计划准确的前提下断货的，每天	1	采购部
7.43	与指定联系人10分钟以上联系不上，每次	1	采购部、质保部
7.44	相关人员未能在约定时间内到达公司，且无合理解释的，每次	0.5	采购部、质保部、研发部
7.45	服务人员不胜任，又不能在约定时间内置换到位的	5	采购部、质保部
7.46	服务人员不遵守公司各项管理规定的，视严重程度，每次	1～5	采购部质保部
7.47	把退回的不合格品擅自重新返回公司作为生产或备件，一经发现，每次	5	采购部、质保部
7.48	提供价格信息不实，也不能提供可信的详细资料或说明，每例	2	采购部
7.49	供应商必要的企业、产品、质量、供货等信息未按要求传递至本公司系统，每次	1	采购部、质保部、研发部
7.50	系统信息未得到及时更新的，每次	0.5	采购部、质保部、研发部
7.51	违反协议规定，每次	5	采购部、质保部、研发部

5.3 罚则

5.3.1 供应商要对由其造成的公司经济和品牌损失进行赔偿及补偿，包括但不限于以下方面。

（1）停线损失。

（2）返工人工费及连带损失。

（3）售后索赔及连带损失。

（4）因延迟到货或到货不合格而采购其他替代产品给公司造成的额外支付，如价格差额、运输费用等。

（5）其他损失补偿。

5.3.2 单项扣分处罚。

出现单项扣分超过10分时，应按以下条款规定对供应商进行处罚。

（1）出现10分项时，将暂停采购和配送；1季度内连续出现3次同样的10分项时将对部分件进行停用和对供应商进行降级。

（2）出现20分项时，将停止供应商正在进行的新产品开发项目；1年内同样的20分项出现3次时取消其新产品布点的资格，并降低供应商级别。

（3）出现30分项时，将减少供应商部分产品供货份额；1年内同样的30分项出现2次时，将停用相关产品，在问题整改落实前不作为新产品布点对象，并降低供应商一个等级。

（4）出现40分项时，将停用相关产品，并对供应商降级；1年内出现2次40分项时将取消其新产品布点资格，并再降级一次，直至最低级；1年内出现3次则取消配套资格。

（5）出现50分项时，供应商将不作为新产品拟布点的对象并降级；50分项1年内出现2次时，取消配套资格。

（6）当60分项出现时，供应商配套资格将被取消。

5.3.3 累计扣分处罚。

（1）单月累计扣分超过20分的供应商均要派主要人员参加公司组织的客户综合意识提升培训班。

（2）单月累计扣分超过30分时，将对部分产品进行暂停采购和配送。

（3）季度累计扣分达60分或年度累计扣分达150分时，降低部分产品供货份额。

（4）季度累计扣分达100分或年度累计扣分达200分，停用相关产品；降低供应商级别，每增加40分降一级，直至最低级。

（5）年度累计扣分超过200分时，供应商不作为新产品拟布点对象。

（6）半年累计扣分超过150分或年度累计扣分超过250分时，取消配套资格。

5.4 处罚情形一览表

处罚类别	处罚情形
赔偿和补偿	凡给公司造成经济和品牌损失的问题及行为
参加客户综合意识提升培训班	（1）月累计扣分超过 20 分 （2）受到取消配套资格外的处罚时
暂停采购和配送	（1）出现 10 分项 （2）单月累计扣分超过 30 分
削减供货份额	（1）出现 30 分项 （2）季度累计扣分超过 60 分 （3）年度累计扣分达 150 分
停止正在进行的产品开发	出现 20 分项
零部件停用	（1）1 季度内出现 3 次同样的 10 分项 （2）1 年内同样的 30 分项出现 2 次 （3）出现 40 分项 （4）季度累计扣分达 100 分 （5）年度累计扣分达 200 分
供应商降级	（1）1 季度内出现 3 次同样的 10 分项 （2）1 年内同样的 20 分项出现 3 次 （3）1 年内同样的 30 分项出现 2 次 （4）出现 40 分项 （5）季度累计扣分达 100 分 （6）年度累计扣分达 200 分
取消新产品布点资格	（1）1 年内同样的 20 分项出现 3 次 （2）1 年内同样的 30 分项出现 2 次 （3）1 年内出现 2 次 40 分项 （4）出现 50 分项 （5）年度累计扣分超过 200 分
取消配套资格	（1）1 年内出现 3 次 40 分项 （2）50 分项 1 年内出现 2 次 （3）出现 60 分项 （4）年度累计扣分超过 250 分
有条件供货	对于达到暂停供货、降低份额、停用、取消配套资格条件的供应商，由于实际情况而暂时无法实施相应处罚，如独家供货或另一家能力严重不足时，可转为有条件供货

拟定		审核		审批	

10-02　供应商绩效评价管理办法

××公司标准文件		××有限公司 供应商绩效评价管理办法	文件编号××–××–××	
版次	A/0		页次	第×页

1.目的

为规范合格供应商绩效评价的管理，通过监控供应商产品质量、交付、服务、商务状态促进其持续改善，提升公司供应链整体水平，特制定本办法。

2.适用范围

适用于公司所有生产性物资供应商的绩效评价管理。

3.职责

（1）质量管理部负责制定供应商绩效评价管理办法，组织各制造分公司、销售服务部门编制供应商评价标准，并对各制造分公司供应商绩效评价结果进行监督和异常管理。

（2）制造分公司质量部门负责按供应商质量绩效评分标准规定进行质量绩效评分，根据月度质量绩效评价结果向供应商下发质量整改、整顿通知并进行跟踪验证。负责本制造分公司供应商绩效评价汇总管理，对绩效评价过程、评价结果运用执行情况进行监督检查；按月汇总绩效评价结果，处理供应商就绩效评价异常情况的申诉，并编制供应商绩效评价报告；根据绩效评价结果进行绩效评价结果运用。

（3）制造分公司采购部门负责对供应商交付及厂内服务进行评价；根据月度交付及厂内服务评价结果，向供应商下发交付及厂内服务整改、整顿通知并进行跟踪验证。

（4）营销总公司服务部门负责对供应商厂外服务进行评价；根据月度厂外服务评价结果，向供应商下发厂外服务整改、整顿通知并进行跟踪验证。

（5）信息化部门负责在需要信息系统支持时开发、维护和使用培训供应商绩效评价管理信息系统。

4.评价管理

4.1　评价标准

4.1.1　供应商绩效评价评分标准见附件1《供应商质量绩效评分标准》、附件2《供应商交付及厂内服务绩效评分标准》、附件3《供应商商务绩效评分标准》及附件4《供应商厂外服务绩效评分标准》。

4.1.2　供应商绩效评分总权重为100，其中"质量绩效评分"占50%，"交付及厂内服务绩效评分"占25%，"商务绩效评分"占5%，"厂外服务绩效评分"占20%。

4.2　评价实施

4.2.1　评价责任部门应坚持以事实为依据，以数据为基础，制定内部评分操作细则及评分依据原始记录表，按质量、采购（交付及厂内服务、商务评分）、服务三个板块指定专人，按评价标准对供应商质量、交付及厂内服务、商务、厂外服务情况进行评分，确保评价结果的完整性和准确性，并在每月 10 日前完成上月评分结果提交。

4.2.2　供应商对评价结果有异议，必须在次月 15 日前向公司各制造分公司质量部门反馈或申诉（反馈或申诉时需提交经评分人员同意的书面依据），否则视为认同评价结果。

4.2.3　制造分公司质量部门按月对供应商绩效评价结果进行汇总分析，每月 20 日前编制本制造分公司供应商上月绩效评价结果汇总分析表，交制造分公司领导审批后发质量管理部、服务部门及制造分公司质量、采购部门负责人。

4.3　评价结果运用

4.3.1　供应商绩效评价月度评分结果运用。

根据供应商月度"质量""交付及厂内服务""商务""厂外服务"四个单项评分结果，确定运用方案，见下表。

单项评分	运用范围	运用方案
质量	排名后 5 名且得分低于 60 分	由制造分公司质量部门每月 25 日前向供方下发整改通知并跟踪整改结果
	连续 3 个月排名后 5 名且得分低于 60 分或连续 2 个月低于 50 分	由制造分公司质量部门下发供应商整顿通知，暂停其供货资格，给予最多 2 个月的整改期限，整改完成后由制造分公司质量部门确认其改善效果，根据确认结果给予其恢复供货资格或取消其供货资格 确因公司战略或产能等原因无法暂停供货的，多配套的，将其供货量减少至该类物资采购总量的 10% 以上 (其调减的供货量奖励给同配套中质量得分最高的供应商)，并由采购部门限期 (一般 1 个月内，下同) 开发替代供应商。单配套的，由制造分公司质量部门下发供应商整顿通知，暂停付款 2 个月及以上，并由采购部门限期开发替代供应商
交付及厂内服务	排名后 5 名且得分低于 60 分	由制造分公司采购部门每月 25 日前向供方下发整改通知并跟踪整改结果
	连续 3 个月排名后 5 名且得分低于 60 分或连续 2 个月低于 50 分	由制造分公司采购部门下发供应商整顿通知，暂停其供货资格，给予最多 2 个月的整改期限，整改完成后由制造分公司采购部门确认其改善效果，根据确认结果给予恢复供货资格或取消其供货资格 确因公司战略或产能等原因无法暂停供货的，多配套的，将其供货量减少该类物资采购总量的 10% 以上 (其调减的供货量奖励给同配套中质量得分最高的供应商)，并由采购部门限期开发替代供应商。单配套的，由制造分公司采购部门下发供应商整顿通知，暂停付款 2 个月及以上，并由采购部门限期开发替代供应商

续表

单项评分	运用范围	运用方案
商务	排名后5名且得分低于60分	由制造分公司采购部门每月25日前向供方下发预警通知并对连续2个月低于60分将采取的整顿措施向供方进行预警
商务	连续3个月排名后5名且得分低于60分或连续2个月低于50分	由制造分公司采购部门下发供应商整顿通知，暂停其供货资格，给予最多2个月的整改期限，整改完成后由制造分公司采购部门确认其改善效果，根据确认结果给予其恢复供货资格或取消其供货资格
		确因公司战略或产能等原因无法暂停供货的，多配套的，减少供货配额10%及以上(其调减的供货量奖励给同配套中质量得分最高的供应商)，并由采购部门限期开发替代供应商。单配套的，由制造分公司采购部门下发供应商整顿通知，暂停付款2个月及以上，并由采购部门限期开发替代供应商
厂外服务	排名后5名且得分低于60分	由服务部门每月25日前向供方下发整改通知并跟踪整改结果
厂外服务	连续3个月排名后5名且得分低于60分或连续2个月低于50分	由服务部门下发供应商整顿通知，暂停其供货资格，给予供应商限期3个月进行整改，整改完成后由服务部门确认其改善效果，根据确认结果给予其恢复供货资格或取消供货资格
		当月得分低于50分且因公司战略或供应商为单配套等原因暂停供货的，暂停付款4个月及以上，并由采购部门限期开发替代供应商

4.3.2 供应商绩效评价半年度评分结果运用。

根据供应商绩效评价每半年度综合评分结果确定运用方案：根据供应商在本制造分公司半年度综合平均得分，按"优秀供应商""合格供应商""基本合格供应商""不合格供应商"四种业绩状态，由制造分公司质量部门确定运用方案，见下表。

业绩状态	运用范围/分	运用方案
优秀供应商	90（含）～100	可享受本公司各项优惠政策的情况如下 （1）供货量的增加：绩效评价结果为优秀供应商，根据该供应商所供物资同类供应商数量，按以下原则进行配额比例奖励 ①双配套的，下一个评价周期内，根据优秀供应商与另一配套供应商绩效评价业绩状态相差的等级，每相差一个等级奖励优秀供应商增加采购总量的10%

续表

业绩状态	运用范围/分	运用方案
优秀供应商	90（含）～100	②多配套的，下一个评价周期内，奖励优秀供应商增加采购总量的10%，其增加的采购量从其他同配套的非优秀供应商中业绩状态最低的供应商调减。注：多配套且同一业绩状态有2家及以上供应商的，取其中综合得分最高或最低者，下文中出现类似情况同此 （2）优先获得本公司新产品开发信息，优先在新产品开发中试用和采用其相适用的产品
合格供应商	70（含）～90	可参与新产品试用选型
基本合格供应商	60（含）～70	不得参与新产品试用选型
不合格供应商	60分以下	由制造分公司质量部门下发供应商整顿通知，暂停供货资格，给予最多3个月的整改期限，整改完成后由制造分公司质量部门组织进行验收，决定恢复或取消供货资格。暂停供货期间，其原承担的供货量原则上奖励给同配套的业绩状态最高的供应商 确因公司战略或产能等原因无法暂停供货的，由制造分公司质量部门下发供应商整顿通知，将其供货量减少该类物资采购总量的30%（其调减的供货量原则上奖励给同配套的业绩状态最高的供应商）或暂停付款3个月，给予供应商最多3个月的整改期限，整改完成后由制造分公司质量部门组织进行验收，决定是否恢复供货比例或货款支付

4.3.3 供应商绩效评价年度综合评分结果运用。

作为年度供应商授信评分的重要数据，由质量管理部汇总供应商在各制造分公司的年度综合评分结果，作为公司年度供应商授信评分70%计算授信评分。

5.附件

（1）《供应商质量绩效评分标准》。

（2）《供应商交付及厂内服务绩效评分标准》。

（3）《供应商商务绩效评分标准》。

（4）《供应商厂外服务绩效评分标准》。

（5）《供应商绩效评分各标准条款评分及时性规定》（略）。

附件1：《供应商质量绩效评分标准》

评价项目	评价细项	评分标准		故障效评分（60分）	计算方法	评分时间规定	备注
		来料PPM评分（40分）					
		评分区间	扣分值/分				
零部件实物质量（80%）	（1）零部件来料质量（包含来料、过程），满分100分，占总评分的3%，其中来料PPM 40分，来料故障数60分	100000PPM以上	40	每个不合格品扣1分，本项目最多扣分不超过60分	来料PPM（当月来料检验不合格数、制造过程不合格数/当月进货件数×1000000）	（1）对正常使用QM（质量管理）系统的，检验员在QM中将当次检验的结果进行输入后，连接至SRM（供应商关系管理）系统自动完成自动评分 （2）履带吊、更换单采用每月每月从SAP（企业管理解决方案的软件名称）导出评分，次月10日前完成，其他现场日常发现的问题可日事日清 （3）未送入QM系统中的供应商来料质量评分手工将故障数填写进SRM系统中，次月10日前完成	（1）来料PPM计算公式中分母"当月进货件数"出现为0或小于分子件数时，系统默认分母自动取"前12个月平均交货量" （2）当PPM计算结果出现大于1000000时，自动取值为1000000
		90001～100000PPM	36				
		80001～90000PPM	32				
		70001～80000PPM	28				
		60001～70000PPM	26				
		50001～60000PPM	24				
		45001～50000PPM	22				
		40001～45000PPM	20				
	（2）零部件市场质量，满分100分，占总评分的50%，其中市场PPM 40分，市场故障数60分	39001～40000PPM	18		PPM=当月市场反馈故障件数/前12个月月平均交货数量×1000000	次月10日前完成评分	
		30001～35000PPM	16				
		25001～30000PPM	14				
		20001～25000PPM	12				
		15001～20000PPM	10				
		10001～15000PPM	8				
		5001～10000PPM	6				
		1001～5000PPM	4				
		1～1000PPM	2				

续表

评价项目	评价细项	评分标准			计算方法	评分时间规定	备注
		评分值/分		故障效评分（60分）			
		评分区间	扣分值/分				
态度能力评价（20%）	（1）供应商改善及时性，满分100分，占总评分的10%		（1）发出的整顿整改通知，供应商未时回复改善报告，每次扣20分 （2）供应商未依要求汇报回复改善报告，每次扣30分 （3）如供应商未组织整顿整改或未回复改善报告，扣100分		—	月底汇总，次月10日前完成评分	—
	（2）供应商改善对策有效性，满分100分，占总评分的10%			汇报资料 （1）汇报资料完整性：10分 （2）原因分析彻底性：20分 （3）改善对策可实施性：20分 现场验证 （1）改善对策导入及时性：10分 （2）供方改善效果验证：40分	—	月底汇总，次月10日前完成评分	—
附加项	（1）附加加分项	过程	供应商主动发现质量隐患，且积极配合进行整改，取得明显效果，消除质量隐患，视其程度加5～10分		附加分数是在质量评分总分基础上直接加分	月底汇总，次月10日前完成评分	—
	（2）附加减分项	过程	发生供应商责任的致命故障或重大质量事故1起	20分/次	（1）评分项目中的对应分值为单次	月底汇总，次月10日前完成评分	制造过程中的附加减分上限设定为30

续表

评价项目	评价细项	评分标准			计算方法	评分时间规定	备注
		来料PPM评分（40分）		故障数评分（60分）			
		评分区间	扣分值/分				
附加项	（2）附加减分项	市场	供应商责任的重大质量事故1起	20分/次	触发条件达到时的扣分值（2）附减分是在质量评分总分基础上直接减分（3）故障等级、质量事故起重质量定义引用Q/ZLGQ 104042—2012（流动式起重机产品质量问题分类办法）	月底汇总，次月10日前完成评分	分，市场质量附减分设定上限为50分，其他类附减分不设上限
			供应商处理质量问题态度不积极、不配合，或在证据充分的情况下，拒不认可其质量责任	10分/次			
		其他	不合格品在未经各制造分公司质量部门书面同意的情况下交付本公司，或者把本公司退回的不合格品在未经返工或经检验合格的情况下再次向本公司交付	20分/次			
			供应商发生产品、资料和记录故意弄虚作假	100分			

注：本项评分总分为100分，最低分为0分，当出现总扣分超出100分时，最终得分为0分。

附件2:《供应商交付及厂内服务绩效评分标准》

序号	绩效考评类别	权重/分	考评指标	评分标准
1	物资配套交付	80	现场物资配送准时性及规范性	按配送计划要求及配送定点区域要求,实现准时配套
				(1)未按配送计划要求配送,延迟交货(配套)但不超过1天,根据SAP系统中物料缺件的档数,按1分/档进行考核,且最低扣分不低于5分
				(2)未按配送计划要求配送,延迟交货(配套)超过1天,根据SAP系统中物料缺件的档数,按20分/档进行考核
				(3)因供应商责任,引起PR/PO(采购申请单/订购单号)调整,按10分/次进行考核
2	管理配合	20	旧件处理及时响应度	处理分为三类:直接下账、更换新件、修复
				(1)对于直接下账方式处理的"三包"件及质量更换件,一个月内完成旧件出库手续办理。对于强势下账的旧件供应商,必须在45天内办理旧件实物离厂手续(包含书面同意按废品处理、提走旧件),自判定结果通知之日起(SAP记录时间),到旧件实物办理完离厂手续 ①超过自然天15天,按1分/天考核 ②超过自然天30天,一次性考核15分
				(2)对于以更换新件方式处理的"三包"件及质量更换件,当月产生的,国内供应商以实物出库时间开始,30个工作日内将新件返回入库;进口件供应商(包含预付款供应商)以实物出库时间开始,在6个月内将新件返回入库。自旧件出库之日起(SAP记录时间),至新件合格入库止 ①国内供应商超过自然天30天,按1分/天考核;超过自然天60天,一次性考核15分 ②进口件供应商(包含预付款供应商)超过自然天180天,按1分/天考核;超过自然天210天,一次性考核15分
				(3)对于以修复方式处理的"三包"件及质量更换件,国内供应商在旧件提走后2个月内将修复的新件如数返回;进口件供应商(包含预付款供应商)6个月内将修复的新件如数返回。自旧件出库之日起(SAP记录时间)至修复件返修合格入库止 ①国内供应商超过自然天60天,按1分/天考核;超过自然天90天,一次性考核15分 ②进口件供应商(包含预付款供应商)超过自然天180天,按1分/天考核;超过自然天210天,一次性考核15分

续表

序号	绩效考评类别	权重/分	考评指标	评分标准
2	管理配合	20	配送单打印和上传的准时性及规范性	按配送计划要求，物资发货前24小时内完成系统内发货数量的上传（即打单），配送单中数量及型号与配送实物数量及型号100%对应。配送到现场物资交接单，在完成签单后第二个工作日上午12：00前，将交接单传递给相关材料员
				（1）不按要求打印配送单，影响物资配送的，一次按2分/单考核
				（2）不按要求传递交接单，影响车间确认的，一次按2分/单考核
3	加分项		管理配合（专业技术问题解决、紧急物资配套、滞存物资处理等）	对供应商积极配合管理要求的情况给予绩效正激励，但当月加分累计不能超过10分
				对于需双方现场沟通解决的专业技术问题，需供应商派员现场指导、协助或参与解决。视技术问题的解决效果按1～2分/项加分
				对于需紧急采购的物料，供应商在克服交期短的情况下按主机厂的需求时间到货，按2分/批次加分
				积极配合主机厂进行滞存物资处理（含原材料与零部件、工具等回购），按2分/批次加分

注：本项评分总分为100分，最低分为0分，当出现总扣分超出100分时，最终得分为0分。

附件3：《供应商商务绩效评分标准》

序号	评分标准	评分依据及规定
1	供应商工作响应不及时、配合度不高的每次扣10分（供应商在接到采购商务的口头要求或者书面函件后，未在函件规定时间内回复或处理，从而影响工作进度）	采购商务反馈
2	因价格、合同等管理问题未与采购商务沟通，擅自停供或影响生产的，每次扣20分	相关部门投诉或采购商务反馈
3	有生产能力，但无正当理由拒绝新产品开发或退回设计图的，每次扣10分	采购商务反馈

注：本项评分总分为100分，最低分为0分，当出现总扣分超出100分时，最终得分为0分。

附件4：《供应商厂外售后服务绩效评分标准》

类别	评价项目	解读	评分标准	评分要求和说明
服务部分（70分）	服务响应时长T_1（工作时间）	故障反馈至供方回复的时长	服务响应时间T_1（20分） $T_1 < 0.5$小时加5分/次（每月加分不超过3次） $T_1 > 1$小时扣5分/次	（1）加分不得超过满分，扣分至该项目0分为止 （2）供应商当月月度评价得分为100分减去各项扣分综合，加上加分项所加分数 （3）故障分类：产品故障分级，按照故障影响车辆工作的程度，将车辆故障分为停机故障和非停机故障 ①停机故障：重要零部件损坏，导致机器丧失工作能力，必须更换备件或现场处理才能恢复机器正常工作的故障 ②非停机故障：影响产品部分功能，但机器尚能勉强进行工作，需要检修或处理的故障 （4）临时需求响应及报价项临时物资处理时间加扣分上限分别为10分 （5）备件专供执行，完全符合标准的可加5分/月，包装出现供方信息的分值全部扣完 （6）月度供货及时性扣分上限为10分 （7）报价，扣分上限为5分
	服务到位时长T_2（工作时间）	故障反馈至保障中心服务人员现场确认时长	服务到位时间T_2（25分） 停机故障：$T_2 < 4$小时加5分/次；$T_2 > 8$小时×区域系数扣5分/次 非停机故障：未按规定要求与客户预约时间扣5分/次	
	故障解决时长T_3（自然时间）	故障反馈至故障解决的时长	故障解决时长T_3（25分） 停机故障：到达现场至解决故障时长≤12小时加5分/次；到达现场至解决故障时长>72小时扣5分/次 非停机故障：到达现场至解决故障时长≤24小时加5分/次；到达现场至解决故障时>72小时扣5分/次	
图册提供部分（30分）	图册需求回复时长T_4（工作时间）	收到SRM通知后的答复时长	图册需求回复时长T_4（10分） $T_4 > 72/$小时扣5分	
	图册需求配合度N	书面催促提供图册次数	图册需求配合度N（5分） 书面催促提供图册次数超过2次扣2分	
	三维资料提供	每一套须提供三维图资料	三维资料提供（5分） 三维资料提供按档数比例扣分：（7/总档数）×提供三维资料的档数	
	二维轴测图提供（CGM格式）	每一套须提供二维轴测图资料	二维轴测图提供（CGM格式）（10分） 二维轴测图提供按档数比例扣分：（6/总档数）×提供二维轴测图的档数	

注：1.服务半径规定为全国（不含香港、澳门、台湾）划分为三类地区，即Ⅰ类地区，除Ⅱ类、Ⅲ类外其他国内地区；Ⅱ类地区，四川、云南、贵州、甘肃；Ⅲ类地区，西藏、青海、新疆、内蒙古、黑龙江。
2.区域系数：Ⅰ类地区，$\S=1.0$；Ⅱ类地区，$\S=1.15$；Ⅲ类地区，$\S=1.30$。

拟定		审核		审批	

10−03　供应商奖惩管理制度

××公司标准文件		××有限公司 供应商奖惩管理制度	文件编号×× −×× −××	
版次	A/O		页次	第×页

1.目的

为对供应商的过失扣点和奖励加分情况做一明确说明，以使供应厂商奖惩有标准可循，特制定本制度。

2.适用范围

适用于公司除办公文具以外的所有物品的供应商。

3.管理规定

3.1　过失扣点

过失扣点如下表所示。

过失扣点

序号	过失情况	点数
1	逾期交货 ____ 天以上而未满 ____ 天者	−1
2	交货品质与规格不符，曾有 ____ 次退货情事者	−1
3	因品质上的差异，减价收货在合约价格 ____%以上而未满 ____%者	−1
4	验收合格收货后，在保证期间内，如发现货品变质或品质不符，其数量在合约总数 ____%以上而未满 ____%，供应商愿负责调换合格品者	−1
5	逾期交货 ____ 天以上而未满 ____ 天者	−2
6	交货品质与规格不符，曾有 ____ 次退货情事者	−2
7	因品质上的差异、减价收货在合约价格 ____%以上而未满 ____%者	−2
8	订约后部分欠交，解约重购愿负责赔偿差价者，无差价或停购者亦同	−2
9	验收合格收货后，在保证期间内，如发现货品变质或品质不符，其数量在合约总数 ____%以上而未满 ____%，供应商愿负责调换合格者	−2
10	逾期交货 ____ 天以上而未满 ____ 天者	−3
11	因品质上的差异，减价收货在合约价格 ____%以上而未满 ____%者	−3
12	验收合格收货后，在保证期间内，如发现货品变质或品质不符，其数量在合约总数 ____%以上而未满 ____%，供应商愿负责调换合格品者	−3
13	逾期交货 ____ 天以上而未满 ____ 天者	−4
14	因品质上的差异，减价收货在合约价格 ____%以上而未满 ____%者	−4

续表

序号	过失情况	点数
15	交货后检验不合格，解约重购愿负责赔偿差价者，无差价或停购者亦同	−4
16	验收合格收货后，在保证期间内，如发现货品变质或品质不符，其数量在合约总数____%以上而未满____%，供应商愿负责调换合格品者	−4
17	逾期交货____天以上而未满____天者	−5
18	因品质上的差异，减价收货在合约价格____%以上而未满____%者	−5
19	验收合格收货后，在保证期间内，如发现货品变质或品质不符，其数量在合约总数____%以上而未满____%，供应商愿负责调换合格品者	−5
20	逾期交货____天以上者	−6
21	因品质上的差异，减价收货在合约价格____%以上而未满____%者	−6
22	验收合格收货后，在保证期间内，如发现货品变质或品质不符，其数量在合约总数____%以上而未满____%，供应商愿负责调换合格品者	−6
23	厂商经通知比（议）价，无故不参加者	−6
24	其他	

3.2 定期停权

定期停权所对应的情况与停权期限如下表所示。

定期停权所对应的情况与停权期限

序号	定期停权所对应的情况	停权期限
1	供应商在两年内或自最后停权处分后（以较近违约日期者为准）其过失点累计达36点（含）以上者	6个月
2	因品质上的差异，减价收货在合约价格____%以上者	6个月
3	合约中规定主件不得转包，而得标订约后转包他人承制图利者	6个月
4	验收合格收货后，在保证期间内，如发现货品变质或品质不符，其数量在合约总数____%以上者	6个月
5	得标后拒不签约者	1年
6	订约后全部不交货，解约重购愿负责赔偿差价者，无差价或停购者亦同	1年
7	交货短缺的零配件有影响整体使用者	1年
8	签约后仅部分交货，其未交货部分不愿赔偿重购差价者	3年
9	逾期____天以上未交货而解约重购不愿赔偿差价者	3年

续表

序号	定期停权所对应的情况	停权期限
10	交货后发现品质不符或偷工减料或变质损坏，在保证有效期间内不予调换或修妥者	3年
11	订约后全部不交货，也不愿赔偿重购差价者	5年
12	供应商对该购案承办或有关人员，有馈赠行为经查证属实者	5年
13	其他	

3.3 永久停权

以下情况将对供应商进行永久停权。

（1）贿赂、侵占、诈欺、背信等不法行为确定者。

（2）受定期停权处分执行完毕复权后两年之内，承标购案再犯有定期停权处分者。

（3）故意伪造品质不合格者，情节重大鉴定审查属实者。

（4）供应商违约造成买方重大权益损失者。

（5）投标厂商有操纵垄断、串通图标等不法行为，经查证有显著事实者。

（6）其他。

3.4 厂商奖励

厂商奖励加点、计分情况如下表所示。

厂商奖励加点、计分情况

序号	奖励比例	加点
1	履约实绩金额达到一定金额____%者，记绩优点1点	+1
2	履约实绩金额达到一定金额____%者，记绩优点2点	+2
3	履约实绩金额，每递增达一定金额____%者，每递增记绩优点1点，其余类推	+3

拟定		审核		审批	

本章阅读索引：

· 采购订单运作流程规范   · 采购交期管理办法

· 请购作业处理程序   · 进料接收管理办法

11-01 采购订单运作流程规范

××公司标准文件		××有限公司 采购订单运作流程规范	文件编号××-××-××	
版次	A/0		页次	第×页

1.目的

为规范采购订单的编制、审批、执行、管理过程，确保生产计划顺利进行，特制定本规范。

2.适用范围

适用于与采购订单业务有关的采购部、计划部、财务部、研发部。

3.工作职责

（1）采购部按本流程执行原材料采购订单的编制、审批、执行、归档管理。

（2）计划部依据生产指令和申购单编制原材料需求表。

（3）财务部对材料成本进行监控以及对采购合同专用章进行管理。

4.运作流程

4.1 采购订单的编制

4.1.1 计划部依据生产指令结合原材料库存编制原材料需求表，提供给采购部作为编制采购订单的依据。研发用料由研发部提交经总工程师批准的申购单给计划部，由计划部统一编制原材料需求表。

4.1.2 采购部依据计划部原材料需求表，根据所需材料的型号、规格、数量、交期等信息，从经过公司技术采购委员会核准的供应商名单中选择供应商。

4.1.3采购订单必须明确包括产品名称、物料编码、规格型号、品牌、产品单位、数量、产品价格、税率、交货日期、交货地址、付款方式、包装运输、质量保证、违约处理等内容，并注明合理的联系方式。模板见"××××有限公司订购合同"，模具类模板见"××××有限公司模具合同"。

4.1.4 每张采购订单必须有唯一的编号，编号说明如下。

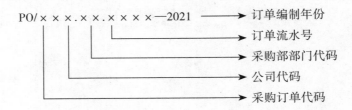

4.1.5 模具类合同编号同4.1.4，将采购订单代码改为MJ，表示模具合同代码。

4.2 采购订单的审批

4.2.1 采购订单根据要求编制完毕经采购部经理审核后，提交采购总监复核。采购总监复核采购订单包括但不限于以下内容。

4.2.1.1 供应商的选择是否是经技术及采购委员会核准的合格供应商以及是否按照与供应商谈定的条件下单，包括价格、付款条件、交货方式等。

4.2.1.2 是否按照计划部的"原材料需求表"确定的数量、型号规格、要求到货时间下单，有无超越权限下单。

4.2.1.3 是否有不利于公司的商务条款。

4.2.1.4 价格调整尤其是价格上升是否附有调价申请表、报价单等。

4.2.2 采购订单经采购总监复核后，提交财务部复核。财务部成本会计基于成本角度审核采购订单，稽核是否有价格变动，并根据价格变动来调整产品的成本，对有异议的订单可返回采购部门。

4.2.3 订单合同经财务部复核后，由采购部填写"印章审批单"附订单合同分别提交采购总监和总经理（或经总经理授权的部门和代理人）进行印章审批单的审批及核准。

4.2.4 订单合同的"印章审批单"经总经理（或经总经理授权的部门和代理人）批准后，由财务部在订单合同上加盖"××××有限公司合同专用章"并返还采购部。

4.3 采购订单的归档管理

4.3.1 盖章后的采购订单由公司前台负责传真至供应商，并对供应商进行电话确认是否收到采购订单传真。

4.3.2 采购部对供应商的采购订单回传进行沟通跟进，回传的采购订单必须有供应商合同专用章或公司公章，原则上回传要在一个工作日内完成。

4.3.3 收到供应商的采购订单回传后，由采购部将由双方盖章确认的合同复印一份提供给财务部存档。采购部除将采购订单原件与回传件合并存档外，电子档每周一次备份到公司服务器。

4.3.4 采购订单存档管理原则。

4.3.4.1　采购订单要分类保存，保存分类的明细如下。

（1）外协类：凡是半成品 PCBA（经过 DIP 插件的整个过程）外协加工用的原材料采购订单归档保存于外协类订单。

（2）装配类：凡是车间生产成品机器用的原材料（除结构件外）采购订单归档保存于装配类订单。

（3）结构件类：凡是生产成品机器所需的机箱、散热器、螺栓等五金件原材料采购订单保存于结构件类订单。

（4）生产辅料类：凡是生产成品机器所需的化学物品（"三防"漆、工业酒精、洗板水等）、热缩套管、扎线带等消耗品原材料采购订单保存于生产辅料类订单。

（5）零星采购类：凡是购买生产设备、研发设备、生产工具等资产类采购订单保存于零星采购类订单，并注明资产划分类别（包括固定资产、低值易耗品）。

4.3.4.2　采购订单电子档按 4.3.4.1 分类原则保存。

4.3.5　对采购订单传真至供应商由于各种原因导致不能执行的，该订单的纸质和电子档必须注明作废并正常存档。对已作废的采购订单，订单编号不能注销，依然有效。

4.3.6　采购部每月 26 ～ 28 日（结算日为每月 25 日）必须建立并提供当月的订单汇总明细表档案给财务部核查保存。

4.4　采购订单的审批权限

4.4.1　正常生产的物料单价如有变化，采购部必须填写"调价申请表"，单价变动在 10% 以内的由采购总监审核后，需分管领导总工程师批准。单价变动超过 10% 的需总经理批准。

4.4.2　总经理因出差不在岗位需审批印章审批单时，对采购订单金额在 1000.00 元以下的，由采购总监批准。对采购订单金额在 1000.00 元以上，5000.00 元以下的，由总工程师批准。对采购订单金额超过 5000.00 元的，由总工程师代理批准，总经理随后补批。

附：流程图

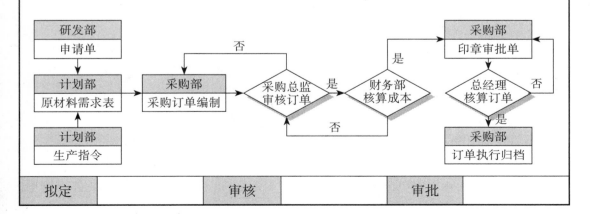

11-02　请购作业处理程序

××公司标准文件		××有限公司 请购作业处理程序	文件编号××-××-××	
版次	A/0		页次	第×页

1.目的

为规范各部门的请购工作，特制定本程序。

2.适用范围

适用于物料、零配件、办公用具、文具等的请购。

3.管理规定

3.1　请购单位

项次	材料类别		工厂	公司
1	原料		生管单位	—
2	常备材料	一般性物料	物料仓储单位	总务单位
		文具用品	总务单位	总务单位
		计算机用品	总务单位	资讯单位
3	非常备物料	一般性物料	使用单位	使用单位
		维修备品	工务单位	使用单位

3.2　请购单的开立

3.2.1　原料。

由请购部门依产销预估、实际产销量、存量控制基准及库存状况等因素，计算原料的请购需要量，并针对原料市场状况与采购单位协商后填写"原料请购单"，一式四联，呈经理核准后，第四联自存，其余三联送交采购单位。

3.2.2　常备物料。

由请购部门考虑物料的预估数量及库存状况等因素，填写"杂项购置请购验收单"，一式四联，依裁决权限呈核后，第四联自存，其余三联送交采购单位（公司使用时，一式三联，仓储联免填）。

3.2.3　非常备物料。

由请购部门依实际需要，填写"杂项购置请购暨验收单"，一式四联，依裁决权限呈核后，第四联自存，其余三联送交采购单位。

3.2.4　"原料请购单"以一单一品为原则。

3.2.5　请购单位在"原料请购单"上注明参考供应商时，应说明其需求性及效益性。

3.3　紧急请购

3.3.1　原料：由请购单位经办人员呈报部门经理核准后，以传真或电话通知采购单位主管，依权限呈准后，由采购人员先行订购，但请购单位应于两日内补齐手续。

3.3.2　物料：请购单位除在"杂项购置请购暨验收单"上写明需用日期外，并加注"紧急请购"字样，依请购流程优先办理。

3.4　特种请购

遇某种原料的市场价格特廉或有明显上涨的征兆，为把握时机，可由采购单位以"签呈"专案提出申请，送总经理室产销管理组会签，转呈总经理核定后，正本由采购部门存档，并以此作为采购凭据，复印一份送交生管单位，凭此补填请购单。

3.5　请购的变更

请购部门在填出"原料请购单"后，如有变更原请购单内容时，应及时与采购单位协商后，收回原请购单，重新开立或在原请购单上更改内容，必要时由请购部门签认。

拟定		审核		审批	

11-03　采购交期管理办法

××公司标准文件		××有限公司 采购交期管理办法	文件编号××-××-××	
版次	A/0		页次	第×页

1.目的

为确保采购交期管理更为顺畅，特制定本办法。

2.适用范围

本公司采购物料的交期管理，除另有规定外，需依本办法执行。

3.权责单位

（1）采购部负责本办法制定、修改、废止的起草工作。

（2）供应链副总经理负责本办法制定、修改、废止的核准。

4.预防欠料及欠料跟进管理规定

4.1　预防欠料及欠料跟进管理的重要性

预防欠料及欠料跟进管理是采购的重点工作之一，同时也是为了确保采购交期，即在规定时间内，提供生产所必需的物料，以保障生产并达成合理生产成本的目标。

4.1.1　欠料的影响。

欠料造成的不良影响有以下方面。

（1）导致制造部门断料，从而影响效率。

（2）由于物料交期延迟，间接导致成品交期延迟。

（3）由于效率受影响，需要增加工作时间，导致制造费用增加。

（4）由于物料交期延误，采取替代品导致成本增加或品质降低。

（5）交期延误，导致客户减少或取消订单，从而导致采购物料的囤积和其他损失。

（6）交期延误，导致采购、运输、检验的成本增加。

（7）断料频繁，易导致互相配合的各部门人员士气受挫。

4.1.2 欠料的原因。

4.1.2.1 供应商责任。

因供应商责任导致交期延误的状况。

（1）接单量超过供应商的产能。

（2）供应商技术、工艺能力不足。

（3）供应商对时间估计错误。

（4）供应商生产管理不当。

（5）供应商的生产材料出现货源危机。

（6）供应商品质管理不当。

（7）供应商经营者的顾客服务理念不佳。

（8）供应商欠缺交期管理能力。

（9）不可抗力原因。

（10）其他因供应商责任所致的情形。

4.1.2.2 采购部责任。

因采购部责任导致交期延误的状况。

（1）供应商选定错误。

（2）业务手续不完整或耽误。

（3）价格决定不合理或勉强。

（4）进度掌握与督促不力。

（5）经验不足。

（6）下单量超过供应商的产能。

（7）更换供应商所致。

（8）付款条件过于严苛或未能及时付款。

（9）缺乏交期管理意识。

（10）其他因采购原因所致的情形。

4.1.2.3 其他部门责任。

因采购以外部门导致交期延误的状况。

（1）请购前置时间不足。

（2）技术资料不齐备。

（3）紧急订货。

（4）生产计划变更。

（5）设计变更或标准调整。

（6）订货数量太少。

（7）供应商品质辅导不足。

（8）点收、检验等工作延误。

（9）请购错误。

（10）其他因本公司人员原因所致的情形。

4.1.2.4 沟通不良所致的原因

因本公司与供应商双方沟通不良导致交期延误的状况。

（1）未能掌握一方或双方的产能变化。

（2）指示、联络不确实。

（3）技术资料交接不充分。

（4）品质标准沟通不一致。

（5）单方面确定交期，缺少沟通。

（6）首次合作出现偏差。

（7）缺乏合理的沟通窗口。

（8）未达成交期、单价、付款等问题的共识。

（9）交期理解偏差。

（10）其他因双方沟通不良所致的情形。

4.2 事前规划

4.2.1 制定合理的购运时间和预防欠料清单。

（1）采购部将请购、采购、供应商生产、运输及进料验收等作业所需的时间予以事先规划确定，作为各部门的参照依据。

（2）由电子、包材采购工程师负责收集各类原材料L/T（L/T是指从接到订单开始到送货至客户手上为止的时间），并综合比较核实各类材料L/T的合理性，最终汇总发出，交由PMC（物料控制）部门下单并输入EPR（企业资源计划）系统进行下单系统参数维护。

（3）由PMC部门负责按订单及按预测采购的物料，由PMC来制定购运时间。

4.2.2 确定交货日期及数量。

（1）预先明确交期及数量，大订单可采用分批交货方式进行。

（2）每周三由PMC负责做出齐套分析，周四转发采购部，由采购部根据齐套分析产生的三周交货计划，依据不同材料对应的不同供应商，分别发给相关供应商三周交货计划，并在一天内要求各供应商确认答复交货时间，最后由对应采购工程师汇总回复PMC实际可交货时间，借此每周滚动更新，确保相关供应商清楚所供材料具体的交货时间及数量并依次提前备料生产。

4.2.3 每月、每周供应商产能分析和负荷分析。

（1）每月、每周供应商产能分析和负荷分析展开及执行。

（2）采购工程师需严格按招标份额进行订单分配，与此同时应充分与相关供应商进行沟通或者现场稽核，事先了解供应商的产能配备情况，若其产能配备确实不能满足当前分配份额额度的正常供应，或者品质也无法保证的情况下，需及时填写招标份额调整表，申请份额切换。

4.2.4 请部分供应商提供生产进度计划及交货计划，确保预防欠料。

（1）采购工程师根据"预防欠料清单"向PMC提前三天确认交货计划是否欠料。尽早了解供应商的瓶颈与供应能力，便于采取对策。

（2）当执行急单或者预计存在风险的订单时，采购工程师应在供应商订单执行开始生产的同时要求供应商自主提供生产进度计划及交货计划，并以此同PMC要求交货计划进行核实对比。若不能满足，则需立即同供应商进行协商，调整配置以满足客户交货要求为先；若可以满足，则依据此计划时间节点进行监督并督促供应商严格执行。

4.2.5 准备替代来源。

（1）采购人员应尽量多地联系其他物料提供来源，以确保应急。

（2）器件工程部定期发出全部独供材料列表，由供管部作为窗口提供推荐替代物料（采购部有优选的替代物料亦可推荐），并由器件工程部主导替代物料的承认，最终加入BOM（物料清单）。

4.3 采购中执行——十大交期方法

4.3.1 交期确定后计划员开始实施对交期执行情况跟踪确认，采购工程师根据每周齐套分析回复的"采购欠料复期表"，重点标示出不能符合要求以及存在交货风险的材料列表形成"采购物料跟踪管控表"，每日对表中材料一一进行跟催及确认最新生产进度状况，并根据变化情况不断更新"采购物料跟踪管控表"，确保提前掌控风险。采购工程师在订单执行过程中应保持同相关供应商的沟通，对于供应商反馈的异常必须在第一时间给予协助处理，包括技术支援、品质辅导等。

4.3.2 交期、规格及数量变更的及时联络与通知以确保维护供应商的利益，配合本公司的需求。

当交货计划有变更时应第一时间以邮件及电话的方式务必通知到相关供应商，确保不能因交货计划变更未及时知会供应商而造成的产品呆滞。在途呆滞应牵头协调供应商及公司呆滞处理小组处理善后问题。

4.3.3 供应商交期管理方法：根据不同供应商或不同轻重缓急情况用不同跟进方法。

（1）计划审核法：根据供应商对订单交期回复结果和对供应商交货计划的确认来跟踪交货情况。此方法适用于组织架构完善、管理水平比较高、供货质量稳定、交期业绩评为A级以及长期合作的重要供应商。

（2）生产会议逼迫法：对于订单批量比较大且分批交货，存在采购风险，采购周期比较长，并且是重点保障的客户产品的物料，采取定期例会与供应商及相关部门会议研讨的方式，审批分批交货计划，要求供应商重点确保的方法。

（3）实绩管理法：根据供应商对下达订单的回复结果，通过每月或每周考核供应商按期交货的方法。此方法适用于重要供应商、战略供应商、有自我管理目标的供应商。

（4）盯人逼迫法：在供应商交期延误或即将延误时，采购员直接安排供应商生产现场作业计划或到供应商处现场跟踪供应商的生产、检验、发货等情况，并要求供应商提供每天的生产报表，确保供应商的生产情况在监控之中，以保证按时交货的方法。此方法适用于供应商管理混乱，组织架构不完整，订单混乱，新供应商、新订单，有风险的订单或紧急插单等情况。

（5）分批采购法：为了规避采购风险，将一个大的采购订单分解成若干小订单来采购的方法，要求按公司生产时间交货。此方法适用于新供应商、价格波动较大的物料采购。控制供应商物资停留在公司时间从而降低库存。

（6）量购批入法：下一个大订单给供应商，然后根据生产时间和定量需要分批购入，并由供应商直接送货到生产线，然后按照送货量入库结算。此方法适用于长期稳定合作的供应商和战略供应商；或物资价值不高的，个体不大，按库存采购的合作供应商。

（7）异状报告法：要求供应商在一定时间段前（按照生产计划锁定的计划时间），对可能出现的延迟交货、质量异常以及人员、资源短缺等情况进行"8D报告"的方法。此方法适用于所有出现异常的供应商。对于管理松散、计划性不强、频发质量问题的供应商和资金实力较弱的供应商尤其要关注。

（8）责任赔偿法：根据合同、物流协议、质量协议约定，对于交期延误、因供应商原因产生高额运费，以及因质量问题影响交货数量不足等情况，而影响生产计划的有效落实时，对供应商实施经济上索赔的方法。此方法适用于所有负有责任的供应商。

（9）进度表监控法：为了确保供应商按期交货，对预测到可能存在潜在交期风险的供应商实施审批分交货计划。此方法适用于外协或外发供应商，风险供应商，新供应商，老供应商生产新产品，以及重要的二级供应商。

（10）预警法：对于首家供应商或重要客户指定供应商交货实施重点跟踪，要求供应商定期在交货前（例如3～5天）向客户提示的方法。

4.3.4 必要的厂商辅导。

及时安排技术、品管人员对供应商进行指导，必要时可以考虑到供应商处进行验货，以降低因进料检验不合格导致断料发生的情形。

4.4 事后考核

4.4.1 对供应商进行考核。

依供应商绩效考核办法进行考核，将交期的考核列为重要项目之一，以督促供应商提高交期达成率。

4.4.2 对交期延迟的原因进行分析并研拟对策，确保重复问题不再发生。

针对供应商交期延迟的案例，采购工程师及时组织供应商进行检讨，并以"8D报告"格式要求供应商进行原因分析及提出改善对策。

4.4.3 检讨是否更换供应商。

依供应商考核结果与配合度，考虑更换、淘汰交期不佳的供应商，或减少其订单。

针对交货极差的供应商，屡教不改者，采购工程师可填写"招标份额调整申请单"，减少其订单份额，经供管部综合考核，符合淘汰条件的，及时淘汰并更换此供应商。

4.4.4 执行供应商的奖惩办法。

必要时加重违约的惩罚力度，并对优良厂商予以适当的回馈。

对于交货配合良好的供应商，在每次招标份额分配中，应重点考虑交期表现并给予其适当订单份额倾斜，对于违约或交期表现较差的供应商，减少份额分配，并在实际交货案例中，如出现实质性的影响生产并造成停线，统计损失折算相应金额并向供应商索赔。

拟定		审核		审批	

11-04　进料接收管理办法

××公司标准文件		××有限公司 **进料接收管理办法**	文件编号××-××-××	
版次	A/0		页次	第×页

1.目的

为规范本公司对物料的接收及入库工作，使其有序、高效进行，特制定本办法。

2.适用范围

适用于本公司各项物料的接收及入库。

3.接收管理规定

3.1 待收料

物料管理收料人员在接到采购部门转来的已核准的"采购单"时，按供应商、物料类别及交货日期分别依序排列存档，并于交货前安排存放的库位以利收料作业。

3.2 收料

3.2.1 内购收料。

（1）材料进厂后，收料人员必须依"采购单"的内容，核对供应商送来的物料名称、规格、数量和送货单及发票并清点数量无误后，将到货日期及实收数量填记于"请购单"，办理收料。

（2）如发现所送来的材料与"采购单"上所核准的内容不符时，应即时通知采购部门处理，并通知主管，原则上非"采购单"上所核准的材料不予接收，如采购部门要求收下该材料时，收料人员应告知主管，于单据上注明实际收料状况，并会签采购部门。

3.2.2 外购收料。

（1）材料进厂后，收料人员即会同检验单位依"装箱单"及"采购单"开柜（箱）核对材料名称、规格并清点数量，并将到货日期及实收数量填于"采购单"。

（2）开柜（箱）后，如发现所装载的材料与"装箱单"或"采购单"所记载的内容不符时，通知办理进口人员及采购部门处理。

（3）若发现所装载的物料有倾覆、破损、变质、受潮等异常时，经初步计算损失将超过5000元以上者（含），收料人员即时通知采购人员联络公证处前来公证或通知代理商前来处理，并尽可能维持异常状态以利公证作业；如未超过5000元者，则依实际的数量办理收料，并于"采购单"上注明损失数量及情况。

（4）由公证处或代理商确认后，物料管理收料人员开立"索赔处理单"呈主管核示，然后送会计部门及采购部门督促办理。

3.2.3 材料待验。

进厂待验的材料，必须于物品的外包装上贴材料标签并详细注明料号、品名规格、数量及入厂日期，且与已检验者分开储存，并规划"待验区"以示区分。收料后，收料人员应将每日所收料品汇总填入"进货日报表"为入账消单的依据。

3.2.4 超交处理。

交货数量超过"订购量"部分应予退回，但属买卖惯例，以重量或长度计算的材料，其超交量在3%（含）以下，由物料管理部门收料时，在备注栏注明超交数量，经请购部门主管（含科长）同意后，可以收料，并通知采购人员。

3.2.5 短交处理。

交货数量未达订购数量时，以补足为原则，但经请购部门主管（含科长）同意，可免补交。短交如需补足时，物料管理部门应通知采购部门联络供应商处理。

3.2.6 急用品收料。

紧急材料交货时，若物料管理部门尚未收到"请购单"时，收料人员应先洽询采购部门，确认无误后，可以依收料作业办理。

3.2.7　材料接收规范。

为利于材料检验、接收的作业，品质管理部门应就材料重要性及特性等，适时召集使用部门及其他有关部门，依所需的材料品质研订"材料接收规范"，呈总经理核准后公布实施，作为采购及接收的依据。

3.2.8　材料检验结果的处理。

（1）检验合格的材料，检验人员在外包装上贴合格标签，以示区别，仓管人员再将合格品入库定位。

（2）不符合接收标准的材料，检验人员在物品包装上贴不合格的标签，并于"材料检验报告表"上注明不良原因，经主管核实处理对策并转采购部门处理及通知请购单位，再送回物料管理部凭"材料检验报告表"办理退货，如特采时则办理收料。

3.2.9　退货作业。

对于检验不合格的材料退货时，应开立"材料交运单"并随附有关的"材料检验报告表"呈主管签认后，凭"材料检验报告表"办理异常材料出厂手续。

拟定		审核		审批	

第12章　仓储管理制度

本章阅读索引：

- 仓储规划及管理流程规范
- 出入库管理制度
- 物资入库验收管理制度
- 在库品防护程序
- 客户财产控制程序
- 仓库盘点作业管理流程

12-01　仓储规划及管理流程规范

××公司标准文件		××有限公司 仓储规划及管理流程规范	文件编号××-××-××	
版次	A/0		页次	第×页

1. 目的

为加强对仓储货品的摆放、收发、结存等活动的有效控制，保证仓储货品完好无损，使物料的运输符合标准，能够给物控部门提供准确的物料信息，更好地服务生产和控制生产成本，特制定本规范。

2. 适用范围

适用于所有与产品有关的原材料、半成品、成品、辅助材料的仓储管理。

3. 定义

（1）原材料：指各种进口或内购的基本材料。

（2）半成品：指尚未完成最后一道工序的制品等。

（3）成品：指已完成最后工序并等待出货的产品（合格品）。

（4）辅助材料：指用于生产、包装方面的材料及工具、五金配件、文具、油类等。

4. 职责与权限

4.1 各仓库管理员

负责维持仓库作业正常有序进行。

4.1.1 按照规定程序管理物料入、出库。

4.1.2 按照先进先出、定点定位的原则管理物料。

4.1.3 做好进销存账，保证账、卡、物三者相符，建立有效的信息反馈机制，确保提供与反馈的信息的准确性。

4.1.4 按照正确的方法运输物料、储存物料、摆放物料、标识物料、确保物料的安全。

4.1.5 做好防潮、防腐、防爆工作，危险品要隔离存放。

4.2 仓库组长

负责督导仓库工作，并稽核、评估本部门工作绩效。

5.管理流程

5.1 收料

供应商送货到仓库，仓管员必须将供应商的送货单与货物相对照，清点是否单物相符，同时通知验货人员到场第一时间验货，验货及清点完毕后，若对方送货单签名齐全则办理进仓手续。办完进仓手续后，仓管员将进仓单附于送货单后面送交财务部。

收料流程如下图所示。

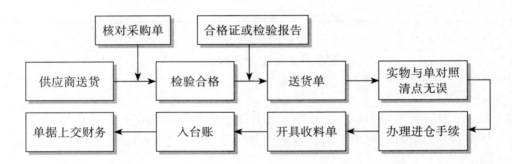

5.2 发料

发料必须遵循"先进先出"的原则；生产车间用料领料须按生产工单开具所需物料的领料单，并注明生产单号。领料单由所需物料所属组别的负责人开具，交车间主管核准签字。仓管员凭领料单按"先进先出"的原则对照物料清单给予发放。物料发完后，领料员和仓管员必须双方签字确认确保账物相符。

发料流程如下图所示。

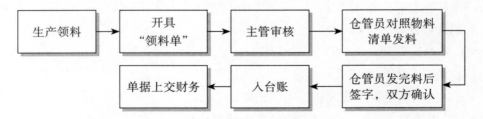

补料适用于因生产部门退料或因操作或设备发生异常状况而出现缺料的情况，由生产组长开具异常单，车间主管核实签字，以领料模式进行补料。

5.3 成品

生产车间完成成品生产，由包装组组长开具四联成品进仓单，交由品管部检验合格后进仓，仓管员清点清楚。发货时由销售人员发出发货通知单，仓管员开具出仓单，由经手人签字后装车发货，最后入台账。

成品流程如下图所示。

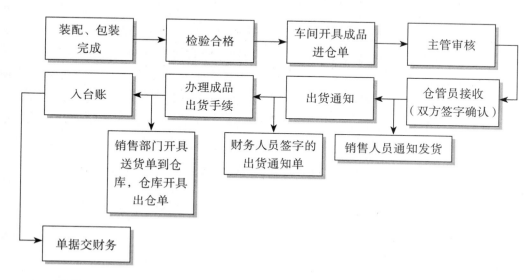

5.4 管理

5.4.1 仓库现场管理。

以7S（整理、整顿、清扫、清洁、素养、安全和节约）为标准。仓库可分为原材料仓库（原材料、辅料、五金以及工具）和半成品仓（自造、外购以及外发加工的半成品）。对仓库进行定时盘点清理，物料按分类摆放，务必做到相对集中（如螺栓类可摆放于一排货架上）。

5.4.2 仓库账单管理。

无论是进仓单还是领料单都必须签名齐全（三合一），即领料单有领料人、发料人、核准人签字，进仓单有经手人、收料人、验收人签字方可。将每张有效单据编上自编号，按号按日期入台账，流水账原则上日账日清。

5.4.3 异常情况处理。

（1）发外加工，属仓库对半成品管理，由发外加工负责人按领料手续办理出仓，按供应商送货手续办理进仓，由仓管员登入台账。

（2）自造常规半成品，属仓库对半成品管理，按生产领料手续办理出仓，按供应商送货手续办理进仓，由仓管员记入台账。

（3）物料差数情况处理。如生产单的物料清单准确无误，生产车间仍然缺料短料，公司本着谁签名谁负责的原则，对当事人做出处理。经查实若是生产车间自行出现的差数、缺料，则由生产车间按生产领料手续补领，最后交由厂长悉知，并按公司相关制度做出相应处理或处罚。

（4）领料或发料时拒绝一切补办手续或漏办手续的行为，对所有违反者仓管员有权拒发。

5.5 退料

5.5.1 生产车间剩余合格物料的退料。由组长开具领料单负数（注明退料），经品管部确认，车间主管审核后退回仓库，仓库办理进仓手续（在领料单上签字确认即可）。

5.5.2 生产车间不合格物料的退料（即可退回供应商的物料）。

（1）由仓库直接退回供应商。仓库开具进仓单负数（注明退货）或出仓单，保证物与单相符，由品管部签字后，与供应商当面点清并由其签字确认后退料。

（2）生产已领的不合格物料。由车间组长开具进仓单负数（注明退货），品管部确认，车间主管审核后退回仓库。然后由仓库开具进仓单负数（注明退货）或出仓单，保证物与单相符，由品管部签字后，与供应商当面点清并由其签字确认后退料。

（3）退料指生产车间退还领多的物料或剩余的正品物料，至于生产所产生的边角料废料、生产所造成的次品或废料不应该做退仓处理，而应该由生产车间统计后列出清单申请报废后直接处理，最后计提入生产成本中。

（4）退料流程如下图所示。

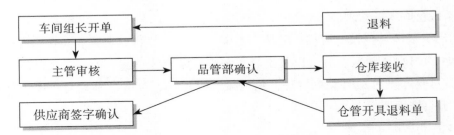

5.6 仓库单据管理

5.6.1 领料单分存根联、财务联以及仓库存根联；所有领料必须拿齐三联领料单、签名必须齐全，仓库方可发料。存根联由领料方留作存根，红色联上交财务部，绿色联留作仓库进账凭证以及存根。所有车间退料一律是领料单开负数。

5.6.2 所有来料进仓一律用四联收料单，进仓单分存根联、财务联、供方联以及仓库存根联。所有进仓单必须签名齐全方可分配，红色联附于送货单上交财务部，绿色联为仓库存根以及进账凭证。所有对供应商的退货一律是进仓单开负数，所有进仓单均需填写供应商名称。

5.6.3 所有成品进仓须用四联进仓单，进仓单分存根联、财务联、销售联以及绿色联，所有成品进仓单都需有车间进仓人、品管部以及仓库签字方可。存根联由进仓方保存，红色联上交财务部，销售联上交销售部，绿色联为仓库存根以及进账凭证。所有成品退货一律是进仓单开负数，所有成品出货一律用四联出仓单。

5.6.4 所有发外加工的物料出仓均需开具三联送货单，凭送货单发外出仓以及入账进仓与供应商来料一致。

5.7 盘点

原则上仓库每月需对库存进行一次实物盘点，视情况对账、物、卡进行一次调整。仓库只对仓库库存物品进行盘点，最后做出盘点报表。车间盘点由车间统计或车间主管自主安排，仓库有权对其物料消耗情况进行核对。

5.8 仓库对特殊物品的管理

5.8.1 仓库对易燃、易爆物品的管理。

（略）

5.8.2 仓库对易碎品的管理。

（略）

5.8.3 仓库对低值易耗品的管理。

低值易耗品在生产耗用范围内要求以旧换新，也可以制定出每月的用量或每周的用量，生产车间一次性以旧换新领用一定时期内的低值易耗品，仓库在此期间内不再发放。

5.8.4 仓库对呆滞物品的管理。

呆滞物品是库存的一种，属于不常用但又是合格的材料。仓库须视库存时间的长短对其进行分类，做好统计并定期做出报表分析，呈上级及财务部门请求做出处理。

5.8.5 仓库对生产剩余材料和废料的管理。

生产剩余材料分两种：一种为合格品，可再利用的材料，生产部应该按有关手续进行退库做库存处理；另一种为生产废料，不可再利用的材料，此种剩余材料应算入生产损耗与生产成本，由生产部做好统计并做出报表呈上级及财务部门做出处理。

拟定		审核		审批	

12-02　出入库管理制度

××公司标准文件		××有限公司	文件编号××-××-××	
版次	A/0	出入库管理制度	页次	第×页

1.目的

为规范公司物料管理，降低生产成本，保证公司物资与财产的准确、完好，规范物料出入库流程，确保生产的正常进行，提高公司成本核算水平，实现公司精细化管理，结合公司实际情况特制定本制度。

2.适用范围

本制度适用于所有涉及公司库房物料收发的部门。

3.职责

（1）物资供应部负责物料入库的部分搬运工作，负责生产物料出库的配料工作。

（2）库房负责外协物料的发出与收回的管理，库房所有物料的出入库及储存管理。

（3）制造部物料科负责除成品仓外的其他仓库日常管理，负责下达物料采购计划。

（4）品管部负责物料质量检验工作。

（5）生产车间负责现场物料的管理与保全，组织退料工作。

（6）采购部负责按物料采购申请准时采购，及时处理外购不合格品的退料与换料工作，负责外购物料的采购价格录入与维护和计量单位转换系数的维护与管理。

（7）商务部负责物料的销售出库及退换货管理。

4.管理规定

4.1 物料管理基本原则

4.1.1 账、物、卡一致性原则。

仓库负责做好物料的保管工作，如实登记仓库实物账，经常清查、盘点所管辖的物料，确保在每一时点库存物料的账面数、销存卡数与实物数相同，对出现的盘盈、盘亏应及时上报财务部进行处理，保证账、卡、物的一致性。

4.1.2 库存资金最小化原则。

4.1.2.1 仓库对物料实行分类控制，在确保不断料、不呆料、不囤料的情形下，合理优化各物料的库存数量，对常用物料的备货实行库存上、下限管理，减少库存占用资金，加速资金周转。

4.1.2.2 公司积极开展废旧物料、生产余料的回收、整理、利用工作，物资供应部负责主持联合其他部门开展积压物料的处理工作。

4.1.3 安全性原则。

4.1.3.1 仓库以及车间等物料存放单位应按照规定要求做好物料储存、保管工作，减少存储过程中的损耗。

4.1.3.2 仓库以及车间等物料存放单位应加强安全保护措施，做好防盗、防火、防潮工作。

4.1.4 物料储存原则。

4.1.4.1 为了确保公司财产的安全，仓库应按照5S管理标准，加强对仓库物料的存储管理，物料堆放要整齐、平稳、有序，便于盘点和领取，物料标识清晰。未经检验及正在检验的物料要与仓库的正常物料分别存储与标识。

4.1.4.2 物料发放遵循先进先出的原则，减少库存过期物料的积压。仓库员在发料时应遵循"推陈建新、先进先出、按规定供应、节约用料"的原则，做到一盘点、二核对、三发料、四减数。

4.1.4.3 物料进仓后须根据储存要求提供满足物料要求的存放环境。

4.1.4.4 库存的过期物料在需要使用时提供清单给质检员，由其进行质量的复查，以便对质量发生变化的物料采取措施进行再利用。

4.1.4.5 仓库内应配置经计量局检验合格的度量衡量器具，并随时校正、妥善保管，度量衡量器具至少每年做一次总体校正。

4.2 仓库分类

公司仓库按以下类型进行分类管理。

4.2.1 原料库。

主要储存和管理公司外购的各种原材料、零件、成品，主要类别如下。

（1）原材料库主要用来储存和管理本公司产品耗用的主要元器件。

（2）低值易耗品库主要用来储存和管理本公司产品加工所需的各种外购辅助材料，包括包装物、纸箱、线材等。

4.2.2 半成品库。

4.2.2.1 自制半成品仓库：主要负责储存和管理经本公司车间加工但尚未形成最终外销成品的物料。

4.2.2.2 委外加工半成品库：主要负责储存和管理由外加工单位加工收回后的半成品。

4.2.3 成品库。

主要用来负责管理本公司加工完成已具备出厂销售条件的各种产成品。

4.2.4 待处理库。

主要用来存放、跟踪处理不合格物料的仓库（取消、增加合格与不合格的标识）。

4.3 物料出入库方式

根据本公司产品生产的工艺特点，物料采用以下6种入库方式与8种出库方式，所有出入库应该按照下述方式准确出入库。

4.3.1 入库方式。

入库方式

序号	物料入库方式	适用范围
1	采购入库	适用于公司采购的各种物料，包括原材料、零部件、成品等。系统中为外购入库

续表

序号	物料入库方式	适用范围
2	外协入库	适用于公司提供材料或零部件委托外单位（非本公司）进行专项加工，完工后交回本公司仓库的物料。系统中为委外加工入库
3	自制入库	适用于本公司车间加工完成后，入半成品仓库和产成品仓库的物料。系统中为产成品入库
4	调拨入库	适用于将其他仓库的物料转移到本仓库。系统中为调拨入库
5	盘盈入库	适用于盘点时发现仓库物料实际库存数大于账面库存数而无法查明原因时的物料。系统中为盘盈入库
6	其他入库	适用于其他形式的入库。系统中为其他入库

4.3.2 出库方式

出库方式

序号	物料出库方式	适用范围
1	生产出库	适用于各种自制半成品和产成品的生产加工，最终形成产品实体的组成部分而领用的原材料、零部件等物料。系统中为生产领料单
2	外协出库	适用于公司提供材料或零部件委托外单位（非本公司）进行专项加工时，仓库发出的物料。系统中为生产领料单（添加加工单位）
3	基建出库	适用于公司各种基建项目领用的材料。系统中为其他出库
4	调拨出库	适用于将本仓库转移到其他仓库的物料。系统中为调拨出库
5	盘亏出库	适用于盘点时发现实际库存小于账面库存而无法查明原因时的物料。系统中为盘亏出库
6	销售出库	适用于公司对外销售的物料。系统中为销售出库
7	报废出库	适用于因各种原因存放在仓库需要报废的物料。系统中为报废出库
8	其他出库	适用于为维护公司正常运行时非生产车间领用的各种物料，包括工具用具、劳保用品、低值易耗品、机物料消耗等。系统中为其他出库

4.4 物料入库规定

4.4.1 物料入库流程。

物料入库按照以下流程操作。

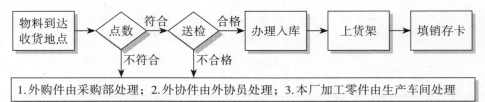

4.4.2　外购件入库规定。

4.4.2.1　物料到达仓库或车间现场后，采购员进行收货工作，点清数量、型号、核对送货单，核对无误后及时送检。

4.4.2.2　对于车间急用的外购件，可先由检验员检测，合格后转车间进行装配并补办相关检验单据及办理出入库手续。

4.4.2.3　检验员必须在产品或者样品送检后 2 个工作日内完成检验。根据检验结果，在合格物料的外包装上贴上合格标签，交由仓管员办理入库手续，仓管员须在检验员出具检验报告后 1 个工作日内办理完入库手续。对于不合格物料，质检员须在外包装上贴上不合格标签，并在检验单上注明不合格原因，于（产品或者样品送检后）2 个工作日内出具《不合格报告》，转交采购部处理并及时通知物料申购单位。采购部应在接到通知的 1 个工作日内进行处理。检验人员或者仓管人员以及采购部不得无故延迟。

4.4.2.4　入库单上填写的数量一定要与实物数量相符，严禁没见实物或超实物数量开入库单。

4.4.2.5　仓库于实物入库当天打印一式三联的入库单，库房留存白联，将黄联和粉联传递到采购部。

（1）采购部核对入库单和供应商所开发票，核对相符，则在"采购管理模块"中将外购入库单下推生成发票，并将发票和入库单传递到财务部入账。如果发票与入库单不一致，采购员不得下推。物料进账、上卡和上货架必须在物料入库 1 个工作日内完成，在财务结账日前，所有到库的合格物料均须完成进账手续。

（2）当月未开具发票的，采购部做估价入账并在财务部结账日后 2 个工作日内将粉联传递到财务部。

4.4.2.6　库管人员点数时发现实际数量与送货单数量不符，及时与采购员联系，采购员应在 1 天内核对清楚，并及时反馈给库管人员，实际数量与送货单数量不符，又确需入库的，需有物资供应部经理签字确认。

4.4.2.7　若供应商送来的物料种类或规格型号与收料通知单上所核准的内容不符时，仓管员应及时通知采购部处理，不得办理入库手续。

4.4.3　外协加工件入库。

委外加工半成品收回入库时，库房人员依据实际入库数量及委外加工送货单，由收料通知单下推生成委外加工入库单，并将系统中的委外加工入库单单号填写在送货单上，之后将其中一联传递到采购部，加工单位开具加工费发票后，采购部依据发票和委外加工入库单在仓库管理中将委外加工入库单下推生成发票，并审核钩稽。当月未开具发票的由采购部对加工费估价入账。

4.4.4　自制件入库。

4.4.4.1 生产车间生产完成的半成品和产品要及时送检，品管部应及时检验入库，自制件到达收货地点时，库管员必须依产品入库单的内容，核对生产部门送来的物料名称、规格、数量等，核对无误后，办理收料入库，并于当日上卡、上账，并将系统上的单据号写在相应的原始单据上。生产部应于财务部结账日的2日内，向财务部报送月度产量表。

4.4.4.2 仓库按品管部检验的合格数量在1个工作日内办理入库手续。对于即入即出的半成品，库房可不做实物出入库，但出入库手续必须完整。

4.4.5 盘盈入库规定。

4.4.5.1 当盘点发现仓库物料实际库存数大于账面数时，仓管员应及时调查原因，按以下方式处理并以书面形式向物资供应部、财务部报告。

4.4.5.2 若为点数错误导致发料时实物数与出库单的数量不符，经库房主管及物资供应部经理批准，由车间领料员确认后应补发料给车间或以负数形式冲减出库数。

4.4.5.3 若经调查确定为盘盈，必须填写"物料盘盈报告"，注明原因报部门经理及总经理审批后，以盘盈入库方式办理入库手续。

4.4.6 调拨入库规定。

因仓库管理需要，在本公司内各仓库之间物料需要进行转移，由调入方仓库填写"调拨单"，经物资供应部审批后交调出仓库，办理调拨手续。

4.5 物料出库规定

4.5.1 生产出库规定。

4.5.1.1 出库流程。

（1）生产车间调度根据生产通知单在生产管理中编制生产任务单，生产任务单必须录入合同号/计划号，并根据生产工序将生产任务单分解、下达，根据生产计划下推生成领料单，并将领料单打印一式三联，经生产调度签字后传递到库房进行备料。库房发出原料时，由领料人签字并将一联领料单交领料人进行核对，核对无误后由库管人员对领料单进行审核，一联库房留存备查，一联传递到财务部留存。

（2）未设置BOM的产品，由生产人员根据工艺保障部下发的材料表填制领料单。领料单应标明合同号/计划号、工程名称等要素。库房根据领料单办理出库。

（3）技术部小批量试制产品，需由生产车间生产的，领料时，由生产车间填制领料单，由技术部负责人签字，并在用途中标明小批量试制。

4.5.1.2 因物料被人为损坏或遗失而需重新领料时，仓库需凭手续齐全的"报废单"或有责任部门经理签名的领料单才可发料，此类物料使用普通出库方式，主料须带合同号/计划号出库。

4.5.1.3 放置在车间现场的物料，车间应按正常的领料手续办理领料，不准随意拿料、随意换料，保持现场的整齐。

4.5.1.4 已经出库存放于车间以及其他各单位现场的物料由领料单位负责保管，一旦遭遇盗窃、损坏，车间主任和班组长需要承担责任。

4.5.2 售后服务领料出库规定。

4.5.2.1 领料规定。

（1）"三包"范围内的维修用材料，领料时需附顾客、业务人员和服务人员的传真、电子邮件及服务记录单等书面资料，领料部门为售后服务部，出库方式为"其他出库"。用途要注明是调试用还是维修用，调试领用的要写明项目名称。

（2）现场服务的维修人员，应在维修返回的1个工作日内向售后服务部统计员提交"售后服务记录单"。售后服务部统计员应对"领料单"与"售后服务记录单"进行核对，检查物料的使用与领料数量是否符合，多余物料应退回仓库。

4.5.2.2 退仓物料处理。

品管部完成退仓物料的重新验证后，在"退料单"上填写物料验证结论和处理意见，必要时出具《不合格品报告》，注明物料的不合格原因和责任划分。并将"退料单"和《不合格品报告》传递给采购部和相应仓库备查，外购件不合格品运到采购部积压品仓库存放，自制件不合格品运到零件仓库指定地点存放，由采购部和相应仓库组织做进一步处理。合格品则直接办理进仓手续，入库方式为"售后服务退回"，单价参照同类物料的最新采购单价。月底将单据交售后服务统计员，并可直接冲减售后服务的材料费。

4.5.3 外销出库规定。

（1）产成品销售出库，由商务部根据销售合同及产成品入库单下推生成销售出库单，销售方式选赊销。库房根据销售出库单，审核后办理产品出库，财务人员根据已审核的销售出库单开具发票并在系统中下推生成销售发票，当月不能开具发票的将销售方式改为分期收款销售。保存后，由库房审核。当销售产品退回时，由商务部做退货通知单，退回的物料要求与原物料型号规格一致，审核后下推生成红字的销售出库单，并由库房审核后入成品库。当拆箱入半成品库时，分别做产成品的出库和半成品的入库，出库类型为"其他出库"。已销售的物料又退回，须经过质检员检验合格后仓库才能接收。财务部将红字的销售出库单与对应的销售出库单进行核销。

（2）原料销售出库，由商务部根据销售合同填写销售出库单并录入系统，库房对销售出库单审核出库，销售出库单未录入系统，库房不得发货。销售出库单一式三联，商务部、财务部、库房各执一联。月底结账日之后3日内，商务部应向财务部报送月度销售统计表，库房应向财务部报送产成品收发存报表和半成品收发存报表。

4.5.4 盘亏出库规定。

4.5.4.1 当盘点发现仓库物料实际库存数小于账面数时，库管员应及时调查原因，按以下方式处理并以书面形式向物资供应部、财务部报告。

4.5.4.2 若出账错误，则以原方式出库。若为车间已经领用而未办理任何出库手续，则应补办出库手续，并做好登记。

4.5.4.3 若经调查确定为盘亏，必须填写"物料盘亏报告"，注明原因报物资供应部经理、系统主管副总经理、总经理审批后，以"盘亏方式"出库。

4.5.5 借料出库规定。

4.5.5.1 特殊情况下需借料时，借料部门需经物资供应部和本部门负责人签名批准后，方可到仓库办理借料手续。

4.5.5.2 车间严禁直接对其他部门借出物料，若只有车间才有此物料时，需由车间退回仓库，仓库负数冲减原领用数量与金额，待借料单位退回时再次按正常手续办理出库。

4.5.5.3 借料人必须在5个工作日内归还所借物料，如因特殊情况不能按时归还物料，借料人必须到仓库办理续借手续。续借时间不能超过5天。

4.5.5.4 归还物料时，必须经过品管部的检验，检验合格，仓库注销原借料记录。如检验不合格，由品管部开具报废单，公司内部员工由借料责任人按价赔偿。

4.5.6 调拨出库规定。

4.5.6.1 因仓库管理需要，公司内各仓库之间物料需要进行转移，由调入方仓库填写"调拨单"，经物资供应部经理审批后交调出仓库，办理调拨手续。

4.5.6.2 仓库之间的调拨需有双方仓管员的确认，并在月底的报表上，调拨仓库之间的报表应相符。除仓库之间的物料转移可采用调拨方式出库外，其他情况一律不能使用调拨出库的方式。

其他部门领用物料，需填写领料单，领料单应注明所领物料的名称、代码、规格型号、数量、用途等要素，并需由部门主管或经理签字，以上要素不全库房人员可拒绝出库。

4.5.7 材料、半成品出库规定。

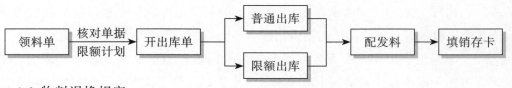

4.6 物料退换规定

4.6.1 退料规定。

经过品管部检验的物料，车间填写一份一式三联的退料单，合同退料单上应注明型号规格、数量、退料原因等要素。物资供应部至少每季度组织一次物料报废清点、检查、申报、评审工作，报废物料由采购部统一集中负责外销。

4.6.2 自制零部件报废。

由物资供应部提出申请，检验员填写报废单，经品管部人员签名确认后，交财务部经理、主管副总经理审核批准报废，价值超过_____元以上须经总经理审批方能办理报废出库手续。

4.6.3 外购物料报废。

由物料科提出申请，检验员填写报废单，经品管部人员签名确认后，交财务部经理、采购部经理、主管副总经理会签批准报废，价值超过_____元以上须经总经理审批方能办理报废出库手续。

4.7 仓库盘点规定。

4.7.1 为确保仓库物料账、物、卡的一致性，仓库应定期组织盘点。仓库每周组织一到两次库存盘点，物资供应部每月组织一次库存准确率抽样检查并形成书面记录。

4.7.2 为了检查库存情况的准确性，财务部不定期地对公司的各个仓库的库存情况进行抽查，并将抽查结果以书面形式上报总经理。

4.7.3 盘库结果计入绩效考核。

拟定		审核		审批	

12-03　物资入库验收管理制度

××公司标准文件		××有限公司 物资入库验收管理制度	文件编号×× - ×× - ××	
版次	A/0		页次	第×页

1.目的

为了确保所有入库物资的质量都符合企业的要求及生产经营的需要，防止不合格物资入库、投入使用或流向市场，特制定本制度。

2.适用范围

本制度适用于所有进入本企业仓库的物资的验收。

3.定义

入库验收是对即将入库的物资进行质量、数量、包装、规格的查验，是保证入库物资合格的重要环节之一。

4.部门职责

（1）仓储部验收人员负责验收所有物资的数量、重量、规格，并检查包装及外观情况。

（2）质量管理部质量检验人员负责检验所有物资的质量状况。

5.管理规定

5.1 入库验收的规划

5.1.1 入库验收的内容。

5.1.1.1 核对采购订单与供货商发货单是否相符。

5.1.1.2 检查物资的包装是否牢固、包装标志标签是否符合要求。

5.1.1.3 开包检查物资有无损坏。

5.1.1.4 物资的分类是否恰当。

5.1.1.5 所购物资的数量、尺度比较。

5.1.1.6 物资的气味、颜色、手感等。

5.1.2 入库验收的方式。

5.1.2.1 入库验收有全检和抽验两种方式。对大批量到货一般只进行抽验。

5.1.2.2 若采用抽验的方式，则需要根据物资的特点、价值高低、物流环境等综合考虑，确定合理的抽验比例。下表列出了一些常见的例子。

入库验收抽验比例举例表

验收项目	抽验比例规定
质量检验	（1）带包装的金属材料，抽验5%～10%，无包装的金属材料全部目测查验 （2）10台以内的机电设备，验收率为100%，100台以内的验收不少于10% （3）运输、起重设备100%查验 （4）仪器仪表外观质量缺陷查验率为100% （5）易于发霉、变质、受潮、变色、污染、虫蛀、机械性损伤的货物，抽验率为5%～10% （6）外包装有质量缺陷的货物检验率为100% （7）对于供货稳定，质量、信誉较好的厂家产品，特大批量货物可以通过抽查进行检验 （8）进口货物原则上逐件检验
数量检验	（1）不带包装的（散装）货物的检斤率为100%，不清点件数。有包装的毛检斤率为100%，回皮率为5%～10%，件数清点率为100% （2）定尺钢材检尺率为10%～20%，非定尺钢材检尺率为100% （3）贵重金属材料100%过净重 （4）有标量或者标准定量的化工产品，按标量计算，核定总重量 （5）同一包装、大批量、规格整齐的货物以及包装严密、符合国家标准且有合格证的货物，可以采取抽查的方式验量，抽查率为10%～20%

5.1.3 入库验收的方法。

5.1.3.1 视觉检验。在充足的光线下，利用视力观察货物的颜色、状态、结构等表面状况，检验是否发生变形、破损、脱落、变色、结块等损害情况，对质量加以判断。

5.1.3.2 听觉检验。通过摇动、搬运、轻度敲击等操作，听取声音，以判断物资的质量。

5.1.3.3 触觉检验。利用手感鉴定货物的光滑度、细度、黏度和柔软度等，判定质量。

5.1.3.4　嗅觉、味觉检验。通过货物特有的气味、滋味，测定、判定质量。

5.1.3.5　测试仪器检验。利用各种专用测试仪器鉴定货物品质，如对含水量、密度、成分、黏度、光谱等的测试。

5.1.3.6　运行检验。对某些特殊货物，如车辆、电气等进行运行检验，确保其能够正常运行。

5.1.4　入库验收的时间。

5.1.4.1　对于外观等易识别的物资的检验，应于收到物资后1天内完成。

5.1.4.2　属用化学或物理手段检验的材料，验收人员应于收到物资的样件后3天内完成。

5.1.4.3　对于必须试用才能实施检验者，由验收主管于"物资验收报告表"中注明预计完成日期，一般不超过7天。

5.2　物资验收的程序

5.2.1　处理采购单。

入库验收专员一收到采购部转来的"采购单"，即应按物资类别、来源和入库时间等分类归档存放。

5.2.2　物资标签。

在物资待验入库前，入库验收专员应于外包装上贴好标签，并详细填写批量、品名、规格、数量及到达日期，且将该物资与已验收的物资分开堆放（一般可放置在"待验区"）。

5.2.3　内购物资验收。

5.2.3.1　物资入库前，入库验收专员应对照"采购单"，对物资的名称、规格、料号、数量、送货单位和发票等进行一一清点核对，确认无误后，将到货日期及实收数量填入"验收单"。

5.2.3.2　如果发现实物与"采购单"上所列的内容不符，入库验收专员应立即通知采购人员及主管。在这种情况下，原则上不予接收入库。如果采购部要求入库，则应在单据上注明实际验收状况，并要求采购部相关人员在"验收单"上会签。

5.2.4　外购物资验收。

5.2.4.1　外购物资入库前，入库验收专员即会同质量管理部依"装箱单""采购单"开柜（箱）核对物资名称、规格及数量，并将到货日期及实收数量填入"验收单"。

5.2.4.2　开柜（箱）后，如果发觉所装载的材料与"装箱单""采购单"所记载的内容不同，应通知办理购入手续的采购人员及时进行处理。

5.2.4.3　若发觉所装载的物资有倾覆、破损、变质、受潮等异常现象时，应先初步计算损失。

（1）对于损失超过＿＿＿＿元以上（含）者，入库验收专员应及时通知采购人员进行处理或由其通知供应商前来处理，并尽可能维持异常状态以利于处理作业。

（2）若损失未超过____元，则依实际数量办理验收，并于"验收单"上注明损失数量及实际情况。

5.2.4.4 经供应商代表人员确认后，入库验收专员开具"索赔处理单"，呈相关主管审核后，送财务部门及采购部门督促办理。

5.2.5 入库验收结果的处理。

5.2.5.1 合格物资的处理：对于经验收合格的物资，入库验收专员应在外包装上贴"合格"标签，以示区别，并方便入库作业人员根据标识办理合格品入库定位手续。入库验收专员于每日工作结束时，将本日所收物资的数量汇总填入"验收日报表"，以作为"入账消单"的依据。

5.2.5.2 不合格物资的处理：对不合格物资，入库验收专员在外包装上贴"不合格"标签，并于"物资验收报告表"上注明不合格原因，同时向相关主管请示处理办法，然后转采购部相关人员处理并通知请购部门。

5.2.5.3 交货数量超额处理：经过验收，若发现交货数量超过"订购量"部分，原则上应予以退回。但对于以重量或长度计算的材料，其超交量在3%以下时，可在"验收单"备注栏内注明超交数量，经请示相关负责人同意后予以接收。

5.2.5.4 交货数量短缺处理：经过验收，若发现交货数量未达"订购量"时，原则上应要求供应商予以补足。但经请购部门负责人同意后，可采用财务方式解决。

5.2.6 紧急物资入库处理。

对于需急用的物资，若物资到达时仓储部仍未收到"请购单"，入库验收专员应事先询问采购部相关人员。经确认无误后，方可进行入库验收和办理入库手续。

5.2.7 退货处理。

办理不合格物资的退货手续时，应开具"物资交运单"并附"物资验收报告表"，呈相关领导签认，作为异常物资出厂凭证。

拟定		审核		审批	

12-04　在库品防护程序

××公司标准文件		××有限公司 **在库品防护程序**	文件编号××－××－××	
版次	A/0		页次	第×页

1.目的

为明确、规范在库品的防护要求，确保货物在库期间品质良好，出、入、存数据准确，特制定本程序。

2.适用范围

适用于公司内各货仓在库品的防护管理。

3.职责

（1）各仓管员负责自己责任范围内货物的摆放，并保证出、入、存数据及账目的准确性。

（2）各仓班长负责仓库的全面工作，维护、监督、协调货仓的正常运作。

4.程序说明

4.1 区域管理

4.1.1 在库的合格品、待定品、不合格品必须严格区分，明确标识。

4.1.2 各仓储部门以实际需要将仓储现场划分区域并编号，绘制区域管理图，在库货物都要按区域摆放，当实际摆放货物与区域管理图不符时，需挂牌明示。

4.2 防止损害管理

4.2.1 在库货物必须放在卡板或货架上，货物摆放不可倒置或侧置，摆放方向要使外包装上的标识从外面容易看到。

4.2.2 货物堆放须保证底层货物外包装不会受压变形，单个卡板堆放高度最高不得超过2.4米。货物应平均摆放于卡板上，且不可超出卡板或货架致使悬空超过10厘米。

4.2.3 货物摆放不能超越本区域的斑马线，且要求区域四面平齐，以免搬运时碰撞。仓管员应经常查看库存物品，发现异常及时处理。

4.2.4 在库货物原则上须放置室内。遇有如下情况时，经货仓负责人批准允许暂时放在室外（必要时需采取防雨措施）。

（1）供货商送货，一时无法全部入仓的。

（2）短时间便要发货或出货的。

（3）外包装具有防水性能，不怕阳光直射。

（4）该类货物的室内区域已经用完，又无法找到临时借用区。

4.2.5 各仓库需切实做好防火工作，货物的摆放不得阻碍消防设施。每周由专人负责巡检消防设施，发现消防器材损坏或功能消失须立即更换。

4.3 数据管理

4.3.1 货物在出、入仓时，必须有出、入仓凭证随货同行，凭证记录内容必须同其所代表的现货名称、编号、数量完全相同，收发货双方责任者都要在凭证上签名。所有凭证都要分别编号。

4.3.2 各仓储部门必须设立在库品计算机台账，成品仓、配套仓及胶料仓，除无正式公司编号外的物料均须设置物料卡。台账及物料卡必须根据出入仓凭证如实记录，并做到日清日结。

4.3.3 台账与物料卡必须定期核对，出现数据不符时，如无准确凭据不得随意改动台账或卡上数据，须经货仓组长或领班以上人员核实后，方可更改。

4.3.4 仓管员变动时必须办理交接手续，对仓存进行盘点，对物料卡、台账进行核对。交接手续必须在原仓管员、新任仓管员、货仓班长、货仓领班同时在场的情况下进行，并完成仓管员交接记录。

4.4 库存管理

4.4.1 为保证生产需要而又避免产生呆滞库存，由PMC主管负责在每次年度盘点后，通过货仓台账，做好成品仓、配套仓、危险品仓及胶料仓的仓存超期统计表，交由PMC调查原因及给出处理意见，经生产经理签名后及时做出处理。

4.4.2 根据公司客户及产品特点，仓存超期的判定标准如下。

类别		期限
注塑成品及半成品	国内客户	半年
	国外客户	一年
冲压成品及半成品	全部客户	一年
组装成品	全部客户	两年
镜片类	全部客户	一年
外购件	全部客户	两年
胶料		半年
色粉		一年
化学危险品		一年

注：因色粉及化学品来料外包装均标识有保质期，仓存超期的色粉及化学危险品，如在保质期内，可暂不处理，保存于仓中。

4.4.3 所有在库货物必须定期盘点，以核查数据和在库状态。

5.相关表单

（1）物料管制卡。

（2）仓管员交接记录。

拟定		审核		审批	

12-05　客户财产控制程序

××公司标准文件		××有限公司 客户财产控制程序	文件编号×× - ×× - ××	
版次	A/0		页次	第×页

1.目的

为明确公司内所有客户提供的物品的管理方法，对其进行恰当的日常维护，以确保其处于正常使用状态，特制定本程序。

2.适用范围

适用于公司内客户提供的各种物品，包括生产物料、模具、生产设备、检测设备和工装夹具等的管理。

3.职责

（1）有关客户提供的生产物料发生品质异常时，由PMC负责与客户进行联络。

（2）除生产物料和检测设备之外的客户财产发生异常时，由业务及工程部/生产技术部负责与客户进行联络。

（3）检测设备发生异常时，由品管部负责与客户进行联络。

4.流程图

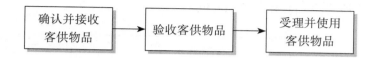

5.程序

（1）接收的准备：由业务及工程部/生产技术部、品管部或PMC组织相关部门进行协商，明确客户的要求，结合公司现行的质量体系，确定对"客户即将提供物品"的管理方法。需要时由使用部门制定有关的工作指引（例如：生产设备或检测设备的操作规程）。

（2）品管部收到客供检测设备，业务及工程部/生产技术部收到除生产物料和检测设备外的物品时，必须及时地填写"客供物品验收单"。其中模具的客供物品验收单以该模具的生产认可单为准。

（3）检测设备由品管部和使用部门共同完成其验收，生产设备、工装夹具、模具由业务及工程部/生产技术部和使用部门共同完成验收。

（4）公司内客户财产的管理方法。

类别	管理方法
生产物料	与公司购买的生产物料的管理方法相同，有关其检验、检验状态的标识以及不合格品的处理分别见以下文件 《进货检验和试验控制程序》
模具	《新产品试作程序》 《塑料模具管理规定》 《五金模具管理规定》
生产设备	《生产设备控制程序》

续表

类别	管理方法
工装夹具	《生产过程控制程序》
检测设备	《检测设备控制程序》

（5）公司内客户提供的模具、生产设备及工装夹具发生异常时，由业务及工程部/生产技术部及时联络客户，与客户协商处理方法。检测设备发生异常时，由品管部与客户联络。

拟定		审核		审批	

12-06 仓库盘点作业管理流程

××公司标准文件		××有限公司 仓库盘点作业管理流程	文件编号××-××-××	
版次	A/0		页次	第×页

1.目的

为确保公司库存物料盘点的准确性，达到仓库物料有效管理和公司财产有效管理的目的，特制定本流程。

2.适用范围

适用于仓库所有库存物料的盘点管理工作。

3.职责

（1）仓库部：负责组织、实施仓库盘点作业，最终盘点数据的查核、校正，盘点总结。

（2）财务部：负责稽核仓库盘点作业数据，以保证其正确性。

（3）IT（信息技术）部：负责盘点差异数据的批量调整。

4.管理规定

4.1 盘点方式

4.1.1 定期盘点。

4.1.1.1 月末盘点：仓库平均每个月组织一次盘点，盘点时间一般在月末；月末盘点由仓库负责组织，财务部负责稽核。

4.1.1.2 年终盘点：仓库每年进行一次大盘点，盘点时间一般在年终放假前的销售淡季；年终盘点由仓库负责组织，财务部负责稽核。

4.1.1.3 定期盘点作业流程参照4.4"盘点作业流程"执行。

4.1.2 不定期盘点。

不定期盘点由仓库自行根据需要进行安排，盘点流程参考4.4"盘点作业流程"，且可灵活调整。

4.2　盘点方法及注意事项

4.2.1　盘点方法。

采用实盘实点方式，禁止目测数量、估计数量。

4.2.2　盘点注意事项。

4.2.2.1　盘点时注意物料的摆放，盘点后需要对物料进行整理，保持原来的或合理的摆放顺序。

4.2.2.2　所负责区域内物料需要全部盘点完毕并按要求做好记录。

4.2.2.3　参照初盘、复盘、查核、稽核时需要注意的事项。

4.2.2.4　盘点过程中注意保管好盘点表，避免遗失，造成严重后果。

4.3　盘点工作安排

4.3.1　盘点计划书。

4.3.1.1　月底盘点由仓库和财务部自发根据工作情况组织进行，年终盘点需要征得总经理的同意。

4.3.1.2　开始准备盘点一周前需要制订盘点计划书，计划中需要对盘点具体时间、仓库停止作业时间、账务冻结时间、初盘时间、复盘时间、人员安排及分工、相关部门配合及注意事项做详细计划。

4.3.2　时间安排。

时间安排如下表。

事务	时间安排	具体目的
初盘	计划在一天内完成	确定初步的盘点结果数据
复盘	根据情况安排在第一天完成或在第二天进行	验证初盘结果数据的准确性
查核	在初盘、复盘过程中或复盘完成后由仓库内部指定人员操作	验证初盘、复盘数据的正确性
稽核	根据稽核人员的安排而定，在初盘、复盘的过程中或结束后都可以进行，一般在复盘结束后进行	稽核初盘、复盘的盘点数据，发现问题，指正错误

盘点开始时间和盘点计划共用时间根据当月销售情况、工作任务情况来确定，总体原则是保证盘点质量和不严重影响仓库的正常工作。

4.3.3　人员安排。

人员分工如下表。

人员分工	责任
初盘人	负责盘点过程中物料的确认和点数、正确记录盘点表，将盘点数据记录在"盘点数量"一栏

续表

人员分工	责任
复查人	初盘完成后，由复盘人负责对初盘人负责区域内的物料进行复盘，将正确结果记录在"复盘数量"一栏
查核人	复盘完成后由查核人负责对异常数量进行查核，将查核数量记录在"查核数量"一栏中
稽核人	在盘点过程中或盘点结束后，由总经理和财务部、行政部指派的稽核人以及仓库经理负责对盘点过程予以监督，盘点物料数量，或稽核已盘点的物料数量
数据录入员	负责将盘点查核后的盘点数据录入电子档的"盘点表"中

根据以上人员分工设置，仓库需要对盘点区域进行分析并进行人员责任安排。

4.3.4　相关部门配合事项。

4.3.4.1　盘点前一周发"仓库盘点计划"通知财务部、QC（质量控制）部、采购部、客服部、销售部、IT部，并呈报总经理，说明相关盘点事宜；仓库盘点期间禁止物料出入库。

4.3.4.2　盘点3天前通知采购部尽量要求供应商或档口将货物提前送至仓库收货，以提前完成收货及入库任务，避免影响正常发货。

4.3.4.3　盘点3天前通知QC部，要求其在盘点前4小时完成检验任务，以便仓库及时地完成物料入库任务。

4.3.4.4　盘点前和IT部主管沟通好，预计什么时间确认最终盘点数据，由其安排对数据进行库存调整工作。

4.3.5　物资准备。

盘点前需要准备A4夹板、笔、透明胶、盘点卡。

4.3.6　盘点工作准备。

4.3.6.1　仓管员在盘点前一天将借料全部追回，未追回的要求其补充相关单据；因时间关系未追回也未补单据的，以借料数量作为库存盘点，并在盘点表上注明，借料单作为依据。

4.3.6.2　盘点前需要将所有能入库归位的物料全部归位入库入账，对不能归位入库或未入账的进行特殊标示，注明不参加本次盘点。

4.3.6.3　将仓库所有物料进行整理、整顿、标识，所有物料外箱上都要求有相应物料编号、储位标识。同一储位物料不能放置超过2米的距离，且同一货架的物料不能放在另一货架上。

4.3.6.4　盘点前仓库账务需要全部处理完毕。

4.3.6.5　账务处理完毕后需要制作"仓库盘点表"（有单项金额），并发给对应的财务人员。

4.3.6.6　在盘点计划时间只有一天的情况下，需要组织人员先对库存物料进行初盘。

4.3.7　盘点会议及培训。

4.3.7.1　盘点作业培训：对参加盘点人员培训有关盘点作业流程、吸取盘点错误经验、盘点中需要注意事项等。

4.3.7.2　会议：组织相关人员召开会议，以便落实盘点各项事宜，包括盘点人员及分工安排、异常事项如何处理、时间安排等。

4.3.7.3　模拟盘点：让所有参加盘点的人员了解和掌握盘点的操作流程及细节，避免出现错误。

4.3.8　盘点工作奖惩。

4.3.8.1　在盘点过程中需要本着"细心、负责、诚实"的原则。

4.3.8.2　盘点过程中严禁弄虚作假，虚报数据，盘点粗心大意导致漏盘、少盘、多盘，书写数据潦草、错误，丢失盘点表，随意换岗；复盘人不按要求对初盘异常数据进行复盘，"偷工减料"；不按盘点作业流程作业等（特殊情况需要领导批准）。

4.3.8.3　对在盘点过程中表现特别优异和特别差的人员参考《仓库人员工作及奖惩制度》进行相应考核。

4.3.8.4　仓库根据最终"盘点差异表"数据及原因对相关责任人进行考核。

4.4　盘点作业流程

4.4.1　初盘前盘点。

4.4.1.1　因时间安排原因，在盘点总共只有一天或时间非常紧张的情况下，可安排合适人员先对库存物料进行初盘前盘点。

4.4.1.2　初盘前盘点作业方法及注意事项。

（1）最大限度地保证盘点数量准确。

（2）盘点完成后将外箱口用胶布封上，并要求将盘点卡贴在外箱上。

（3）已经过盘点封箱的物料在需要拿货时一定要如实地记录出库信息。

（4）盘点时顺便对物料进行归位操作，将箱装物料放在对应的物料零件盒附近，距离不得超过2米。

4.4.1.3　初盘前盘点作业流程。

（1）准备好相关作业文具及盘点卡。

（2）按货架的先后顺序依次对货架上的箱装（或袋装，以下统称箱装）物料进行点数。

（3）如发现箱装物料对应的零件盒内物料不够盘点前的发料时，可根据经验拿出一定数量放在零件盒内（够盘点前发货即可）；一般拿出后保证箱装物料为整数最好。

（4）仓管员点数完成后在盘点卡上记录编号、储位、盘点日期、盘点数量，并确认签名。

（5）将完成的盘点卡贴在或订在外箱上。

（6）最后对已盘点物料进行封箱操作。

（7）将盘点完成的箱装物料放在对应的物料零件盒附近，距离不得超过2米。

（8）按以上流程完成所有箱装物料的盘点。

4.4.1.4 初盘前已盘点物料进出流程。

（1）如零件盒内物料在盘点前被发完时，可以开启箱装的已盘点的物料。

（2）开启箱装物料后，根据经验，拿出一定数量放在零件盒内（够盘点前发货即可），一般拿出后保证箱装物料为整数最好。

（3）拿出物料后在外箱上贴的盘点卡上记录拿货日期、数量并签名。

（4）最后将外箱予以封箱。

4.4.2 初盘。

4.4.2.1 初盘方法及注意事项。

（1）只负责盘点计划中规定区域内的初盘工作，其他区域在初盘过程中不予负责。

（2）按储位先后顺序和先盘点零件盒内物料再盘点箱装物料的方式进行先后盘点，不允许采用零件盒与箱装物料同时盘点的方法。

（3）所负责区域内的物料一定要全部盘点完成。

（4）初盘时需要重点注意以下导致盘点数据错误的情形：物料储位错误，物料标示编号错误，物料混装等。

4.4.2.2 初盘作业流程。

（1）初盘人准备相关文具及资料（A4夹板、笔、盘点表）。

（2）根据盘点计划的安排对所负责区域进行盘点。

（3）按零件盒的储位先后顺序对盒装物料进行盘点。

（4）盒内物料点数完成确定无误后，根据储位和编号在盘点表中找出对应的物料一栏，并在表中"零件盒盘点数量"一栏记录盘点数量。

（5）按此方法及流程盘完所有零件盒内物料。

（6）继续盘点箱装物料，也按照箱子摆放的顺序进行盘点。

（7）在此之前如果安排有初盘前盘点，则此时只需要根据物料外箱盘点卡上的标示确定正确的编号、储位信息，和盘点表上的编号、储位信息进行对照，并在盘点表上对应的"箱装盘点数量"一栏填上数量即可，同时需要在盘点卡上进行盘点标记，表示已经记录了盘点数量。

（8）如之前未安排初盘前盘点或发现异常情况（如外箱未封箱、外箱破裂或其他异常时），需要对箱内物料进行点数；点数完成确定无误后根据外箱盘点卡上的信息在对应盘点表的"箱装盘点数量"一栏填上数量即可。

（9）按以上方法及流程完成负责区域内整个货架物料的盘点。

（10）初盘完成后根据记录的盘点异常数据对物料再盘点一次，以保证初盘数据的正确性。

（11）在盘点过程中发现异常问题不能正确判定或不能正确解决时可以找查核人处理。

（12）初盘完成后，初盘人在初盘盘点表上签名确认，然后将初盘盘点表复印一份交给仓库经理存档，并将原件给到指定的复盘人进行复盘。

（13）初盘时如发现该货架物料不在所负责的盘点表中，但是属于该货架物料，同样需要进行盘点，并对应记录在盘点表的相应栏中。

（14）特殊区域内（无储位标示物料、未进行归位物料）的物料盘点由指定人员进行。

（15）初盘完成后需要检查是否所有箱装物料都进行过盘点，以及箱上的盘点卡是否有表示已记录盘点数据的盘点标记。

4.4.3 复盘。

4.4.3.1 复盘注意事项。

（1）复盘时需要重点查找以下错误原因：物料储位错误，物料标示编号错误，物料混装等。

（2）复盘有问题的需要找到初盘人进行数量确认。

4.4.3.2 复盘作业流程。

（1）复盘人对初盘盘点表进行分析，按照先盘点差异大、后盘点差异小，再抽查无差异物料的方法进行复盘工作；复盘可安排在初盘结束后进行，且可根据情况在复盘结束后再安排一次复盘。

（2）复盘时根据初盘的作业方法和流程对异常数据物料进行再一次点数盘点，如确定初盘盘点数量正确时，则盘点表上的"复盘数量"栏不用填写；如确定初盘盘点数量错误时，则在盘点表上的"复盘数量"栏填写正确数量。

（3）初盘所有差异数据都需要经过复盘盘点。

（4）复盘完成后，与初盘数据有差异的需要找初盘人予以当面核对，核对完成后，将正确的数量填写在盘点表的"复盘数量"栏。

（5）复盘人与初盘人核对数量后，需要将初盘人盘点错误的次数记录在盘点表上的"初盘错误次数"中。

（6）复盘人不需要找出物料盘点数据差异的原因，如果很清楚确定没有错误，可以将错误原因写在盘点表备注栏中。

（7）复盘时复盘人需要查核是否所有的箱装物料全部盘点完成及是否做过盘点标记。

（8）复盘人完成所有流程后，在盘点表上签字并给到相应查核人。

4.4.4 查核。

4.4.4.1 查核注意事项。

（1）查核最主要的是最终确定物料差异和差异原因。

（2）对于问题很大的，查核人也不要光凭经验和主观判断，需要找初盘人或复盘人确定。

4.4.4.2 查核作业流程。

（1）查核人对复盘后的盘点表数据进行分析，以确定查核重点、方向、范围等，按照先盘点数据差异大、后盘点数据差异小的方法进行查核工作；查核可安排在初盘或复盘过程中或结束之后。

（2）查核人根据初盘、复盘的盘点方法对物料异常进行查核，将正确的查核数据填写在盘点表上的"查核数量"栏中。

（3）确定最终的物料盘点差异后需要进一步找出错误原因并写在盘点表的相应位置。

（4）按以上流程完成查核工作，将复盘的错误次数记录在盘点表中。

（5）查核人完成查核工作后在盘点表上签字并交给仓库经理，由仓库经理安排人员进行数据录入工作。

4.4.5 稽核。

4.4.5.1 稽核注意事项。

（1）仓库指定人员需要积极配合稽核工作。

（2）稽核人盘点的最终数据需要稽核人和查核人签字确认方为有效。

4.4.5.2 稽核作业流程。

（1）稽核作业分仓库稽核和财务行政稽核，操作流程基本相同。

（2）稽核人员根据盘点表随机抽查或重点抽查的原则筛选制作稽核盘点表。

（3）稽核根据需要在仓库初盘、复盘、查核的过程中或结束之后进行。

（4）稽核人员可先自行抽查盘点，合理安排时间，在自行盘点完成后，要求仓库安排人员（一般为查核人）配合进行库存数据核对工作；每一项核对完成无误后在稽核盘点表的"稽核数量"栏填写正确数据。

（5）稽核人员和仓库人员核对完成库存数据的确认工作以后，在稽核盘点表的相应位置上签名，并复印一份给到仓库查核人员，由查核人负责查核；查核人确认完成后和稽核人一起在稽核盘点表上签名；如配合稽核人员抽查的是查核人，则查核人可以不再复查，将稽核数据作为最终盘点数据，但对于数据差异需要继续寻找原因。

4.4.6 盘点数据录入及盘点错误统计。

4.4.6.1 经仓库经理审核的盘点表交由仓库盘点数据录入员录入电子档盘点表中，录入前将初盘、复盘、查核、稽核的所有正确数据，手工汇总在盘点表内。

4.4.6.2 仓库盘点录入员录入数据应以盘点表的数据为准，并将盘点差异原因录入。

4.4.6.3　录入工作应仔细认真，保证无丝毫错误，录入人员在录入过程中发现问题应及时找相关人员解决。

4.4.6.4　录入完成以后需要反复检查三遍，确定无误后发给总经理审核，同时发送财务部、采购组、客服主管、IT部主管。

4.4.7　最终盘点表审核。

4.4.7.1　仓库确认及查明盘点差异原因。

（1）因物流系统的原因，一般经过仓库确定的最终盘点表在盘点数据库存调整之前没有足够的时间去查核，只能先将盘点差异表发给IT部调整，再查核未查明原因的盘点差异物料；在盘点差异物料较少的情况下（在不影响采购交货的情况下，可以先发盘点差异表给采购部），需要全部找出原因经过，总经理审核后再调整。

（2）在盘点差异数据经过库存调整之后，仓库继续根据差异数据查核差异原因，需要保证将所有的差异原因全部找出。

（3）全部找出差异原因后查核人将电子档盘点表的差异原因进行更新，交仓库经理审核，仓库经理将物料金额纳入核算，将最终的盘点差异表（含物料和金额差异）呈交总经理审核签字。

（4）仓库根据盘点差异情况对责任人进行考核。

（5）仓库对盘点差异表进行存档。

4.4.7.2　财务确认。

在仓库盘点完成后，稽核人员在仓库盘点表的相应位置签名，并根据稽核情况注明稽核物料抽查率、稽核抽查金额比率、稽核抽样盘点错误率等。

4.4.7.3　总经理审核。

总经理审核完成后的盘点差异表由财务部存档。

4.4.8　盘点库存数据校正。

4.4.8.1　总经理书面或口头同意对盘点差异表中的差异数据进行调整后，由IT部门根据仓库发送的盘点表负责对差异数据进行调整。

4.4.8.2　IT部门调整差异数据完成后，形成盘点差异表通知财务部、采购组、仓库组、客服主管、总经理。

4.4.9　盘点总结及报告。

4.4.9.1　根据盘点期间的各种情况进行总结，尤其是对盘点差异原因进行总结，写成盘点总结及报告，发送总经理审核，并发送财务部。

4.4.9.2　盘点总结报告需要对以下项目进行说明：本次盘点结果、初盘情况、复盘情况、盘点差异原因分析、以后的工作改善措施等。

拟定		审核		审批	

第13章 物流配送管理制度

本章阅读索引：

13-01 物流配送管理办法

××公司标准文件		××有限公司 物流配送管理办法	文件编号×× - ×× - ××	
版次	A/0		页次	第×页

1.目的

为了使公司物流配送工作尽可能做到高效准确，有效控制物流成本，提高公司的物流客服水平和质量，特制定本办法。

2.适用范围

（1）向客户输送各种日常用品及大宗商品等。

（2）负责客户订货、配货的托运。

3.组织与职责

3.1 配送部管理人员职责

职位	具体职责
配送经理	（1）全面负责总部配送部的工作及各办事处的业务指导工作 （2）分管物流组、送货组的工作 （3）负责送货组、物流组、理货组的日常工作
物流组	负责配送部物流组的工作，直接对配送助理负责
理货组	负责配送部理货组的工作，直接对配送助理负责
打单员	负责配送部所有送货、换货、借出、调拨单据的跟进，配送部员工考勤及工资核算，直接对配送助理负责

3.2 物流部职责

3.2.1 物流部是物流配送部的主责部门，负责筛选物流、跟踪服务。

3.2.2 物流公司的选择。

选择长期合作承运商（物流公司）时，应考核其商务资质及其现有的网络覆盖能力、车辆情况、周期发货时间节点等，并留存其相关资料；如果是临时合作的，一定要签订托运协议；若是比较贵重的物品，则需要承保，以保障客户财产的运输安全。

3.2.3 对公司物资配送人员素质的要求。

对于物资配送人员，应选择符合公司运营标准的物流承运商，保障物资顺畅到达。要掌握物流承运费用的核算方法和相关细节；同时要了解一些车辆（汽运）装载的知识。对于具体物流模式的选择，要根据客户所在地的物流环境、客户自身的要求和本公司供应商的具体情况合理安排。

3.2.4 物流具体模式。

（1）自建物流体系。属于本公司自己的物流体系，主要负责公司产品的配送，覆盖范围主要为本市以及本省内的一些地区。

同城配送：配送范围为市内，熟悉本地路况、环境，能够以较低的成本运作，为企业和客户提供全面的售后服务。

区域运输及配送：集中在本市的几个中心城区，在覆盖区域内有丰富的网点和大量的货源，同时也承接发往其他区域的货物。

（2）自建物流体系与物流公司合作体系。面向省内以及省外客户，为所有客户提供全面快捷的服务，因此需要与其他物流公司合作完成配送。

3.2.5 配送。

（1）发货：商家确认客户订单，1个工作日内选择物流方式完成货物发出，大宗商品可由买卖双方进行协商，原则上不超过3个工作日。

（2）到货：因物流运输的不可控性，对客户承诺到货期在10天之内。

3.2.6 货物运输实名制。

为了提高货物运输的安全性，对于货物提供商和物流方均采用实名制。承运单位在货物运输前须确认货物数量及完好程度。

3.2.7 物流配送（合作的物流公司）单据填写的注意事项。

（1）详细写明货物名称、货号、件数、包装、吨数规格。

（2）在"备注"栏里须填写"提货前请清点货品，事后自负"。

3.3 理货员工作细则

3.3.1 接单。

信息部接单，交配送部门主管审阅后，做好登记。理货员接单装车前应及时审单，并依各客户装车先后顺序发单给装车员拉货。

3.3.2 配送前的检查原则。

"三不"：未接单据不翻账，未经审核不备货，未经复核不出库。

"三核"：核实凭证，核对账卡，核对实物。

"五检查"：品名、规格、包装、件数和重量检查。

3.3.3 准备取货。

按照订单要求（包括物品订单）到卖家仓库准备提取货物。

3.3.4 清点。

按照订单要求清点货物，并对品种、数量、规格、颜色进行复审核对，在相关单品后打√或打×，根据出仓单进行确认。

3.3.5 装车。

（1）装车时要做到轻装轻卸，爱护产品，避免商品包装袋或包装箱被损坏，并确认该卖场货物已全部拉全，坚决杜绝野蛮装卸货物，以尽量利用空间、保护商品包装为主要原则。最后由仓库仓管员与配送部理货员相互签单。

（2）在装车过程中应细心、谨慎，点货员必须站立于车门口（中途严禁离开装车区域），按客户要求进行点数装车（如品种、规格、数量等），同送货员确认无误后互相签名。

（3）装完车以后须及时地在装车登记表上进行登记（如车牌号码、金额、数量、送货与拉货人员等）并注明有无换货。

（4）装车时应与货运人员清点数量，并按相应货运价格开具物流配送单（办事处的整车须跟车送货员确认数量）互相签名确认，做好登记，保留相关单据。

3.3.6 换货。

（1）仓管员应及时配合理货员对货品进行更换，主动到仓管处开单，直至交接完毕。

（2）送货员换货时，仓管员应及时地在统计表上登记并让送货员签名确认，且将换货单留底。

（3）装车出现改单时，在互相签名确认以后，统一将改单单据交到计算机室。

（4）换货清点完以后，须及时地交换货物原始单并覆盖在换货单上签单入库。

3.3.7 理货员注意事项。

（1）每天登记客户的名称、换货情况、金额、数量、装车人员及送货员，并做好交接班记录和填写异常报告。

（2）交接理货时装车人员与送货人员应认真查对货物与单据上的货物名称、规格、数量是否一致，并对货物摆放及标识卡设置情况进行检查，如未达标可拒绝交接，完毕后方可签字确认，将单据送办公室并打印送货单。

（3）对现场车辆装载率、装载高度、装载要求进行监督及指导，对现场操作人员进行管理指导。

（4）仔细清点送货员从商场拉回的退货，如发现问题及时上报，并监督送货员把退货拉到退货仓。

（5）监督装卸时要轻拿轻放，禁止野蛮装卸，对不符合装车要求的行为进行指正及监督。

（6）对装车人员进行严格管理，不允许懒懒散散，随意离开装车区域。

（7）对货物在装卸过程中有装卸要求的，必须严格控制（如纸箱包装产品须正立摆放、承受高度不高于4层等）。

（8）早班人员须做好改单的核对，发现问题即时处理，并完成晚班交接未完成的工作。

（9）登记每天的异常报告人员名单，并抄送有关部门主管。

（10）配合各部门临时安排的有关工作。

3.3.8　理货工作奖惩制度。

（1）理货员必须遵守公司所有规章制度，若有迟到、早退、旷工等不良行为，将按公司规定处以通报批评、警告、记过或者开除。

（2）理货员装车前必须要先审核单据，再按单据要求对单点数装车，若出现品种、规格、条码错误等情况，按情节轻重处以通报批评、警告、记过直至开除；若有装少现象，根据情节扣除当月考核工资×× ～ ××元；若有多装现象，按货物价值的10%予以赔偿处罚。

（3）对现场工作人员的违规违纪不及时地指正制止者，扣除当月考核工资×× ～ ××元。

（4）对装车过程中途离开装车区域，或对装车人员随意离开装车区域未进行制止的，扣除当月考核工资××元。

（5）对装车时效未积极控制，导致装车时间延误者，扣除当月考核工资×× ～ ××元。

（6）对装车高度及装载量未控制达标者，扣除当月考核工资×× ～ ××元。

（7）送货员回来办理退、换货时，点货员须与送货员一同在装车平台清点（忙时可由两个点货员一起清点），对不主动清点签字者，扣除当月考核工资××元。

（8）点货员在与送货员装车、退货过程中，不得有徇私舞弊、弄虚作假行为，若发现有此行为，经调查属实者，将按原价10倍以上罚款并做解雇处理，情节严重者交由公安机关处理。

3.3.9　货物装车、包装实名制。

（1）理货员在装车时要仔细检查，防止放入一些易燃易爆的物品。

（2）理货员在包装时要对所装入的货物与订单进行核实，并将信息登记输入计算机。

（3）收件人出示身份证方可签字确认收件。

3.4 送货员工作细则

3.4.1 送货目的：为了满足市场需求，把市场需求的产品及时、准确、保质保量地送到个人手中。

3.4.2 送货流程。

（1）下午18:00前助理公布次日送货行程及送货注意事项。

（2）对单装车：送货员向当班助理领取相关数据，由点货员确认装货上车，同时送货员应清点数量。装车完毕签单，关好车门。

（3）出车：根据排车时间，准时出车（特殊情况另行通知）。

（4）卸单、签单：送货到个人后，与收货人同时清点货物，若遇到异常须及时联系相关负责人员，待决定后予以执行，确认无误后签收。取回相应联验收单，确认验收单与公司送货单一致（货物品名、规格、数量、金额）。

（5）改单退货：持送货单由点货员清点数量并签单（装错货拉回公司需由点货员交接清楚，否则以后出现问题由当日送货员承担责任）。将货物拉入配货仓，配送部对单点数，改单由助理确认。退货由信息部提供数据，必须按单退货，退货金额在××元以下由业务签字，××元以下由区域经理签字，××元以上由营销总监签字。

（6）缴单：对行程进行登记（并注明缴单情况），所有单据必须于当日交于助理，违者罚款处理。

3.4.3 送货注意事项。

（1）单据。单据领取后必须妥善保管，领取送货单和订单时必须签名；对订单必须进行检查，发现问题马上反馈到信息部；如送货单与订单有出入则以订单为准；在送货、退货、换货后必须将相关的单据及时签收并收回。

（2）运输及搬运：在运输和搬运的过程中必须小心谨慎，以防止搬运中出现损耗。送货员有责任协助收货员与卸货员搬运货物。

（3）交接：必须有强烈的工作责任心，凡经手的货物必须亲自清点；收货时必须亲自当面交接清楚。

（4）形象：送货员代表公司的形象，必须维护公司良好企业信誉和公司形象，严禁透露、销售公司情报和商业机密。送货员必须服饰整洁，修好边幅，待人礼貌，外出送货必须身着公司统一服装，积极维护公司形象，不得与客户发生争吵和冲突。

（5）沟通：必须与公司的点货员保持适当的沟通，以增进工作的协调和了解；必须与部门主管保持一定的联系，及时将配送的问题和相关的信息进行反馈。

（6）团队协作：送货员有义务协助司机做好送货运输过程中的安全工作；必须及时完成主管人员临时指派的其他工作。

3.4.4　卸货注意事项。

（1）卸货人员要心态端正，要有防损意识，时须轻拿轻放，禁止野蛮卸货。

（2）搬运的过程中须小心谨慎，以防止搬运中出现损耗，必要时卸货员应该承担部分责任。

（3）按正确的卸货方式安全地进行作业，将货物按规定要求堆置在指定位置。

（4）卸货过程中，装卸工根据随车的货物装载清单、运单和货物标签上的货物运单号、品名、件数等信息核查卸车货物，严格分票分拣放入，并对质量异常的货物进行临时处理。

3.5　司机与车辆管理细则

3.5.1　出车准备事项。

（1）司机出车前须同值班保安登记交接车锁匙及证件是否齐全、随车工具是否齐全、车厢门是否锁好等。

（2）根据配送部的派车单准时出车，并于出车前15分钟检查车辆有无缺水、缺油以及轮胎气压、刹车是否正常等。

（3）严禁冷车强行起步，夏季怠速运转3～5分钟，冬季怠速运转5～8分钟，载重车应一挡起步。

（4）车辆加油须执该车油卡在出车前一天晚上将油加满，并索要加油小票，回公司连同派车单交值班保安签字登记备查。特殊情况需要现金加油须向车队电话申请，当油卡金额少于××元应及时通知车队充值。

3.5.2　工作过程注意事项。

（1）车辆出入公司必须无条件接受保安检查登记。

（2）除司机和配送员外，其他无关人员不得乘坐公司车辆，特殊情况须经部门主管或车队同意。

（3）司机必须配备手机，并处于24小时开机状态。

（4）严禁司机边开车边打手机，若公司领导、主管、业务等打电话须接听或回复的，交由配送人员接听或回复。

（5）送货过程中，司机必须无条件与配送人员相互配合，以快速、准确、高效地将产品送达目的地。

（6）送货过程中司机不得因私误公影响工作，延误送货，违反规定造成不能及时送货的，由司机和配送人员承担责任。导致交通事故的由司机承担全部责任。

（7）车辆送完货后，司机必须及时开车返回公司，若司机违反规定导致车辆和货物损失的，由司机承担全部责任。

（8）谨守职责，不得与配送人员、主管人员及客户等发生冲突。

3.5.3　奖惩。

（1）凡利用工作之便办私事者，扣考核工资××元。

（2）凡与客户、收货员、保安发生争执者，扣考核工资××元，严重者开除。

（3）挪用公款，已主动向上级反映者，限期内交还公款，罚款××元；未向上级反映，被查出后以贪污论处，交还公款，加倍罚款，并开除。

（4）有偷窃行为、多余的货不及时退回者，被查出后除归还原物外，按原物等价罚款，情节严重者开除或送公安机关处理。

（5）聚众赌博者，罚款××元，参与赌博1次，罚款××元，参与2次罚款××元，累计3次开除。

（6）散布谣言，有损公司形象者开除。

（7）拉帮结派闹事者开除，参与司机虚报费用者记大过并处10倍罚款，严重者开除。

（8）利用工作之便，上货时多上货不返回公司或退货时少退货等，均视为偷窃行为，与第（4）条处罚相同。

（9）利用工作之便以员工价买公司物品，然后以高价出售者，被查出后，取消送货员资格，视平时表现调离工作岗位或开除。

（10）送货组异常处理细则。

送货组异常处理细则

类别	处理细则
少装货物	（1）视情节扣除当月考核工资0～××元（货物在公司） （2）承担遗失货物的100%赔偿（货物遗失）
装错货物	视情节扣除当月考核工资0～××元
交错货、短交货导致验收与回单不符合	承担货物价值差40%～100%的经济损失赔偿，另对其工作失职处以扣除当月考核工资0～××元
遗失货物	视情节承担遗失货物的50%～100%的赔偿责任，另对其工作失职处以扣除当月考核工资0～××元
退货	（1）可识别货物：视情节轻重承担货物损失40%～90%的赔偿责任，另对其工作失职处以扣除考核工资0～××元 （2）外包装不方便识别货物 ①完全不可识别货物（纸箱包装等）配送不予处罚 ②能一定程度识别货物，依据情节轻重承担货物损失的10%～30%赔偿责任
退货有多有少	（1）实退货物价值大于应退价值的不予处罚 （2）实退货物价值小于应退货物价值的，视情节承担10%～60%货损赔偿，并对其工作失职处以扣除当月考核工资0～××元
在运输过程中出现的破损、丢失现象	（1）对于一些易破损物品，在运输过程中出现损坏现象，物流公司不用承担责任

续表

类别	处理细则
在运输过程中出现的破损、丢失现象	（2）对于一些不易破损的物品，在运输过程中出现损坏现象，物流公司应承担相应的责任 （3）在运输过程中出现货物丢失现象，物流公司应做出相应的赔偿

（11）凡有不服从公司管理，无正当理由拒绝出车者，罚款××元。

（12）凡在出车过程中遇到异常问题未联系公司私自将货物拉回者，根据情节扣除当月考核工资0～××元。

（13）凡因下错货、未下齐货，当场能解决问题却不主动解决导致货物未能交收完全者，根据情节扣除当月考核工资0～××元。

（14）物流公司或部门应采用送货人员好评考核机制考核配送人员服务标准并对其进行奖惩。

（15）凡因配送人员未系安全带等违反交通规定导致被罚款者，由司机与配送人员各承担50%。

（16）平时表现良好，配合性和服从性好，善于奉献者，可在季度评选中评为优秀送货员，参与公司各种福利活动，获得丰厚的奖品。

（17）揭发坏人坏事，奖××元；如能替公司挽回××元以上经济损失者，奖××～××元。

（18）表现优秀，连续4个季度被评为优秀员工，且市场意识较强，有敏锐的市场眼光者，可提升为公司储备干部。

（19）出现客户货物损坏及丢失，经验证后物流公司必须即刻进行先行垫付赔偿损失，然后对当事人进行责任追究。

3.5.4 公司长期租赁货车及临时租赁货车管理办法。

（1）公司长期租赁货车及临时租赁货车管理办法适用以上3.5.1（1）～（3）条（合同中有约定的以合同约定为准）。

（2）对于公司租赁货车造成公司经济损失或违规给予处罚的，公司财务部直接在租赁费中扣除。

3.5.5 晚上需要装卸、运送货物，临时出车的，原则上是先回来的车辆出车或由车队长根据实际情况灵活安排。

3.6 收货处理细则

3.6.1 消费者收货流程。

通常物流送货人员都会抓住收货人着急收到货的心理，拒绝送货上门。这种行为违反物流公司的制度，如用户投诉，派件员会受到每次××元的罚款。

（1）收到货时先要仔细看运单，主要是商品件数是多少、重量是多少、有无保价、是否已经付运费。

（2）客户根据运单验货，无误后再签收。

（3）如外包装损坏或变形，客户有权拆包验货后签收。

（4）如果验货时出现问题、商品损坏或者包装内数量缺失，要仔细核对发货单并第一时间联系上级主管和发货人，同时附客户拒收理由及派件员证明，物流公司或部门及时与发货人解决。

3.6.2 货到付款服务。

（1）买家签收后，送货员按照订单收取相应的钱款，回去交给相应部门。

（2）送货员可以让买家拆开物流包装以确认商品，以不影响商品的二次销售为原则。

（3）因非物流因素致使买家拒绝签收的，卖家需要承担来回运费。

（4）对于比较贵重的货物，送货员应该让买家拿出预支付的收据，再让其签收，然后把剩余的钱交于送货员。

3.6.3 退货、换货问题处理。

（1）售后服务的范围。在物流配送过程中，首先要求商品提供方承诺：凡本公司售出的商品，包退包换。具体标准如下。

① 产品破损、变质或发错商品可无条件退换（需拍照证明）。

② 非产品质量问题的（已经下架和停产的除外）只接受换货（如换其他商品，货款可多退少补），不接受退货。在送达前要加以说明。

③ 特价商品是因为压货而清仓处理的，故不退货，但是需要绝对保证商品质量。

（2）退换商品的配送问题。

① 无论是退还是换，务必要先和客服人员沟通，如因没联系客服人员就将商品退回而耽误处理的，自行承担后果。

② 商品如有问题，须在收到后3天内快递送回，超过时间不予受理。

③ 退换货的商品务必保证包装完好。包裹里面一定要附纸条说明情况和要求（注明订单号码、退回原因、希望如何处理）。需自己承担运费的也须将运费放在包裹里面一并发来。

④ 大宗商品因物流费用巨大，可由客户代表审核货物后发出，避免退换货物现象。如出现大宗货物退换，费用由责任方自行承担，本公司有义务协调解决但不负直接责任。

（3）退换货流程。

① 退换货前要事先联系售后客服人员说明原因，确认无误后，售后客服人员要告知具体退货办法（退货地址、收货人、退货途径）。

② 在得到售后客服人员的退换货审核确认后，将物品寄回，非因质量问题运费由买方承担，否则运费由卖方承担。

③ 退货时务必要把所有货品的附件（外包装、销售单、发票及退换货处理单等）都寄回，且务必填写退换货处理单告知用户名、订单号、退款账号等，以便以最快速度办理退款。

④ 售后客服人员收到退货后，办理退款。

⑤ 退款在 1 ～ 3 个工作日内完成办理，不能办理的及时通知客户并说明原因。

4.配送流程

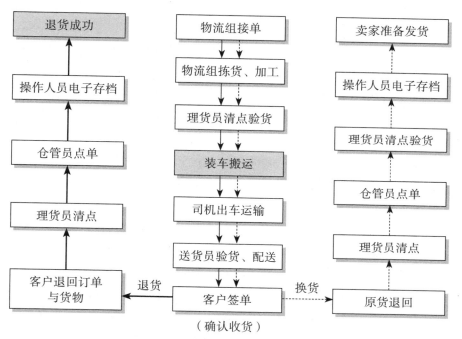

备注：→ 正常交易；┈▶ 换货流程；▶ 退货流程。

5.物流配送的标准

物流服务要与顾客特点、层次相符。企业在确定物流服务水平时，要权衡服务、成本和企业竞争力之间的关系。

5.1 配送服务标准

5.1.1 电话礼仪（略）。

5.1.2 处理客户投诉行为标准。

（1）第一时间安抚客户，做到仔细认真倾听，并且积极响应。

（2）了解服务的缺陷，表示关心，但应明确需承担的责任。

（3）进行探询，摸清情况，进一步了解客户需求。

（4）对马上能解决的问题，应向客户确认并提出解决的方案。

（5）对不能马上解决的问题，要阐述原因，争得客户谅解。

5.1.3 收货、点货、包装服务标准。

（1）客户在的情况下。

① 在账单上的点货人处签字，再确定客户姓名有无差错。

② 点货时，对每一样商品都必须确定编号、商品体积、价格、数量等是否完全正确，商品是否有质量问题。

③ 点完后让客户确认所要的商品都放进箱中，包装好，让客户在签名处签字确认。

④ 将单证客户联交于客户。

（2）客户不在的情况下。

① 点货时必须两人经手，若现场只有一人，须电话通知另一人到场清点，未经两人点货的不予发货。

② 点完后必须两个人都确认签字。

③ 将客户联装入透明袋，粘在纸箱上盖内侧，封箱。

5.1.4 货运过程服务标准。

（1）客服人员应充分了解本公司的基本运输方式。

（2）客服人员应了解几个区域的货运方式和收费标准，以给客户满意的回答。

（3）货物发出后，应妥善保管货物发送凭证，保证货物在运输过程中的安全。

5.1.5 结算服务标准。

（1）结算时，先检查该客户是否已建档，若未建档，应及时让客户留下姓名、电话、地址，建立客户档案，充分发掘客户资源。

（2）结算过程中应主动帮助客户检查商品质量是否有问题，明确好责任。

（3）验完货后，让客户在验收单上签字，确认无误后进行结账。

5.1.6 退单服务标准。

（1）客户自己提货，在确认货物无损、无差异的情况下，客户提单后，公司不办理退单行为。若有差异，客户要求做退单处理的，退款由发货方支付，否则公司可扣留货物，至发货方支付为止。30天内发货方及收货方不处理的，公司有权做出其他处理。

（2）加盟提货点须严格按照加盟合同上的退单流程、章程操作。

5.2 配送时间

5.2.1 快递取货：遇到快递公司在法定节假日不取货或延迟取货，发货方可顺延发货时间。

5.2.2 长时间未收到订单可能出现的问题。

（1）订单中的收货地址、电话、E-mail地址等各项信息有误。

（2）支付方式、送货方式选择错误。如果订单上的收货地址不在配送范围内，请勿选择送货上门的配送方式，否则可能会耽误配送时间。

（3）快递送货上门的订单，配送过程超过 7 天未得到回复，此订单将被默认为客户已经放弃订购。如果订单的收货地址是固定某个时间段才可接收商品时，客户须在"订单备注"栏中详细注明。

5.3　配送价格

配送价格随市价而定，商家客服人员需如实告知客户。

5.4　配送后期跟踪服务

5.4.1　及时收集客户对配送服务提出的意见，并查找原因。需从内部流程管理方面细致地分析问题出现的原因，及时形成有效的针对性整改措施，防止同一异常情况频繁发生。

5.4.2　对于货损、货差、延误等异常运输情况，要及时分析问题根源，在损失最小的前提下尽快解决问题，同时及时地沟通并安抚客户，降低客户不满情绪。事后及时分析总结，写出同类事项预防方案。

拟定		审核		审批	

13-02　配送中心业务流程规范

××公司标准文件		××有限公司 配送中心业务流程规范	文件编号××-××-××	
版次	A/0		页次	第×页

1.目的

为了对配送中心的各项业务流程加以明确，确定各个环节的作业点，特制定本规范。

2.适用范围

适用于配送中心。

3.流程规范

3.1　订货流程

订货员根据分管品类，在自动补货中输入补货条件，自动补货生成建议需补货的商品→订货员根据建议补货量，结合实际情况，进行最后订货量确认→审核订货申请单，生成订货单→订货单上传到 VSS（零售商与供应商信息互通电子商务平台）或传真给供应商→供应商收到订单后在规定的有效期内送货。

3.2　进货流程

供应商在 VSS 系统中确认订单并打印→凭打印的订单至配送中心预检室进行预检 [预拣单下传到 WMS（仓库管理系统）]→将商品送至规定的月台等待收货→收货员

持射频仪收货并结单→单据从 WMS（仓库管理系统）上传区域总管生成收货单→供应商凭打印的收货单进行财务结算。

3.3 支持上架

商品收货托盘结束→支持员扫描托盘码，WMS 提示上架仓位→把托盘放置到提示仓位，用射频仪扫描确认上架成功。

3.4 门店要货信息接收

门店在系统中将要货信息上传→区域总管接收并根据商品物流模式生成中转订单和出货通知单。

3.5 拣货任务下发

中转商品由供应商的送货单生成的中转出货单出库，统配商品则根据销货通知单与调拨通知单生成的拣选任务出库。

3.5.1 中转商品：供应商送货成功后会自动生成中转出货单，将此单确认至 WMS 生成中转出货任务。

3.5.2 统配商品：将销货通知单与调拨通知单审核确认至 WMS→WMS 进行库存比对数据处理后，根据商品各区属性生成拣选任务清单。

3.6 拣选出库

3.6.1 中转商品：根据拣选任务整托出库。

3.6.2 统配商品：统一将门店的商品根据提示的仓位以及数量码放到一个托盘上，等待搬运，一张单据上的商品必须全部拣选完毕。

3.7 补货流程

根据拣货任务情况生成补货作业单→支持员根据补货作业单按提示信息进行补货→将商品从储存位补到拣选位并确认补货数量。

3.8 集货搬运

将已经拣选完毕的商品搬运到指定的地点，并核对托盘上的商品件数，进行射频仪扫描确认工作，集货完毕的托盘等待装车。

3.9 装车发车

根据 WMS 提示的门店件数调度车辆，根据满载原则将托盘商品装车发车。

3.10 退仓流程

门店按退货规定将退仓商品装箱退回配送，同时将退仓信息发送→查询员与驾驶员交接总件数→将退货信息下传到 WMS→查询员按退货制度进行验货→验货完毕上架。

3.11 退货流程

3.11.1 供应商持退货通知单前来退货→将该供应商退货信息下传到 WMS→商品下架→供应商确认退货数量→退货单结单，打印退货单。

3.11.2 查询仓将供应商退货信息下传到WMS→商品下架→退货单结单，打印退货单→形成账外库存→电话通知供应商提货→供应商凭退货通知单前来提货/逾期弃货。

3.11.3 转仓流程：分为转入与转出两个环节，可以由统配仓转查询仓，也可以由查询仓转统配仓。根据转仓清单目录将商品下架→录入商品生成转仓单→与接收仓交接、验收→按实际验收数审核转仓单→商品上架。

3.11.4 损益流程：由经理室审批主管填写损益单→指定授权人员在WMS内进行损益录入工作（仓位条码、商品编码、数量、损益原因）→确认审核。损益作业的目的是使账面库存与实际库存一致。损益作业的原因包括商品串码、破损、过保质期、质检不合格及来货空盒，还有盘点结过后的商品差异。

拟定		审核		审批	

13-03 配送中心业务规范

××公司标准文件		××有限公司 配送中心业务规范	文件编号××-××-××	
版次	A/0		页次	第×页

1.总则

根据公司货物运输、物流配送等工作程序及《经营管理大纲》的要求，对配送中心的业务进行规范明确配送中心的工作条件、任务和具体要求，特制定本规范。公司会随时参照具体行为规则进行质量评估和奖惩，请严格按照本规范进行操作。

2.组织结构

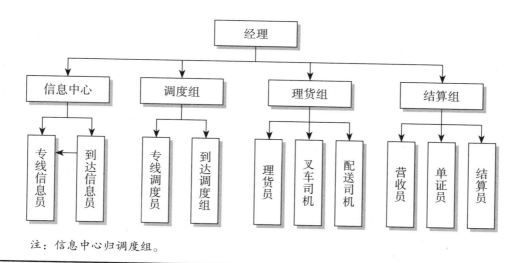

注：信息中心归调度组。

3.工作流程

3.1 营运流程图

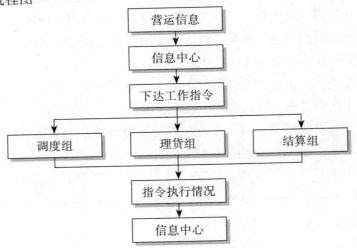

3.2 客户货物查询及投诉流程图

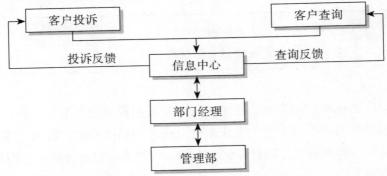

注：货物查询及投诉由调度组处理。

3.3 业务受理点工作流程图

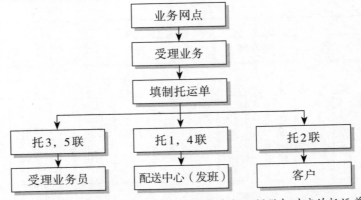

注：1.货到收运费的托运单3联随货同行。收款地交款必须附相对应的托运单3联。
2.易燃、易爆、易碎、易腐货物严禁受理。

4.作业规范

4.1　调度组职责及作业规范

4.1.1　职责。

（1）负责各业务网点受理货物的归集。

（2）负责派车计划的落实。

（3）负责车辆调度及货物的合理积载配载。

（4）负责承运合同的签订。

（5）负责各区域公司营运信息的接收与转换。负责本中心运输信息的归集与运输。

（6）负责工作指令的下达和工作指令完成后的信息处理。

（7）负责工作指令执行情况的跟踪。

（8）负责客户的维护（投诉、查询）。

（9）负责商务事故的处理（配送中心经理）。

4.1.2　到达信息员。

4.1.2.1　职责：负责营运信息的接收、转换与传递。负责货物到达后客户的维护及投诉、查询事宜处理。

4.1.2.2　工作流程图。

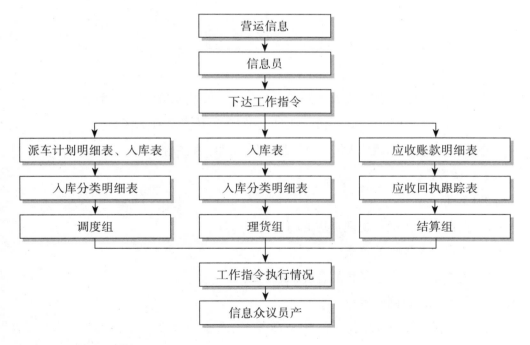

4.1.2.3　单证的传递。

（1）"入库计划表"一式两份，一份给理货组，一份给调度组。

（2）"应收账款报表""应收回执跟踪表"各一式两份，两份都给结算组。

4.1.3 专线信息员（发出）。

4.1.3.1 职责。

（1）负责配送中心发车营运信息的采集、传输及有关单证的传递。

（2）负责发出货物客户的维护及查询、投诉事宜的处理。

4.1.3.2 工作流程图。

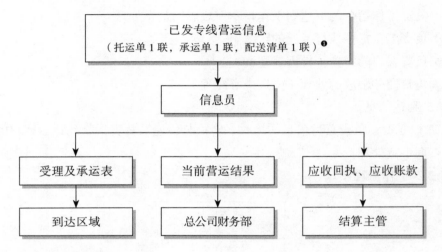

4.1.3.3 单证的传递。

（1）"应收账款报表""应收绘制跟踪表"，一式两联给到结算主管。

（2）"受理承运表"，一式一份，次日上午10:30传真至到达区域。

（3）凭回单收款托运单3联，由信息员传递到结算主管。

4.1.4 调度员。

4.1.4.1 职责。

（1）负责各业务网点受理货物的归集。

（2）负责派车计划的落实。

（3）负责车辆调度及货物的合理积载配载。

（4）负责承运合同的签订。

4.1.4.2 调度工作流程图。

（1）到达工作流程图。

---

❶ 后图为简便，名称简化为"托1联""承1联""配1联"等。

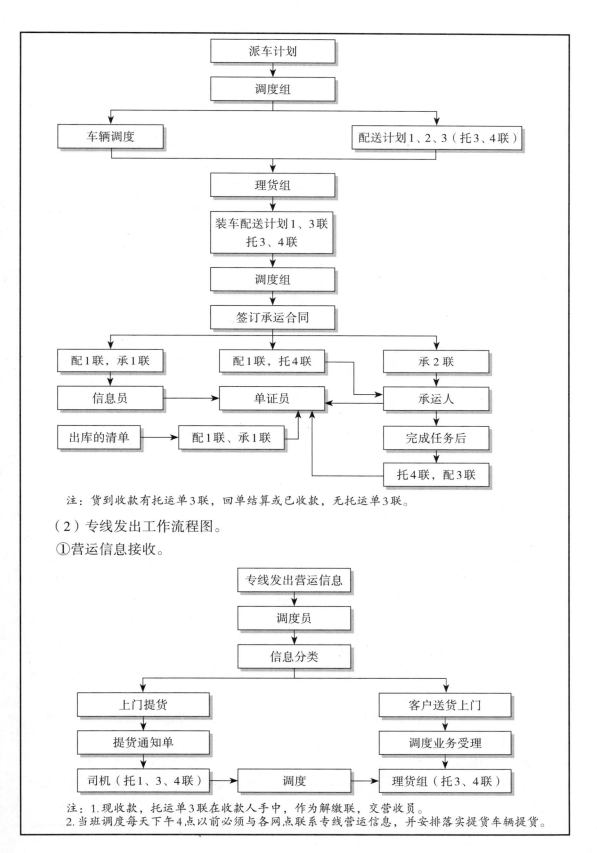

注：货到收款有托运单3联，回单结算或已收款，无托运单3联。

（2）专线发出工作流程图。

①营运信息接收。

注：1.现收款，托运单3联在收款人手中，作为解缴联，交营收员。
2.当班调度每天下午4点以前必须与各网点联系专线营运信息，并安排落实提货车辆提货。

② 专线发出流程图（货物发出）。

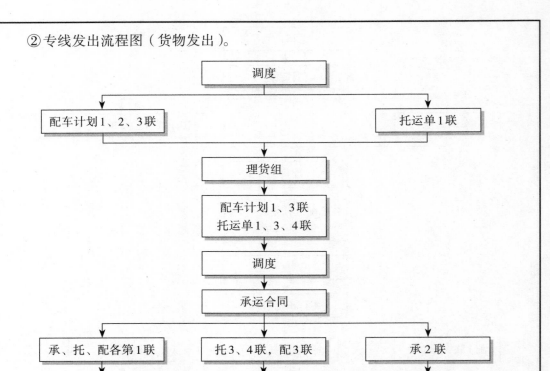

注：凭回单收托运单3联，由信息中心传递到结算组。

4.1.5 单证的传递。

4.1.5.1 接受信息中心下达的"派车计划表"。

4.1.5.2 "配送清单"一式三份送到理货组。

4.1.5.3 到达货物的托运单第3、4联（简称托3、4联），随配送计划表到理货组（已收、凭回单收款，无托运单第3联）。

4.1.5.4 装货完毕，专线货物的发出，收回相对应的托运单1、3、4联及配送计划1、3联。货物到达收回相对应的托运单3、4联（已收、凭回单收款，无托运单第3联）。

4.1.5.5 与承运人签订承运合同，承运合同1联、配送计划1联交信息员（货物出库清单，信息员整理单证，输入信息后，将承运单1联、配送计划1联，交单证员作为收单证、付款依据），2联交承运人，3联为承运人预付运费交割联。

4.1.5.6 随货同行单证，配送计划3联，相对应的托运单3、4联及客户签收联（已收、凭回单收款，无托运单第3联）。

4.1.6 货物配送时间。

货物入库：干线运输时间为3天内到达；市内分流当天完成；省内及周边，当天中转。

4.2 结算组职责及作业流程

4.2.1 结算主管。

4.2.1.1 职责。

（1）负责到达、发出工作指令完成后已收、已付、已收回执的信息处理（已收销单）。

（2）负责应收运费的整理。已收运费、未收运费工作的落实。

（3）负责应付运费、已付运费、未付运费工作的落实。

（4）负责应收回执、已收回执、未收回执工作的落实。

（5）负责单证、应收运费的及时收取与整理的管理工作。

（6）负责运费入库率的完成。

（7）负责营收报表的编制工作。

（8）负责运费及回执收取情况的查询。

（9）负责应付运费明细整理工作。

4.2.1.2 工作流程图。

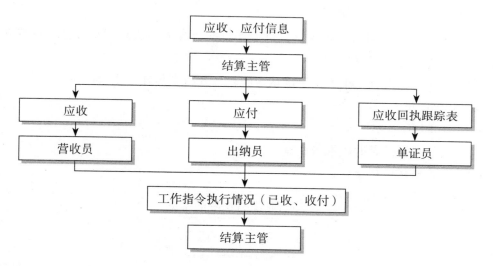

4.2.1.3 单证传递。

（1）接收调度组"应收账款明细表"一式两份，并传递到营收员。

（2）接收调度组"应收回执跟踪表"一式两份，并传递到单证员。

（3）接收调度组"应付运费明细表"一式两份，并传递到出纳员。

（4）接收营收员"已收运费明细表"，并进行已收信息处理。

（5）接收单证员"已收回执明细表"，并进行已收信息处理。

（6）接收出纳员"已付运费明细表"，并进行已付信息处理。

注：出纳员由结算组自行安排。

4.2.2 营收员。

4.2.2.1 职责。

负责应收账款的收讫，并完成营收入库率90%。

4.2.2.2 工作流程图。

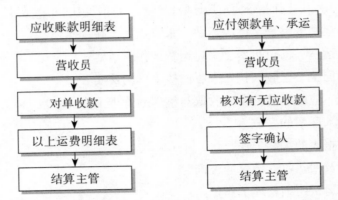

注：凭回单收款，托3联由信息中心采集信息后传递到营收员。受理时收款由受理人凭托3联交款。

4.2.2.3 单证的传递。

（1）应收账款明细表一式两份，每天下班前将当天已收款明细传递给结算主管，同时附出纳签字的进账单。

（2）在应付运费领款单上签字确认应收款，并将其传递给主管。

4.2.3 单证员。

4.2.3.1 职责。

（1）负责单证的及时收取与整理、传递。

（2）负责审核应付运费。

4.2.3.2 工作流程图。

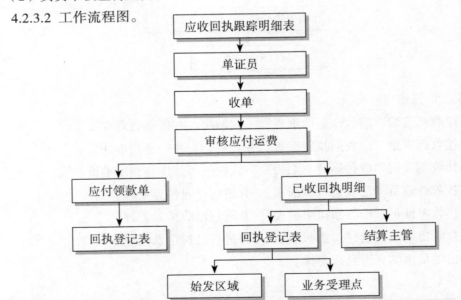

4.2.3.3 单证的传递。

（1）将审核的应付款（承运单）及相对应的领款单签字传递给营收员。

（2）"应收回执跟踪表"一式两份，将已收取回执传递给结算主管。

（3）"回执登记表"一式两份，一份留存，一份随传递到相对应始发区域。始发区域收到并核对后，将"回执登记表"反传到回执发出的结算组。

（4）本区域回执按受理单位汇总登记。

4.2.3.4 单证收讫时间。

（1）500千米以内的回执5天内收讫。

（2）500～1000千米的回执10天内收讫。

（3）1000千米以上的回执15天内收讫。

4.2.4 出纳员。

4.2.4.1 职责。

（1）严格遵守会计法律、法规及公司各项财物管理制度。

（2）严格按公司制定的成本费用开支标准办理日常收、付业务。

（3）负责审核原始凭证，并在公司财务部规定的时间内传递凭证。

（4）负责资金、各种有价证券的安全。

4.2.4.2 工作流程图。

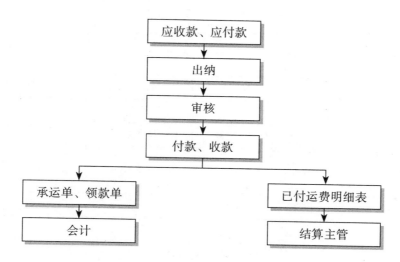

4.2.4.3 单证传递。

（1）承运单三联、领款单，付款后传递给会计（领款单上必须有营收员、结算主管、部门经理签字方可付款）。

（2）已付运费明细表（即应付运费明细表在已付栏确认，作为已付明细表）传递给结算主管。

4.3 理货组职责及作业流程规范

4.3.1 理货主管。

4.3.1.1 职责。

（1）负责按工作指令分类管理（按入库分类明细表分类）。

（2）负责货物的进出库管理。

（3）负责有票无货或有货无票的货物，与始发区域联系，进行处理。

（4）负责配送中心商务事故的申报（按公司商务事故处理程序办理），并落实事故责任人。

（5）负责将完成出入库工作指令后的信息及时传递给调度组。

（6）负责"配送计划"的实施。

（7）负责装卸工的工作安排及管理。

（8）负责叉车司机的工作安排。

4.3.1.2 工作流程图。

（1）到达工作流程。

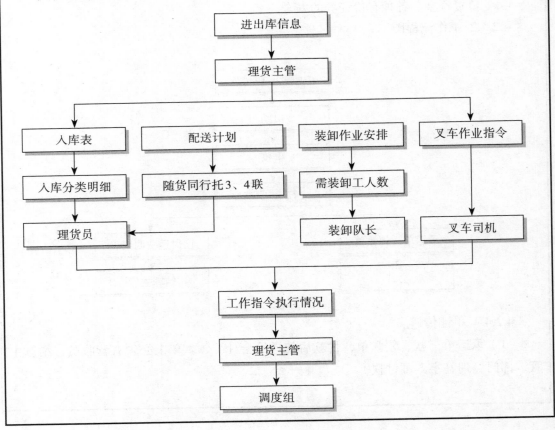

（2）专线发出流程图。

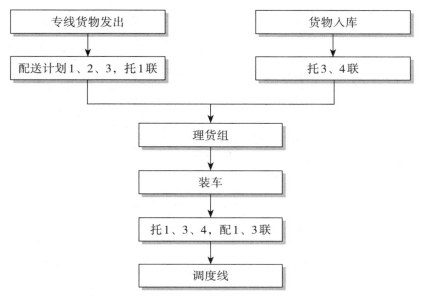

注：已收款的货物无托运单3联。

4.3.1.3 单证传递。

（1）入库表、入库分类明细表传递给理货员。

（2）配送计划和随货同行的托运单3、4联传递给理货员（到达货物）。

（3）配送计划一式三联，2联理货员留存，1、3联传递到调度组。

（4）托运单1、3、4传递至调度组（专线发出）。

4.3.1.4 工作计划执行时间。

当天的工作指令必须完成。

4.3.2 理货员。

4.3.2.1 职责。

（1）负责货物进、出库清点。

（2）负责入库货物的安全。

（3）负责"配送计划"的装、配载工作的实施，即合理、安全。

（4）负责发出货物的分类及贴标工作。

4.3.2.2 工作流程图。

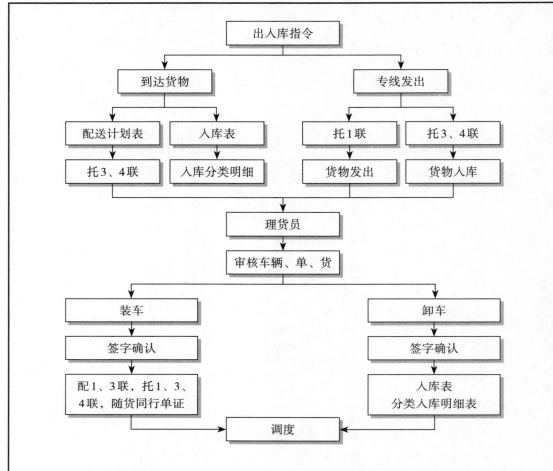

4.3.2.3 单证传递。

（1）签字确认的配送计划（1、3联）、随货同行托运单（1、3、4联）传递给理货主管（专线发出）。

（2）签字确认的配送计划（1、3联）、随货同行托运单（3、4联）传递给理货主管（到达货物分流）。

（3）签字确认的入库表、分类入库明细表传递给理货主管。

4.3.2.4 盘库。

下班前将单与物盘点核对。

4.3.3 叉车司机。

4.3.3.1 职责。

（1）负责库区内外需要叉车作业货物的装卸工作。

（2）负责车辆的维护与保养，按叉车使用要求作业。

4.3.3.2 工作流程图。

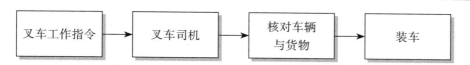

4.3.4 配送司机。

4.3.4.1 职责。

（1）负责"三检查"（出车前、出车中、收车后），负责车辆的保养与维修。

（2）负责车容、车貌的保洁。

（3）负责接受调度工作指令及指令的完成。

（4）负责所送货物、回执或款项的收取工作的完成。

4.3.4.2 工作流程图。

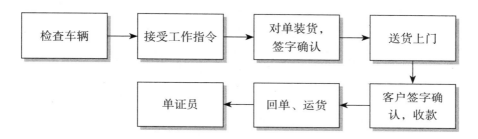

4.3.4.3 工作要求。

（1）车辆完好率必须达到95%。

（2）车辆工作率必须达到90%。

（3）车辆月总行程必须达到6000千米。

4.4 机务职责及作业流程规范

4.4.1 机务管理员职责。

4.4.1.1 确保公司车辆维修保养计划落实，负责对所属公司车辆的维修工作。

4.4.1.2 负责轮胎的管理工作，正确使用轮胎，延长轮胎使用里程，做好行驶里程的记载及台账工作。

4.4.1.3 严格执行维修管理、燃料管理、轮胎管理的有关规定。

4.4.1.4 负责车辆票证工作的办理及车辆年审、补证工作的落实。确保车辆证件齐全。

4.4.1.5 确保车辆小修不过夜，及时抢修，保证维修质量，确保车辆完好率。

4.4.1.6 负责公司所属车辆机械事故的分析、检测、维修。

4.4.1.7 做好驻外车辆回公司所在地年审、维修、保养工作，做到保质保量。

4.4.1.8 具体办法按机务轮胎管理制度执行。

4.4.1.9 负责营运车辆和配送车辆的考核。

4.4.2 工作流程图。

4.4.2.1 车辆维修。

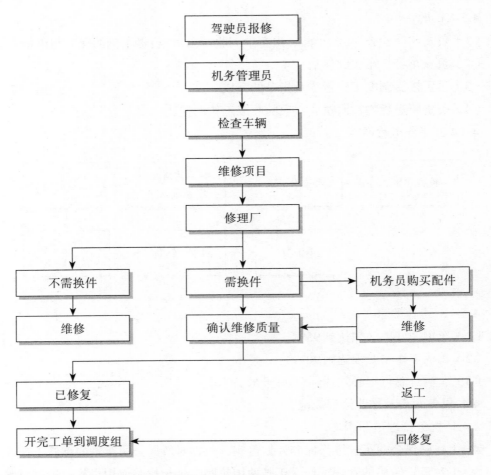

注：小修不过夜，确保质量，确保车辆完好率。

4.4.2.2 轮胎的管理。

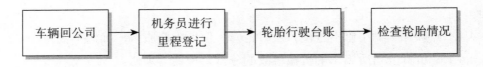

4.4.2.3 燃料的管理。

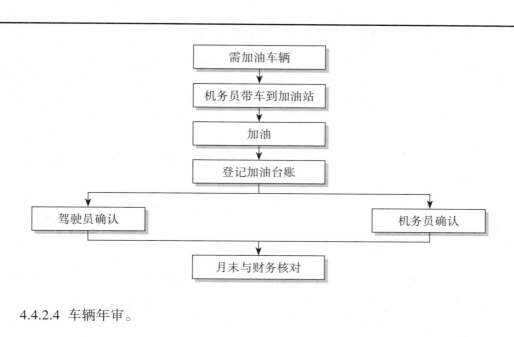

4.4.2.4 车辆年审。

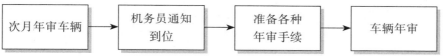

4.4.2.5 车辆保养。

4.4.2.6 车辆考核。

4.4.3 单证的传递。

4.4.3.1 车辆维修的维修项目传递到修理厂。

4.4.3.2 车辆完好的完好单传递到调度组。

4.4.3.3 车辆燃料登记明细表（月末）传递到公司财务部。

4.4.3.4 车辆年审通知单传递到相关部门责任人。

4.4.3.5 车辆一级维护和二级维护通知单传递到责任人。

4.4.3.6 驾驶员考核统计表传递到公司人力资源部和财务部。

拟定		审核		审批	

13-04　配送中心订货信息员作业指导书

××公司标准文件		××有限公司 配送中心订货信息员作业指导书	文件编号××-××-××	
版次	A/0		页次	第×页

1.目的

规范信息员工作流程，减少各环节票据传递的差错及丢失，确保信息流畅通。

2.适用范围

适用于配送中心订货信息管理员的信息管理工作。

3.职责

（1）对计算机软、硬件及耗材负责。

（2）负责商品出入库及各种票据的生成、受理、审核、传递等工作。

（3）负责订货及仓库内商品品类和库存量的控制。

（4）负责盘点更新工作，确保计算机账与实物相符。

（5）负责信息保密安全工作。

4.上岗条件

（1）培训考试合格后上岗。

（2）具有中专以上文化水平。

（3）懂得计算机养护知识，熟悉信息员作业流程。

5.工作步骤

5.1　订货

5.1.1　信息管理员通过以下信息分析后，采用自动订货加人工修改的方式生成"配送中心商品订货验收单"。

（1）依据门店销售数量、库存数量和要货计划。

（2）依据总部仓库库容、库存数量、调拨数量、订货周期。

（3）依据供方供货能力。

5.1.2　按柜组装订"配送中心商品订货验收单"通知供方准时送货。

5.2　票据审核

仔细核对"配送中心商品订货验收单"或"送货单"上的供方名称、商品名称、规格、单位、条形码、价格及实收数量等内容，填写不合格（负责人未签字、字迹不清等）的一律拒绝维护录入。

5.3　维护流程

5.3.1　新商品要维护商品名称、代码、规格、进价、条形码、货号，维护新商品名称时要尽量维护其全称，维护规格时，应先维护质量或容积（克或毫升），再维护每箱中所含的包（盒）数，最后维护每包（盒）所含的数量；维护单位时，应维护其最小的销售单位。

5.3.2　没有条形码的同类相似商品，要维护其厂名和商标名，以避免混淆。一码多品的要在条形码前加"*"号，一品多码的要维护最新的条形码。

5.3.3　新供方要维护供货商名称、地址、电话以及联系人。

5.4　总部审核录入

5.4.1　票据与系统内存数据核对。

（1）审核票物与系统内存单位是否一致，如有差异，应换算调整。

（2）规格不符（在促销期间，换新包装）应查明原因，及时换算调整。换算的结果以不降低库存金额为目的，否则此商品拒绝录入管理系统。

（3）进价不符。

①票据所列商品进价低于本系统进价的，一律按票据进价录入。

②票据所列商品进价高于本系统进价的，一律按本系统进价录入。

③当进价变动时，除非商品部授权同意，并由书面单据及部门经理的签字确认，否则信息员一律执行"从低不从高"的原则。

④不含税商品录入时，应在未含税进价基础上乘以1.13。含税低的商品录入时，应补齐差率。

（4）信息员录入实收数量时要询问供方实送数量。

5.4.2　核对无误后，打印"配送中心商品验收单"，盖章后，将业务联传供方或业务员，财务联、"配送中心商品订货验收单""送货单"装订登记后传财务部。

5.4.3　业务联或财务联丢失进行补单时，须经仓库验收员、供方、财务部、信息员四方确认后，方可履行补单手续。

5.5　门店审核录入

5.5.1　门店票据填写要认真，必须将门店、日期、单号、供方名称、商品名称、编码、规格、数量、单位、单价、金额、合计及收货人、送货人、店长签字等内容填写齐全，否则信息员一律拒绝录入。不合格票据注明原因后传回门店。当日票据必须当日录完。

5.5.2　门店审核录入过程和总部审核录入过程相同。

5.6　票据的修改

如果发生票据不符情况，要进行修改。"配送中心商品订货验收单""送货单"须经仓库验收员、供方分别确认后修改。

5.7　调拨

5.7.1　按商品配置表规定的数量及各门店要货数量，按配送路线的先后顺序及时准确地打印"配送中心商品配货单"。

5.7.2　按门店电话打印各门店调拨急需商品的"配送中心商品配货单"并注明"加急"。

5.7.3 新商品调拨按商品部要求打印"配送中心商品配货单"。

5.7.4 门店要货数量超过日销量的3倍或没有要货的要打电话问明原因，然后打印"配送中心商品配货单"。

5.7.5 门店不按最小包装或不按倍数要货以及要货数量大于配送中心库存数量的商品，修改后重新打印"配送中心商品配货单"。

5.7.6 按批发客户的要求打印"客户批发单"。

5.7.7 打印完毕在"配送中心商品配货单"上注明各店票据数量。

5.8 返库

5.8.1 审核附有仓库验收员签字的门店"配送中心退货单"是否规范。

5.8.2 当商品编码与名称不符时，应以实物名称或条形码为准。

5.8.3 当商品单价或退货总金额不符时，应查明原因，不得随意更改。

5.8.4 核对无误后，按实收数量打印"配送中心配货单（数量金额为负数）"。

5.8.5 每天将由仓库管理员的原因导致的差错商品及时打印"配送中心配货单（数量金额为负数）"。

5.8.6 门店拒收和配货差错商品应按验收后的配货单上的标注及大库各组长的确认意见打印"配送中心调拨单（数量金额为负数）"。

5.8.7 "配送中心调拨单（数量金额为负数）"3日内下传至各门店，财务联"配送中心退货单"装订后3日内传至财务部。

5.8.8 对于仓库管理员上传的有差错的"客户批发单"，要及时打印"客户批发单（数量金额为负数）"，核准"客户批发单"页数后，打印"批发收款单"交给客户并到财务部盖章。

5.9 返厂

5.9.1 审核仓库验收员所填"退货单"是否规范。

5.9.2 所退商品与本系统内存进价不同时，按"退高不退低"的原则。当名称与编码不符时，也依据上述原则打印"配送中心商品验收单（数量金额为负数）"。打印完后，要与"退货单"仔细核对，防止丢漏，盖章后业务联交供方，财务联与"退货单"登记、装订后传至财务部。

5.10 仓库盘点

5.10.1 每月24日中午12:00之后，信息员一律拒绝来货录入。

5.10.2 将各门店传来的要货数据在每月24日上午8:00前全部打印出并传至仓库管理员，在每月26日中午12:00前将票据通过司机传递给各门店。

5.10.3 每月24日下午开始查核所有门店退货单、门店配货单是否全部打印完毕。

5.10.4 与财务部以及各门店核对票据，如有差错，应查明原因，双方确认后再行更改。

5.10.5 每月25日下午3:00开始录入盘点单，录入过程中盘点单数量与计算机内存数量不符时信息员要用"△"来提示仓库管理员复盘，仓库管理员将复盘结果写在初盘结果的后面。

　　5.10.6 每月28日配合信息部更新盘点结果。

　　5.11 每天与仓库管理员核对"配送中心商品配货单"数量，做好小盘点。

　　5.12 每天查阅总部下发的信息和门店上传的信息。

拟定		审核		审批	

13-05　配送中心验收员作业指导书

××公司标准文件		××有限公司 配送中心验收员作业指导书	文件编号×× - ×× - ××	
版次	A/0		页次	第×页

1.目的

规范仓库验收员工作流程，使商品管理工作专业化、标准化、简单化，从而减少商品损耗、流失和票据的差错、丢失，以确保物流的畅通。

2.适用范围

适用于配送中心验收作业管理，门店验收管理参照执行。

3.职责

（1）负责商品、赠品的验收、贴码可追溯性记录。

（2）负责不合格商品的隔离、验收、储存、分拣、盘点、返库、返厂。

（3）负责周转箱验收、盘点。

（4）负责促销品海报制作。

（5）负责各门店信息反馈单的审核。

（6）负责与各部门协调、沟通。

（7）确保账物相符及票据传递。

（8）负责卫生区清洁。

4.工作步骤

4.1 验收

4.1.1 验收员要根据商品部的"配送中心商品订货验收单"（有业务员签字）和供方送货单接收商品，只有两单相符后，方可进行下一步物单对应检验流程。

4.1.2 验收员和供方一起进行物单相符的对应审核。"配送中心商品订货验收单"和送货单字迹模糊、涂改的一律拒收，如果验收员认为拒收会影响销售，可报商品部审批后由验收员与供方重新填写"配送中心商品订货验收单"。

4.1.3 外包装检查。

（1）检查各种标识是否清楚。

（2）检查商品的生产日期、保质期、规格、品名及注意事项。

（3）是否有奖品、赠品、奖券。

（4）分清并牢记商品的防潮湿、防晒、防污染、防踏、防碎、防倒置、温度极限及堆放高度等储存条件要求。

4.1.4 对于拆箱和外包装有破损、有污渍的商品一律拒收。

4.1.5 拆箱检查。

（1）检查包装箱内是否有合格证。

（2）检查商品标签与容器是否分离、易脱落。

（3）检查外包装箱标识与内容商品标识（包括生产日期、保质期执行标准、品名、质量、规格、数量、单位等）是否一致。

（4）检查赠品、奖品、奖券是否齐全。

（5）对严重瘪罐、胀罐、渗液、有异味异物、霉蛀、锈蚀、商标脱落、标识模糊不清、真空漏气的商品，一律拒收。

4.1.6 感官检验。

（1）对食用商品做色、香、味、形的检查，发现异常及时检出，或送计量化验中心做必要的理化和卫生检验。对日用百货商品做外观检查。

（2）对酒、饮料以及易碎品的检查要增加开箱的数量。

4.1.7 保质期为1年以下（包括1年）的商品，入库日期距生产日期不得超过保质期的1/3。保质期在1年以上的商品，入库日期距生产日期不得超过6个月，不符合上述规定的商品必须由经理签字方可入库。仓库验收员在"配送中心商品订货验收单"上必须填写商品的生产日期、保质期、规格、实收数量以及实际接货日期。

4.1.8 商品品项不符。"配送中心商品订货验收单"与送货实物品项不一致时，如果不同部分属于新增商品的，必须经商品部同意，补办手续后方可接收。如果不同部分不属于新增商品的（除促销、畅销品外），一律按商品部"配送中心商品订货验收单"实际数量接收。

4.1.9 品名不符。"配送中心商品订货验收单"与实物不符，除了是简、全称不同或可以修改的错误外，一律按不同品项进行处理。

4.1.10 规格、单位不符。规格、单位不符时，除可以修改的错误外，一律按不同品项予以处理。

4.1.11 数量不符。

（1）代销商品送货数量少于订单数量的，可以依送货数量验收。送货数量多于"配送中心商品订货验收单"数量的（除畅销品外），多出部分一律拒收。

（2）经销商品一律按送货单数量验收。

4.1.12　票据与实物不符需修改时，验收员要问明送货人原因后执行修改，并由双方签字。

4.1.13　抽检。

（1）对供方所送批次商品的上、中、下、左、右不同部位进行抽检。

（2）抽检率按《商品检验规程》的规定执行。

（3）对需要计量检验或卫生化验的商品通知计量化验中心进行检验或化验。

4.1.14　待检。

（1）验收员未验收签字之前，所有商品均处于待检状态。

（2）送计量化验中心检验及检验结果不明确也视为待检。

（3）待检商品要储存在待检区内，并与其他商品有明显的区分。待检时间不得超过48小时。

4.1.15　验收无误后，验收员必须在"配送中心商品订货验收单"上填写生产日期、保质期、实收数量（以最小销售单位计数），严禁以打"√"等方法代替数字，没有送货的必须写"0"，不得空白或打"×"。规格变化的要注明最新规格。

4.1.16　验收员在"配送中心商品订货验收单"上签字后取样品送信息员处录入，录入商品要及时装箱。

4.1.17　奖品、赠品与促销品的验收按上述流程进行，并制作促销海报。

4.1.18　验收员在验收过程中，一旦验收失误（如接错货、少接货或是接了不合格品时），要及时与商品部联系，尽量将损失追回，若不能追回，损失由仓库验收员承担。

4.1.19　将验收合格的商品按入库单打码。

4.2　商品返库流程

4.2.1　门店所退商品如不符合有关规定，验收员一律拒收，其中包括以下内容。

（1）供方不给退换的商品。

（2）由于门店储存不当造成的过期商品。

（3）鼠咬、开箱不慎划破的商品。

（4）重量不足的破损商品。

（5）直接入店的商品。

（6）所带促销品未随商品返回的商品。

（7）能二次销售的有码商品。

（8）外包装破损的商品。

4.2.2　门店退货时，应将合格品与不合格品分类装箱。"配送中心退货单"各项目应填写齐全、字迹清晰、不得涂改，必须由店长、商品部、司机签字，验收员方可接收。

4.2.3　验收员严格核对"配送中心退货单"上的商品编码、品名、数量、规格是否与实物相符，"配送中心退货单"与实物不符时，验收员要查明原因，不得随意更改，如确需更改，应和门店取得联系并征得同意。将合格品存放于合格品区，不合格品入不合格品库。

4.2.4 在验收过程中，验收员必须在"配送中心退货单"上填写实收数量，严禁以打"√"等方法代替数字，没有退货的必须写"0"，不得空白或打"×"。验收员验收无误后签字，并负责将"配送中心退货单"登记后传递给信息员。

4.2.5 验收员按"送货信息反馈单"严格核对周转箱数量、未付、少付、多付、过期、残损、胀袋等内容，发现问题及时与门店联系，审核完毕签字后传至信息部。

4.2.6 促销商品退货时，促销奖品和赠品要随退货商品一起退回。

4.3 商品返厂流程

4.3.1 不合格品库内的商品要按所对应的供方进行储存。

4.3.2 验收员先将退换货整理好，分清是代销商品还是经销商品，以便供方送货时及时办理退换货手续（代销商品原则上只退货，不换货）。一般情况下，先退货，后接货，如果供方不收退货，验收员拒绝在"配送中心商品订货验收单"上签字。

4.3.3 经销商品要进行退换货时，验收员与供方共同核对退货商品，在"退货单"上填写商品的名称、规格、数量、编码、条形码等内容，并在"配送中心商品订货验收单"上注明"附有退货单页数"字样，退货时如果没有"配送中心商品订货验收单"，验收员必须亲自将"退货单"送给信息员。

4.3.4 将退货商品核对无误后，经业务员批准，供方、验收员双方签字，并将"退货单"送至信息员处打印"配送中心商品验收（数量金额为负数）"。

4.3.5 "退货单"一式两份，为便于日后查找和核对，验收员要留有第一联。

4.3.6 对不能与供方退换的商品要进行内部报残处理。

4.4 盘点

4.4.1 供方送货时间为每月的24日中午12:00前，此后来货仓库予以拒收（跨地区送货除外）。

4.4.2 每月25日盘点不合格品、赠品，查对各种有关商品出、入库票据，并将票据传递给信息员。

拟定		审核		审批	

13-06 配送中心商检员作业指导书

××公司标准文件		××有限公司 配送中心商检员作业指导书		文件编号××-××-××	
版次	A/0			页次	第×页
1. 目的 规范仓库商检员工作流程，使商品管理工作专业化、标准化、简单化，从而减少					

商品损耗、流失和票据的差错、丢失，以确保物流的畅通。

2.适用范围

适用于配送中心商检作业管理。

3.职责

（1）负责配货区商品的抽检、二次封箱。

（2）负责统计整箱数量、填写"送货信息反馈单"。

（3）负责相关票据传递。

（4）负责协调沟通工作。

（5）负责不合格商品的隔离及处理。

4.工作步骤

（1）商检员每天按配送路线将托盘、各门店标识牌摆放好。

（2）按库管员配货顺序将配货区内各门店商品分别整理好，整箱和周转箱分别码放整齐。

（3）按"配送中心调拨单"对库管员分拣质量进行抽检，发现少付、多付、不合格商品要及时纠正，并填写"配货抽检记录"。

（4）统计整箱、周转箱数量，填写"送货信息反馈单"（一式三联），并注明周转箱号码。

（5）按各门店"送货信息反馈单"与司机交接装车。

（6）将"配送中心调拨单""送货信息反馈单"装订后，传至信息部。

拟定		审核		审批	

13-07　配送中心管理员作业指导书

××公司标准文件		××有限公司 配送中心管理员作业指导书	文件编号××－××－××	
版次	A/0		页次	第×页

1.目的

规范仓库管理员工作流程，使商品管理工作专业化、标准化、简单化，从而减少商品损耗、流失和票据的差错、丢失，以确保物流的畅通。

2.适用范围

适用于配送中心仓库管理员作业流程。

3.职责

（1）对仓库储存的商品、设备及安全负责。

（2）负责商品、赠品的出入库验收、储存、搬运、包装、防护、配送及传递票据工作。

（3）负责仓库内商品检验和试验状态的标识、保护、检查工作。

（4）负责商品标识的保护、检查及商品的可追溯性记录。

（5）负责不合格品的标识、隔离及处理。

（6）确保商品数量与账面相符。

（7）保持库区卫生。

4.工作步骤

4.1 搬运

4.1.1 将验收合格的商品搬运到储存区进行储存。

4.1.2 所有商品的搬运都要遵照商品的自身要求，并要轻拿轻放，不得倒置。

4.1.3 高档贵重品、易碎品、软包装品搬动时要精力集中，小心注意。

4.1.4 较重商品及外包装易损的商品，仓库管理员要用双手抱住商品的底部搬运。

4.2 储存

4.2.1 库内储存的所有商品都要按商品定位图存放在指定库区，离地（上货架或木排）离墙，并不得倒置。

4.2.2 日配食品须根据商品的冷冻、冷藏条件进行分类储存，易污染商品的储存必须与其他商品隔离。

4.2.3 有堆放高度标准的要严格按标准码放，没有堆放高度标准的要根据具体情况合理码放。总之，堆放高度以不损坏商品为原则。

4.2.4 配货区内商品摆放要整齐有序，各库区要保持卫生清洁，库存商品要精心养护，每天抽检，填写"商品抽检记录表"。

4.3 包装

均采用无毒、无污染的纸箱及周转箱包装。

4.4 防护

配送中心仓库划分为食品库、非食品库、冷冻库、冷藏库和不合格品库5个库区。

4.5 分拣

4.5.1 仓库管理员要严格按配送路线、配送时间的先后领取"配送中心商品调拨单"进行配货，发货时严格遵守"先进先出"原则。

4.5.2 当库存实物少于"配送中心商品调拨单"数量时，应与信息员联系，查明原因，不得随意更改或打"×"，单物相符时打"√"，打"×"的商品要注明原因。并按"配送中心商品调拨单"配货顺序注明周转箱号码，周转箱内商品要摆放整齐，不得超高，液体商品不得倒置。

4.5.3 如"配送中心商品调拨单"规格与实物规格不同，但价格相同时，应按"发小不发大"的原则配货。价格不同时应注明实发数量。商品名称、条形码不符时，必须查明原因并确认后方可配货。

4.5.4　仓库管理员依据"客户批发单"配货，完毕后将单据上传至信息管理员，并按加财务公章的"客户批发单"发货。

4.5.5　赠品、促销品发货时要在"配送中心商品调拨单"上注明数量及搭赠方式。

4.5.6　"配送中心商品调拨单"上规格和最小包装有错误的，要按商品的实际规格和最小包装配货，然后在"配送中心商品调拨单"上更改数量并注明原因以提醒门店。

4.5.7　重单时，仓库管理员只配其中一张"配送中心商品调拨单"，另一张作废销毁。调拨数量过大的商品应与信息员联系后配货。同一种商品在同一张"配送中心商品调拨单"上出现两次，应按第一次调拨数量配货。

4.5.8　配货过程中要仔细检查每种商品，防止不合格商品流入门店。

4.5.9　配货完毕后，仓库管理员要在每一张调拨单上签字，登记后投入票据筐内，并将商品搬运到配货区内，按所配门店摆放整齐。

4.5.10　对仓库管理员配货和门店验货出现的差错，超过三天不再处理，后果自负，以提高配货效率，减少配货差错。

4.6　盘点

4.6.1　仓库管理员将每月 24 日 12:00 前接到的所有"配送中心商品调拨单"所列商品配出，把储存区的商品分别整理，查对各种有关商品出、入库的票据，并将票据传递给信息员，做好盘点前的准备工作。

4.6.2　在每月 25 日 8:00 正式对仓库进行盘点。仓库管理员要按照盘点工作单如实准确地填写盘点结果，对盘点中出现的差异应及时与信息员、商品部以及各门店联系，并通过信息员及业务员查明原因，如确是仓库管理员造成的，损失由仓库管理员自负。

4.6.3　仓库管理员将盘点单交信息员进行盘点录入，录入过程中盘点单数量与计算机内存数量不符时，信息员要用"△"来提示仓库管理员复盘。复盘后将复盘结果写在初盘结果的后面。

4.6.4　仓库主任检查各组盘点结果，对数额差距大的商品要进行抽盘并查明原因。

4.6.5　仓库管理员将库存商品品种数合计后在盘点单上签字。

4.6.6　配送中心按门店销售总额的 0.3‰ 来考核每一组仓库管理员，超出部分由仓库管理员自负。

拟定		审核		审批	

13-08　配送中心库管分拣员作业指导书

××公司标准文件		××有限公司 配送中心库管分拣员作业指导书	文件编号××-××-××	
版次	A/0		页次	第×页

1.目的

规范仓库管理员工作流程，使商品管理工作专业化、标准化、简单化，从而减少商品损耗、流失和票据的差错、丢失，以确保物流的畅通。

2.适用范围

适用于配送中心仓库作业管理。

3.职责

（1）对仓库储存的商品和设备及安全负责。

（2）负责商品、赠品的出入库验收、储存、搬运、包装、防护、分拣及传递票据等工作。

（3）负责仓库内商品检验和试验状态的标识、保护、检查工作。

（4）负责商品标识的保护、检查及商品的可追溯性记录。

（5）负责不合格品的标识、隔离及处理。

（6）确保实物与账面相符。

（7）保持库区卫生。

4.工作步骤

4.1　搬运

4.1.1　将验收合格的商品搬运到储存区进行储存。

4.1.2　所有商品的搬运都要遵照商品的自身要求，并要轻拿轻放，不得倒置。

4.1.3　高档贵重品、易碎品、软包装品搬动时要精力集中，小心注意。

4.1.4　较重商品及外包装易损的商品，仓库管理员要用双手抱住商品的底部搬运。

4.2　储存

4.2.1　库内储存的所有商品都要按商品定位图存放在指定库区，离地（上货架或木排）离墙，并不得倒置。

4.2.2　日配食品的储存须根据商品的冷冻、冷藏条件进行分类储存，易污染商品的储存必须与其他商品隔离。

4.2.3　有堆放高度标准的要严格按标准码放，没有堆放高度标准的要根据具体情况合理码放。总之，堆放高度以不损坏商品为原则。

4.2.4　配货区内商品摆放要整齐有序，各库区要保持卫生清洁，库存商品要精心养护，每天抽检，填写"商品抽检记录"。

4.3　包装

均采用无毒、无污染的纸箱或周转箱包装。

4.4 防护

配送中心仓库划分为食品库、副食饮料库、日化库、日杂库、临时储存库、赠品库、贵重商品和不合格品（退货）库8个库区。

4.5 分拣

4.5.1 仓库管理员要严格按配送路线、配送时间的先后领取"配送中心商品配货单"进行配货，发货时严格遵守"先进先出"原则。

4.5.2 当库存实物少于"配送中心商品调拨单"数量时，应与信息员联系，查明原因，不得随意更改或打"×"，票物相符时打"√"，打"×"的商品要注明原因。并按"配送中心商品配货单"的配货顺序注明周转箱号码，周转箱内商品要摆放整齐，不得超高，液体商品不得倒置。

4.5.3 如"配送中心商品配货单"规格与实物规格不同，但价格相同时，应按"发小不发大"的原则配货。价格不同时应注明实发数量。商品名称、条形码不符时，必须查明原因并确认后方可配货。

4.5.4 仓库管理员依据"客户批发单"配货，完毕后将单子上传至信息管理员，并按加财务公章的"客户批发单"发货。

4.5.5 赠品、促销品发货时要在"配送中心商品配货单"上注明数量及搭赠方式，严格按照赠品管理规定执行。

4.5.6 "配送中心商品配货单"上规格和最小包装有错误的，要按商品的实际规格和最小包装配货，然后在"配送中心商品配货单"上更改数量并注明原因以提醒门店。

4.5.7 重单时，仓库管理员只配其中一张"配送中心商品配货单"，另一张作废销毁。调拨数量过大的商品应与信息员联系后配货。同一种商品在同一张"配送中心商品配货单"上出现两次，应按第一次调拨数量配货。

4.5.8 配货过程中要仔细检查每种商品，防止不合格品流入门店。

4.5.9 配货完毕后，仓库管理员要在每一张调拨单上签字，登记后投入门店票据箱内，并将商品配送到配货区内，按所配门店摆放整齐。

4.5.10 对仓库管理员配货和门店验货出现的差错，超过3天不再处理，后果自负，以提高配货效率，减少配货差错。

4.6 盘点

4.6.1 仓库管理员将每月24日12:00前接到的所有"配送中心商品配货单"所列商品配出，把储存、分拣区的商品分别整理，查对各种有关商品出、入库的票据，并将票据传递给信息员，做好盘点前的准备工作。

4.6.2 仓库在每月25日8:00正式盘点。仓库管理员要按照盘点计划要求执行，书写盘点单并在盘点上准确地填写实盘数量，对盘点中出现的盈亏品项由订货信息主管打印出来，并查核原因。通过订货信息员、验收员、分拣员及商品部采购员查明原因，如确是仓库管理员造成的，损失由仓库管理员自负。

4.6.3 仓库管理员将盘点单交信息员进行盘点录入，录入过程中盘点单数量与计算机内存数量不符时，信息员要用"△"来提示仓库管理员复盘。复盘后将复盘结果写在初盘结果的后面。

4.6.4 仓库主任检查各组盘点结果，对数额差距大的商品要进行抽盘并查明原因。

4.6.5 仓库管理员将库存商品品种数合计后在盘点单上签字。

4.6.6 配送中心按门店销售总额的0.3‰来考核每一组仓库管理员，超出部分由仓库管理员自负。

拟定		审核		审批	

13-09　配送中心冷藏配送作业指导书

××公司标准文件		××有限公司 配送中心冷藏配送作业指导书	文件编号××-××-××	
版次	A/0		页次	第×页

1.目的

确保冷冻、冷藏商品在配送过程中的鲜度。

2.适用范围

适用于冷藏配送司机作业管理。

3.工作步骤

（1）配送司机执行配送任务时，应提前对冷藏车进行检查，并启动制冷装置，使车厢温度处于受控温度状态，以满足冷藏商品的鲜度要求。

（2）司机应根据所配送的冷藏、冷冻商品的类别及其规定的温度要求，调节车厢温度，使其满足商品的鲜度要求。

（3）司机根据配送路线装车配送。商品堆放时，应留有冷气通道，严禁将冷气排放空堵住，以确保商品的冷藏效果。

（4）中途制冷设备发生故障时，要及时检修。不能排除故障时，要立即请求援助，确保商品免受损害。

（5）司机与门店进行交付时，应以最快速度进行交付。严禁在货仓门开启的情况下长时间交付。

（6）由于司机原因造成商品损坏自负。

拟定		审核		审批	

13-10　物流运输管理制度

××公司标准文件		××有限公司 物流运输管理制度	文件编号××-××-××	
版次	A/0		页次	第×页

1. 目的

为确保物流运输"安全、及时、准确、经济",按照运输车辆集中管理,分散使用结合的办法加强物流运输管理,特制定本制度。

2. 适用范围

适用于物流运输。

3. 管理规定

3.1　货物通知、提货和装运

3.1.1　调度员接到货运通知和登记时,要验明各种运输单据,及时安排接货。

3.1.2　调度员按商品要求、规格、数量填写运输派车单交运输员。

3.1.3　运输员领取任务后,需认真核对各种运输单据,包括发票、装箱单、提单、检验证等。问明情况,办理提货。

3.1.4　提货。

(1)运输员提货时,首先按运输单据查对箱号和货号。然后对施封带(环锁)、苫盖、铅封进行认真检查。确信无误后,由运输员集体拆箱并对商品进行检验。

(2)提取零担商品时需严格检查包装质量。对开裂、破损包装内的商品要逐件点验。

(3)提取特殊贵重商品要逐个进行检验。注意易燃、易碎商品有无异响和破损痕迹。

(4)提货时做好与货运员现场交接和经双方签字的验收记录。

(5)对包装异常等情况,要做出标记,单独堆放。

(6)在提货过程中发现货损、货差、水渍、油渍等问题要分清责任,并向责任方索要"货运记录"或"普遍记录",以利办理索赔。

3.1.5　装运。

(1)运输员在确保票实无误,或对出现的问题处理后,方可装车。

(2)装车要求严格按商品性质、要求、堆码层数的规定,平稳装车码放。做到喷头正确、箭头向上,大不压小,重不压轻,固不压液,易碎品单放,散破包装在内,完好包装在外;苫垫严密,捆扎牢固。

3.2　商品运输、卸货与交接

3.2.1　运输员必须按规定地点卸货。如货运方提出其他要求,则运输员需向调度员讲明,以便重新安排调整。

3.2.2 卸货时按要求堆放整齐，方便点验。

3.2.3 定位卸货要轻拿轻放，根据商品性质和技术要求作业。

3.2.4 交货时，运输员按货票向接货员一票一货交代清楚，并由接货员签字，加盖货已收讫章。

3.2.5 货物移交后，运输员将由接货员在临时入库通知单或入店票上签字、盖章的票据交储运业务部。业务部及时转各商店办理正式入店手续。

3.2.6 若运输货物移交有误，要及时与有关部门联系。

3.2.7 运输任务完成后，运输员需在派车单上注明商品情况，连同铅封交收货单位。

3.2.8 在运输中，因运输人员不负责任发生问题，按场内有关规定处理。

3.3 商品运输安排与申报

3.3.1 储运部需根据业务合理安排运输。

3.3.2 本市商品原则上2天内运回，最迟不超过3天。

3.3.3 储运部办理运输手续时需如实登记发运货物品名、规格、数量、性质、收货单、地点、联系人、电话、邮政编码、时间和要求等，并填写清楚。

3.4 运单的传递与统计

3.4.1 传递运输单据要按传递程序进行，做到统计数字准确、报表及时。

3.4.2 调度员要认真核对汽车运输单据，发现差错、遗漏和丢失要及时更正、补填。按规定时间交统计员。

3.4.3 统计员根据运输单据，做好各项经济指标的统计、造册、上报与存档工作。

3.5 运输费用收取

3.5.1 先付款后发货：运费由财务部根据里程统一收取。

3.5.2 货到付款：货到指定地点后，联系指定收货人，对方核对无误，在"物流运单"签字确认后，运输员收取本次物流运费。回公司后，及时把本次运费上交财务部。

3.6 奖惩管理规定

3.6.1 奖励条件。

（1）全年驾驶无事故。

（2）全年运输货物无丢失，无损坏。

（3）发现并能及时制止重大错误行为的发生，避免公司遭受经济损失。

（4）工作认真负责，恪守职责，遵守公司各项规章制度。

（5）积极进取，努力钻研。对仓库的管理，提出合理化的建议，为公司开源节流做出贡献者。

（6）在安全检查评比中，消灭重大事故，一般事故的四项频率均不超过公司下达的指标之车队，车队长、安全员、车管员、调度员每人奖励_____元。

（7）在每季度车辆安全技术检查评比中，保养质量达90分以上的车辆，奖励主管司机_____元。连续四个季度均达到90分以上者，年终加奖_____元。

3.6.2　处罚标准。

（1）承运司机未按要求时间把货送到用户手中，影响用户生产，每晚一天罚款_____元。

（2）承运司机不得私自将承运的货物转主或委托其他车辆运输，如果发生上述情况罚款_____～_____元，视情节拒付运费。

（3）承运司机在整个承运过程中有倒换、盗窃所运物等行为者，要按零部件价格的3～5倍进行罚款，赔偿零件损失。

（4）在承运过程中对承运货物造成丢失、损失、锈蚀等，视情况予以____～____元罚款，根据情节对丢失和损失的零件进行赔偿。

（5）承运车辆在运输过程中，由于交通事故和临时故障不能按时间要求到达目的地，在出事后2小时内不能及时向公司汇报的罚款_____元/次，汇报后也要视情况罚款_____～_____元，如果造成较大影响，可加重处罚。

（6）承运司机不能按要求传递票据或将票据涂改或损坏，罚款_____～_____元，如果丢失视影响程度进行罚款。

（7）承运司机到达运送目的地，要热情服务和交接，协助卸车，如因工作服务态度不好，用户反映强烈，视情况罚款_____～_____元。

（8）轻微事故（直接经济损失_____元以下）：负同等以上责任，赔偿30%～40%经济损失，取消5000千米安全里程。

（9）一般事故（直接经济损失_____元以上，_____元以下）：负一定、次要责任，停驾5～10天，赔偿10%～20%经济损失，取消6000～10000千米安全里程。负同等以上责任停驾10～30天，赔偿30%～40%经济损失，取消10000～60000千米安全里程。

（10）重大事故（直接经济损失_____元以上，_____元以下）：负一定、次要责任，停驾1～3个月，赔偿10%～20%经济损失，取消200000～300000千米安全里程（属死亡事故，取消300000～500000千米）。负同等以上责任，停驾3个月以上，赔偿30%～40%经济损失，取消全部安全里程，货运事故损失赔偿限额，同等责任以下最高不超过_____元，主要责任以上最高不超过_____元。

（11）特大事故：凡负有责任的，停驾半年以上，取消全部安全里程。

（12）驾驶员在1年内累计发生3宗同等以上交通责任事故，每宗直接经济损失_____元以上者或发生交通死亡事故负同等责任以上者，取消其在本公司的驾车资格。

拟定		审核		审批	

第 3 部分

供应链管理表格

第 3 部分
125 张表格
请扫码下载使用

供应链管理表格是指企业开展供应链活动所留下的记录，是用以证明供应链体系有效运行的客观证据。供应链管理记录可以提供各项供应链事务符合要求及有效性运作的证据，证据具有可追溯性，企业可据此记录采取纠正和预防措施。

本部分共分为九章，如下所示：

· 供应链管理表格概述
· 供应链战略规划表格
· 采购计划管理表格
· 供应商开发管理表格
· 供应商日常管理表格
· 供应商考核管理表格
· 采购订单跟进管理表格
· 仓储管理表格
· 物流配送管理表格

第14章 供应链管理表格概述

本章阅读索引：

· 表格登记过程中常见的问题

· 表格的设计和编制要求

· 表格的管理和控制

· 供应链管理模块及表格概览

企业管理中的各类表格主要用于记载过程状态和过程结果，是企业质量保证的客观依据，为采取纠正和预防措施提供依据，有利于业务标识和可追溯性。

14-01 表格登记过程中常见的问题

表格在登记过程中常见以下问题。

（1）盲：表格的设置、设计目的、功能不明，不是为管理、改进所用，而是为了应付检查（例如：我们在填写质量报表时，本来该真实记录的，为了应付检查而更改）。

（2）乱：表格的设置、设计随意性强，缺乏体系考虑，表格的填写、保管、收集混乱，责任不清。

（3）散：保存、管理分散，未做统一规定。

（4）松：记录填写、传递、保管不严，日常疏于检查，达不到要求，无人考核，且丢失和涂改现象严重。

（5）空：该填不填，空格很多，缺乏严肃性、法定性。

（6）错：写错别字，语言表达不清，填写错误。

14-02 表格的设计和编制要求

（1）表格并非越多越好，正确的做法是只选择必要的原始数据作为记录。

（2）在确定表格的格式和内容的同时，应考虑使用者填写方便并保证能够在现有条件下准确地获取所需的信息。

（3）应尽量采用国际、国内或行业标准，对表格应废立多余的，修改不适用的，沿用有价值的，增补必需的，应使用适当的表格或图表格式加以规定，按要求统一编号。

14-03 表格的管理和控制

表格的管理和控制要满足如表14-1所示的要求才能更好地被追溯。

表14-1 表格的管理和控制要求

序号	管理项目	说明
1	标识	应具有唯一性标识，为了便于归档和检索，记录应具有分类号和流水号。标识的内容应包括：表格所属的文件编号、版本号、表号、页号。没有标识或不符合标识要求的记录表格是无效的表格
2	储存和保管	记录应当按照档案要求立卷储存和保管。记录的保管由专人或专门的主管部门负责，应建立必要的保管制度，保管方式应便于检索和存取，保管环境应适宜可靠，干燥、通风，并有必要的架、箱，应做到防潮、防火、防蛀，防止损坏、变质和丢失
3	检索	一项管理活动往往涉及多项表格，为了避免漏项，应当对表格进行编目，编目具有引导和路径作用，便于表格的查阅和使用，通过查阅各项表格可以对该项管理活动有一个整体的了解
4	处置	超过规定保存期限的表格，应统一进行处理，重要的含有保密内容的表格须保留销毁记录

14-04 供应链管理模块及表格概览

本书为供应链管理提供了一些实用的表格范本供参考，具体包括如表14-2所示的几个方面。

表14-2 实用的供应链管理表格

序号	管理模块	表格名称
1	供应链战略规划表格	供应链策略及行动计划表
		供应链资源配备计划表
		供应商供应链安全评估表
2	采购计划管理表格	物料需求分析表
		物料需求量表
		物料需求展开表
		年度（预测）采购需求计划表
		批次（月度）采购需求计划表
		____年第____批次集中采购需求审批表
		月度物资需求计划审批表
		月度采购需求计划表
		项目月度采购计划（____年____月）
		采购计划

序号	管理模块	表格名称
2	采购计划管理表格	用料计划表
		采购数量计划表
		采购预算表
		辅助材料采购预算表
		订单采购计划表
3	供应商开发管理表格	潜在供应商推荐表
		潜在供应商基本情况调查表
		供应商调查问卷
		供方考察记录表
		供应商准入与现场考察评价标准（设备专业）（生产商）
		生产件提交保证书
		零组件审核申请表
		零组件评估报告书
		供应商选样检验记录表
		供应商现场审核评分表（商务部分）
		供应商现场审核评分表（技术与产能）
		供应商现场审核评分表（品质部分）
		供方评价报告
4	供应商日常管理表格	A级供应商交货基本状况一览表
		供应商交货状况一览表
		供应商跟踪记录表
		不合格通知单
		供应商物料报废确认单
		物料评审扣款通知单
		供应商每月物料报废清单
		质量保证协议
		供应商异常处理联络单
		采购合同告知供应商函
		采购合同纠纷起诉书
5	供应商考核管理表格	供应商定期评审表
		供应商分级评鉴表
		供应商绩效考核分数表
		供应商年度综合评价表
		合格供应商资格取消申请表

序号	管理模块	表格名称
6	采购订单跟进管理表格	采购申请单
		请购单
		临时采购申请单
		采购变更申请单
		采购变更审批表
		采购订单
		供应商总体订单容量统计表
		物料订购跟催表
		到期未交货物料一览表
		采购订单进展状态一览表
		采购追踪记录表
		交期控制表
		资金支出（采购）计划
		预付款申请表
		请款单
		付款申请表
		货款结算单
		采购付款汇总表
7	仓储管理表格	货位卡
		物料编号资料表
		库位调整单
		到货交接表
		原材料验收单
		零配件验收单
		外协品验收单
		货物验收单
		物资验收日报表
		物品入库单
		补货单
		库存表
		限额发料单
		物资提货单
		仓库发货通知单
		出货指示

序号	管理模块	表格名称
7	仓储管理表格	出货记录表
		出库复核记录表
		出货台账表
		产品收发存统计表
		仓库巡查记录表
		半年无异动滞料明细表
		安全库存报警表
		库存盘点表
		盘点卡
		盘点清册
		盘点差异分析表
		盘点异动报告表
		库存盈亏明细表
		盘盈（亏）库存账目调整表
		盘盈（亏）保管卡调整表
		物资盘查表
		盈亏报告单
8	物流配送管理表格	发货计划表
		发货安排计划表
		月度配送计划表
		配送业务订货单
		配送货物调运单
		配送成品交运单
		货源动态表
		提货通知单
		拣货单
		拣货清单
		配送中心拣货单
		配送效率调查表
		门店团购要货清单
		转单收货清单
		统配仓带货交接单
		赠品仓带货交接单
		物料交接单

序号	管理模块	表格名称
8	物流配送管理表格	施封扣登记台账
		门店退回配送中心单据汇总单
		贵重商品流转单
		门店归还常温配送周转箱交接单
		周转箱无需当车带回通知单
		货物运输通知单
		汽车货物运输单
		交运物品清单表
		货物运输记录表
		货物运输月报表

第15章 供应链战略规划表格

本章阅读索引：

- 供应链策略及行动计划表
- 供应链资源配备计划表
- 供应商供应链安全评估表

15-01 供应链策略及行动计划表

供应链策略及行动计划表

序号	策略及行动计划	实施时间	完成时间	牵头责任部门
1	系统识别供应链要求，分析与标杆企业××的差距，进行供应链设计，在供应链全过程推行TQM、精益生产			
1.1	通过对目前供应链SWOT（Strengths、Weaknesses、Opportunities、Thrents）的识别和分析，找出与标杆企业××之间的差距，进行供应链设计			
1.1.1	运用SWOT分析，找出目前供应链的优势、劣势、机会、威胁			
1.1.2	通过系统识别相关方主要需求，分析找出与标杆企业××公司之间的差距，进行供应链的设计更新，并制订行动计划/方案组织实施			
1.1.3	制定和完善销售、计划、采购、生产、交付一体化流程、制度和管控方法			
1.1.4	修订和完善供应商管理规范			
（1）	完善供应商准入标准			
①	对现有供应商准入的相关规范进行调查分析			
②	对行业进行分类，制定不同行业、不同合作要求供应商的准入、评估标准草案			
③	组织相关部门对草案进行评审，在评审的基础上对草案进行修订			
④	将修订完成的草案提交体系优化部进行受控发布，新的供应商准入标准正式实施			

序号	策略及行动计划	实施时间	完成时间	牵头责任部门
⑤	建立针对不同行业的供应商现场考核评估审查团队，确保供应商符合准入标准，满足合作需求			
⑥	对新标准的实施效果进行确认，并对其进行完善			
（2）	确定供应商分类标准，实施供应商分类管理			
①	制定4级（准入级、合格级、紧密级、战略级）供应商的评价、认证标准			
②	制定不同类别供应商订单分配、质量管控、技术支持、资金支持、日常沟通交流等方面的管理制度和办法			
③	根据标准对现有供应商进行全面的评估，按照4级标准进行划分，形成供应商分级管理名录			
④	依照分级管理制度和办法实施供应商分级管理并持续改善			
（3）	完善供应商考核制度			
①	确定供应商考核的标准，将供应商分为4个等级：不合格、合格、良好、优秀			
②	制定不同考核等级供应商管理办法（包括订单管理、质量管控、对应管理分级、淘汰等）			
③	根据考核制度对供应商进行考核，根据考核结果评定供应商等级，按照评定等级对供应商进行相应的管理并完善			
（4）	建立并实施供应商质量培育激励机制制度			
①	对供应商进行筛选，确定需要进行培育的供应商名单			
②	制订详细的供应商培育计划，并按计划执行			
③	对供应商的培育效果进行确认并改进完善			
1.1.5	建设供应链文化，塑造共同的价值观和经营理念，增强供应链的凝聚力			
（1）	以企业文化为基础，提出供应链文化的概念和范畴，界定供应链文化的内容（供应链文化是指在供应链长期实践中所形成并被供应链各节点企业普遍认同的，以核心企业的企业文化为基础，以实现供应链整体最优的客户满意度为宗旨，以合作互利等价值理念为核心的联盟文化）			
（2）	确定供应链文化建设的机制、规则、流程			
（3）	制定供应链文化建设的主要措施并执行落实			
①	向供应链各节点宣传供应链文化			
②	召开年度供应商大会，与供方及合作伙伴进行交流			
③	建立规范，将与供应商的高层互访活动明确化、规范化、日常化			

序号	策略及行动计划	实施时间	完成时间	牵头责任部门
④	向供方与合作伙伴传递公司质量文化、质量管理及现场管理方法			
⑤	实施供应商满意度调查，以了解其需求			
1.1.6	推进目标管理，打造绩效文化，完善供应链绩效管理系统			
（1）	重新梳理供应链绩效管理指标与目标			
（2）	运用PDCA（Plan、Do、Check、Act）循环，制定目标实现的关键行动计划，明确工作内容、时间、节点、达成标准、责任人等			
（3）	审核确认行动计划			
（4）	落实资源并安排执行，对过程进行监控评估，验证结果			
1.1.7	制定降低采购成本合作规则，降低供应链成本费用率			
（1）	与供应商协商并签署协议，通过协助促进供应商管理提升，减少损耗浪费，降低成本，分享成果，实现采购物料降价			
（2）	分析供应商行业采购价格，通过专项招标采购、采购谈判等方式降低采购成本			
（3）	通过定期、定量进行采购谈判等方式降低采购成本			
1.1.8	建立高效、快捷的物流交付系统			
（1）	建立物流公司资源的评估、评价、考核标准			
（2）	建立、完善物流公司信息库			
（3）	引入第二家物流公司签订合作协议，进行储备			
1.1.9	国际采购和物流交付体系实施			
（1）	与销售支持部和海外事业部确认海外物流与采购的基本需求			
（2）	建立国际采购与物流资源信息库，评估国际资源利用的风险			
（3）	开发国际采购及物流渠道和资源，制订国际采购计划与交付行动			
（4）	确认国际采购与物流交付方式，形成文件并确定实施规则			
（5）	实施国际采购与国际物流交付，并持续改进			
1.2	供应链全过程推行TQM			
1.2.1	供应链全过程推进QCC（Quality Control Circles）管理，提高质量水平			
（1）	学习××的QCC活动开展的规则及方法，形成供应链QCC推进规则，组织内部全员参与			
（2）	推进关键物料供应商联合开展QCC活动			
1.2.2	加强供应链的过程质量管理，提高质量水平			
（1）	所有产品和模块全面实施过程质量保证模式			
（2）	推行过程质量保证模式到关键物料供应商			

序号	策略及行动计划	实施时间	完成时间	牵头责任部门
1.2.3	策划并开展质量月活动，提升全员质量意识			
1.2.4	保障产品（模块）与实现过程的安全性、可靠性及人性化			
（1）	实现所有产品和模块的工艺设计，提升产品和模块的安全性、可靠性及人性化			
（2）	进行工艺模块化设计，实现工艺设计的标准化，提高工艺管理水平			
1.3	以××管理模式为标杆，推行精益化生产			
1.3.1	寻找和识别与××管理模式之间的差距，通过论证分析，制订精益生产的关键行动计划			
（1）	通过生产装配动作分析、节拍分析、产线布置及均衡分析等，找出与××管理模式之间的差距，制订实施改善的行动计划			
（2）	通过关键行动计划的实施，实现生产线均衡与工序平衡，达到单元化生产与流水线相结合			
1.3.2	制定供方库存管理规则，实施供方库存管理			
（1）	分析主要供应商的来料准时率与合格率、紧急采购订单完成率及瓶颈物料状况			
（2）	确定和实施供方库存管理及供应商的物料管理			
（3）	落实供应仓库的寻访、实地规划、装修等准备工作			
（4）	供方仓库交付使用，逐步向全部紧密型供应商推广，实现主要物料公司内部最多只有三天的库存量			
1.3.3	制定第三方仓储管理规则，实施成品第三方物流仓储			
1.3.4	推行现场可视化管理			
（1）	生产现场生产管理、质量管理各项指标可视化			
（2）	建立生产实时信息看板，对生产进度实施动态管理			
（3）	对仓库相似物料进行识别，建立看板管理			
1.3.5	全员参与，按照TPM（全员生产维护）自我保全的方法，提升管理水平，培养员工的良好工作习惯和素养			
1.3.6	识别、分析现场七大浪费现象，制定管理措施消除浪费			
1.3.7	依据全国质量五星级评定标准，改善系统和提升现场管理			
1.4	监督各项行动计划的执行情况，建立跟踪表，确认对各项行动计划的执行结果，制订下一步改进计划			
1.4.1	组织供应链管理部月度××管理差距研讨会，总结学习内容并找出当前存在的差距			
1.4.2	将形成的改进成果组织标准化，确认季度工作效果与改进之间的因果关系，同时完善下一季度的改进计划			

续表

序号	策略及行动计划	实施时间	完成时间	牵头责任部门
2	识别供应链关键点，掌控关键供应链资源，通过战略联盟、收购、自建等后向一体化策略控制关键模块/技术			
2.1	识别供应链关键点，掌控关键供应链资源			
2.1.1	识别关键物料，列出关键物料清单，制定并实施相应的供应商管理措施			
2.1.2	识别供应商关键控制过程，包括质量、成本、交期，建立过程控制规则			
2.1.3	识别瓶颈供应商，制定降低供应风险的措施			
2.2	推动公司后向一体化战略，掌控关键供应链资源			
2.2.1	对市场进行调查研究，提出关键模块和技术的规划方案			
2.2.2	根据规划，对供应商行业进行系统分析，确定后向一体化的方式（自开工厂、收购、入股、控股等）			
2.2.3	制定后向一体化的实施方案			
2.2.4	实施后向一体化，同时定期对后向一体化的情况进行总结分析，及时调整偏差			
3	提高零部件标准化、模块化的水平和管理能力			
3.1	按照IPD（集成产品开发）规则，参与产品模块化与物料的标准化设计			
3.2	产品设计模块化与物料设计标准化			
3.2.1	明确模块化设计工作标准，制定并发布管理制度、工作流程和激励方案			
3.2.2	明确专人负责进行产品设计的标准化审核、批准，以及对推行过程中的数据和问题进行跟踪、监测、分析和改进			
3.2.3	组织各产品线生产代表将主要的通用件进行标准化，并制定规范，保证落实			
3.2.4	组织各产品线对密封、充电、附件设计等设计要素进行分析和提炼，统一成为集中固定的设计形式			
3.2.5	通过相关政策鼓励和促进产品设计过程中，共用经过验证的平台技术和模块			
3.3	实施组件（模块）外包			
3.3.1	明确外包组件（模块）原则，制定外包组件（模块）的工艺、品质要求，确定外包组件价格、损耗、包装、批量等相关规则			
3.3.2	识别并确认可以进行外包给供应商的组件（模块）清单，按装配类型及要求进行分类，分析识别组件实施外包重点控制及管理问题点，制定相应的解决应对措施			

续表

序号	策略及行动计划	实施时间	完成时间	牵头责任部门
3.3.3	根据公司要求及加工需要，结合供应商资源状况，确定组件外包（模块）的供应商名单，并开始实施			
3.3.4	进行组件外包（模块）的打样和试生产，合格后正式实施组件外包（模块）			
3.3.5	每个外包项目完成之后进行评估，并在此基础上完善后续的实施项目			
3.4	建立并实施新产品样品确认规则以及老产品改进、确认样品规则			
3.4.1	制定新产品 $N=1$ 检验检测实施规则			
3.4.2	建立 $N=1$ 检测记录表，形成产品质量档案			
3.5	关键和战略供应商早期参与，提高设计一次合格率			
3.5.1	确定供应商早期参与范围、方式、流程、机制			
3.5.2	技术开发参与项目确定			
3.5.3	组织实施，按计划执行，每个项目执行完毕评估参与的有效性，优化并完善流程及规则			
4	不断地完善以终端客户为导向，并建立合作共赢的供应链管理系统，提升供应链整体竞争能力			
4.1	优化供方和合作伙伴结构，对供方和合作伙伴进行分类管理，同类业务培育 2～3 家供应商			
4.1.1	供应商分布区域分析、评估及改进			
（1）	对公司目前的供应商分布现状进行分析，制作供应商分布地图			
（2）	对供方进行行业分类，按照各行业进行综合成本及风险分析和评估			
（3）	结合公司目前供应商分布及采购成本状况，制定供应商开发、整合计划方案并开始实施			
4.1.2	整合、优化供方资源，建立优质的供应商资源库			
（1）	根据现有供方资源和考核结果，整合现有供方资源，淘汰劣质供方资源			
（2）	依据市场部产品及模块开发计划，以行业分类为基准，结合国家节能环保的要求，搜集采购信息，制订供方资源的开发计划			
（3）	按照行业分类，根据整合和开发计划，寻找优质的供方资源			
（4）	按计划对供方资源进行考察评审			
（5）	对于考察合格的供方，作为公司准入级的供应商，纳入供应商资源库进行管理，确保同类业务培养 2～3 家供应商			
4.2	优化和培养储备关键物料的供应商，特殊物料供应商采用控股等手段进行管控			

序号	策略及行动计划	实施时间	完成时间	牵头责任部门
4.2.1	整合关键物资和重要物资供应商资源			
（1）	定义并识别关键和重要物资			
（2）	对于需求较大的关键物资配备2家以上供应商，制定管理规则，按照质量和合作情况设置分配比例			
（3）	完成对电子物料供应商的整改			
①	对现有供应商进行梳理整合			
②	开发具有代理或授权资质的供应商或规模较大的贸易商			
③	根据不同供应商的优势确定每家供应商采购电子物料的种类			
④	对现有的电子物料进行清理，确定现有电子物料的品牌和规格			
⑤	需要进行供应商切换的物料由新的供应商进行打样并由工艺质量部进行样品确认			
⑥	完成供应商的切换，实现供应商整改			
4.2.2	开发并扩充拥有关键核心技术及工艺的供方资源，对特殊物料供应商采用控股等手段进行管控			
（1）	制定拥有关键核心技术及工艺（包括特殊物料）供应商清单			
（2）	评估拥有关键核心技术及工艺（包括特殊物料）供应商对公司的风险			
（3）	开发新的拥有同类核心技术和工艺的供应商资源，形成供应商资源库			
（4）	制定对拥有关键核心技术及工艺（包括特殊物料）供应商管控的方式（如入股、控股、战略合作、收购等），并与供应商进行协商谈判			
（5）	对供应商正式实施管控措施			
（6）	分析管控措施的效果并进行改进			
4.3	与关键物料供应商联合行动，共同制定改善措施，促进提升			
4.3.1	组建供应商管理团队，依据供应商管理规范评审关键物料供应商合作情况，制定改善措施跟进落实			
（1）	根据评审结果向供应商提出整改要求及完成时间			
（2）	对整改结果进行确认，并要求供应商提供持续改进方案			
（3）	不定期地对供应商进行巡察，跟进记录供应商持续改进情况			
4.3.2	通过推行SQE、开展QCC等专项活动，提高供应商的质量管理水平，实施供方检验			
（1）	收集问题，逐个解决，并且做到追踪溯源，从设计源头上解决			

序号	策略及行动计划	实施时间	完成时间	牵头责任部门
（2）	识别关键物料供应商的关键工序与关键过程，推进过程监控管理，关键过程需要衡量过程能力，建立基本规则与作业文件，内容包括热处理、关键物料材质管理等			
（3）	推进供应商关键过程的操作记录，形成模板与规则			
（4）	关键及重要物料，实施供方检验			
①	分析识别实施供方检验物料及供应商，形成清单			
②	实施供方检验，将来料检验的重任交给供应商，公司只针对一些特定指标，如成品性能要求，对来料的一些特定的质量要求、各部件颜色等统一性的要求进行把关，促使供应商从过程中保证产品质量，由被动改善转变为主动改善，加强双方合作关系			
（5）	与紧密合作供应商签订质量保证协议，出现质量问题按协议规定进行处罚			
4.3.3	实施"供应商末位淘汰制"，推进质量和交付改善			
（1）	每月对关键和战略供应商的交期及质量状况进行统计、排名、分析、通报			
（2）	每月组织工艺质量部、中心采购部与排名最后的关键物料供应商或战略供应商召开末位恳谈会，通知供应商必须派主管副总经理级以上人员参加会议			
（3）	要求末位供应商在会议上提出整改措施，并对整改措施的落实情况及效果进行通报			
4.3.4	对供应商开展认证工作，规范供应商原料的采购渠道，建立供应商采购资源的共享，掌握供应商原料采购价格的主导权			
4.4	选择关键物料供应商建立战略合作关系			
4.4.1	分析上游供应商行业状况，选择关键物料供应商建立战略联盟			
（1）	确定战略合作对象，重新定义战略合作协议内容，探讨战略合作方向，发布战略合作协议书（包括最终客户导向、职能交叉高层管理参与、合作双方互通长短期计划、共担风险、机遇分享、标准化、合营、共享数据、采购的总成本等相关内容）			
（2）	建立战略与关键物料供应商定期走访及沟通交流规范并实施，防止采购风险			
（3）	取消从中间代理商采购的环节，由生产商建立双方战略合作关系			
4.4.2	向战略供方及合作伙伴推行"军代表"管控方法			
（1）	成立"军代表"管理团队，确定"军代表"管理方法，明确团队成员职责			
（2）	确定推行"军代表"管控的供应商名单			

序号	策略及行动计划	实施时间	完成时间	牵头责任部门
（3）	向供应商宣导"军代表"的管理思想，寻求供应商的支持			
（4）	向供应商正式派驻"军代表"进行管理，对供应商的质量管理、交期安排、成本控制等进行诊断、分析、组织改进，进行认证，形成认证供应商管理规范			
（5）	对"军代表"的管控效果进行确认和总结，制订下一步的行动计划			
5	明确人才需求，加强供应链关键人才的引进和培养			
5.1	识别分析供应链关键人员能力需求及现状差距，制订培养及引进计划			
5.2	引进及培养供应链战略管理、高级精益生产及工艺管理、高级全面质量管理、高级供应链计划管理、高级物流管理等人才			
5.2.1	建立关键人才任职资格标准，明确人才需求			
5.2.2	设计关键人才培育课程体系与考核标准，组织实施现有人员的培训			
5.3	非关键岗位实施外包			
6	实施供应链信息一体化建设			
6.1	推动供应链信息化建设，明确供应链内外部信息搜集的途径、信息的类型和内容、信息搜集的频次、传递的方法、管理的方式、责任部门等			
6.2	打通供应链上下游信息共享，提高信息流转速度			
6.2.1	推动营销系统信息的共享，加快市场信息的流转，提高销售预测的准确性			
6.2.2	实现与供应商的管理软件对接并建立相应的管理体系			
（1）	供应商主要生产条件及其变化情况在系统中能够查阅			
（2）	实现供方库存信息的共享，随时了解订单在供方的生产安排情况			
（3）	供方能够及时地掌握订单在公司的交付情况，包括交付时间、品质等			
（4）	供方能够及时地获取公司相应的销售预测并做出相应的前期准备，缩短交付周期			
6.3	组织对供应链信息管理的总结分析，提出改进意见			
6.4	实现信息系统的持续改进，完善内外部信息系统			
7	建设工业园，逐步实现生产、物流、质量监控自动化、半自动化改造			
7.1	建设工业园			
7.2	生产自动化半自动化改造			
7.2.1	在前期需求识别、分析、制定初步方案的基础上，结合产品模块化管理，修改完善包装半自动化改造方案，实施包装半自动化改造			

序号	策略及行动计划	实施时间	完成时间	牵头责任部门
7.2.2	实现部分生产工序自动化、机械化生产			
（1）	对主打产品装配操作进行归类、定义、分析，形成实现自动化、半自动化需求计划			
（2）	聘请专业公司及专家团队设计、规划，形成方案			
（3）	组成公司内部专家团队，评审确认生产装配自动化、半自动化改造方案并实施			
（4）	建造两条主打产品半自动化生产示范线			
（5）	总结经验，在内部推广，实现主要产品的自动化、半自动化装配			
7.2.3	实现内部物流配送自动化、半自动化			
（1）	收集整理现有物流配送存在的劳动强度大、影响效率、影响质量等方面的问题			
（2）	对收集整理问题进行归类、分析，形成物流配送自动化、半自动化需求计划			
（3）	聘请专业公司及专家团队设计、规划物流配送自动化、半自动化，形成方案			
（4）	组成公司内部专家团队，评审确认物流配送自动化、半自动化改造方案并实施			
7.2.4	实现半自动化仓储（包括硬件设备及软件控制系统）			
（1）	收集整理现有仓储方式存在的劳动强度大、影响效率、影响质量等方面的问题			
（2）	对收集整理问题进行归类、分析，形成仓储半自动化改造需求计划			
（3）	聘请专业公司及专家团队设计、规划仓储半自动化改造，形成方案			
（4）	组成公司内部专家团队，评审确认仓储半自动化改造方案并实施			
7.2.5	建立产品自动跟踪识别系统，对产品进行制程与售后全程追踪识别管理			
（1）	提出产品自动跟踪识别需求			
（2）	聘请专业公司及专家团队设计、规划产品自动跟踪识别系统，形成方案			
（3）	组成公司内部专家团队，评审确认产品自动跟踪识别系统方案并实施			

15-02　供应链资源配备计划表

供应链资源配备计划表

年度	年	年	年
人员需求			
采购管理人员			
精益生产管理人员			
工艺管理人员			
质量管理人员			
计划管理人员			
物流管理人员			
供应链战略管理人员			
工厂及现场管理人员			
资金需求			
基础设施设备			
自动化/半自动生产线、半自动物料配送线、检测设备			
争创现场管理星级评价五星奖相关费用			
采购预算			
其他费用预算			
其他			
管理软件系统	ERP实施完善（内部）	与供应商EDI数据交换平台	ISC集成供应链管理软件
信息需求			
市场需求信息			
市场产品使用情况			
材料行情信息			
行业技术信息			
供应商信息			
产品认证信息			
客户满意度信息			
竞争对手与标杆信息			
外部资源			
供应链管理专家团队			
国际物流公司（含报关）			

续表

年度	年	年	年
供应商资源（生产性物资、非生产性物资、设计院、专业施工组织）			
计量检测与认证机构			

15-03 供应商供应链安全评估表

供应商供应链安全评估表

供应商名称（盖章）：		地址：		
法定代表人：		供应产品：		
联系人（签名）：		联系电话：		
评审方式：		供应商自审：		
审查内容		是	否	分数
一、保安系统管理				
1.是否有专人负责保安装备事宜 姓名：　　　　　联系电话：				2
2.每个部门是否有指定保安代表负责保安实施及审核货物交收过程中的保安问题				1
3.是否有书面的保安政策及程序，包括实体保安、门禁管理、保安的教育和培训、货柜保安、提货单及运输保安、出入货物管理以鉴定是否有超重或短缺以及是否有不明物品或违禁物品				1
4.是否有书面程序汇报及调查与保安有关的事件，并定期向海关或执法部门汇报				1
5.是否与当地执法部门维持良好的关系				1
6.当有保安事件发生时，是否存在有效的通报程序通知保安人员和执法部门				1
7.是否有与执法部门、公司管理层、客户和承包商紧急联系的电话以供不时之需，并定期进行更新联系电话				1
8.企业内部是否定期对保安事件包括交收、制造及货物存放进行自我审核				1
9.是否有书面的保安改进计划				1
10.是否参与过其他类型的国外海关供应链的保安计划				1
11.是否核实派发物件和信件接收人员的身份并对收到的物件和信件做定期抽查				1
二、实体保安及门禁管理				
1.是否有制定实体保安的书面程序				1

审查内容	是	否	分数
2.是否在货物作业区域和存放区域装置围栏或天然屏障以阻止非授权人员进入			1
3.围墙内外是否清除杂物（如灌木丛、树木或其他植物等），以保证保安人员的视线无遮无挡，能及时地发现躲藏或爬入人员			1
4.是否定期视察外围并确保其状态良好			
5.是否良好地控制非授权车辆出入建筑物，尤其是在货物交收、货仓、装货及货物存放的地方（是否安排人员看守及保安是否有明确的书面岗位守则）			1
6.是否有验明进出司机身份的措施			1
7.是否有良好的控制装置阻止非授权人员出入建筑物，尤其是在货物交收、货仓、装货及货物存放的地方			1
8.职员进出公司作业区的人数是否限制到最低限度及是否有保安人员看守或安装电子设备，防止非授权人员进入			1
9.员工上班是否佩戴工作证，是否对未佩戴者进行盘问			2
10.工作证上是否附有该员工的相片			1
11.任何访客或工作伙伴是否经过管理层批准，是否检查他们的身份证及做登记并派发访客证			2
12.是否安排员工陪同访客			1
13.公司是否制定政策阻止员工带私人物品进入工作区或检查其随身物品，以防止员工带入不明物品或擅自带走公司的财产			1
14.是否抽查垃圾房及垃圾搬运过程并进行监管			1
15.公司内部包括入口大堂、装卸货区以及紧急出口是否有照明设备			1
16.人员进出口、紧急出口、装卸货区的出入口、货柜箱存放区和货柜停放区的照明是否充足，是否足以令监控系统的影像清晰			1
17.所有建筑物是否坚固，足以抵制非法入侵，并定期进行检验			2
18.是否保持所有门窗关闭以防止非授权人员进入，或安装防盗自动报警感应器等装置并由当地警方或控制中心监控以防止受到攻击或损害			1
19.是否有监控装置覆盖公司出入口，包括人员进出口、紧急出口、装卸货区的出入口、拖车和货柜箱装卸货区以及货物存放区			1
20.监控录下的影像是否保存至少45天			1
21.监控是否每3～6个月自动更换以确保录像质量并随时加以复查			1
22.是否装置有效的警报系统，在非作业时段防范并阻止非授权人员进入货物处置及存放区			1
23.是否有效控制人员随意进入警报系统和监控中心			1

审查内容	是	否	分数
24.保安人员是否有效坚守岗位？如有，是否有文件记录此岗位的任务及工作程序，易于理解并加以更新			2
25.是否按照国际、本地、昂贵品、危险品分隔货物并加以注明			1
26.是否安装计算机系统保安装置（如用户密码、系统防火墙、病毒防护装置及服务器安全等）			1
27.锁及钥匙的使用保管过程是否安全			1
三、人事保安和教育培训意识			
1.是否对所有新旧员工提供保安意识的教育？此教育是否包括防止非授权人员进入、恐怖活动的威胁、保持货物完整等方面			1
2.公司是否制定行为规范明文条例			1
3.员工是否受训并能够分辨可疑或违法行为并进行举报？是否设有员工举报热线或其他程序鼓励员工汇报任何错误行为			2
4.是否对身处要位的员工进行识别文件诈骗和计算机保安培训			1
5.举报的员工是否得到奖励			1
四、程序、文件处理、提货单和信息保安			
1.是否提供保安措施以保证供应链上的运输、货物处理和存放过程安全无误			1
2.是否提供程序保证货物交易的文件数据清晰、完整及准确，避免丢失或提交不准确的数据，并实时通知海关			2
3.是否提供程序保证货物交易方及时收到准确的文件数据			1
4.此自动程序是否安排专人负责并定期改变密码			1
5.是否对接触该交易数据并允许输入或变更交易数据的人员有所限制			1
6.对计算机系统保安是否制定标准的明文条例			1
7.员工是否受过到信息安全培训			1
8.是否装有程序可随时监控未经授权进入公司的IT网络，企图擅自改动或变动公司的商业资料			1
9.对该类员工是否采取合适的惩罚			1
五、交收货物			
1.是否制定书面保安程序（包括对进出货物的处理措施）以防止混入非法物品、调包或其他损失			1
2.是否有分隔装卸货区，并限制非授权人员进入			1
3.是否制定程序确保盘问及阻止非授权或身份不明的人员进入厂区及装卸货区			1
4.是否将私人停车区与装货区及货物存放区隔离开来			1

续表

审查内容	是	否	分数
5.是否核对运货单和包装单上的货物并及时向管理层汇报有关货物超额、短缺、损坏或其他反常现象			1
6.是否指定安全主管负责监察装卸货物的过程			1
7.此主管是否签字同意交收货物或指明有何不符合的地方			1
8.是否验明进出货车、司机和拖车并登记在记录表中			1
9.是否验明司机的有效驾驶执照并把执照号码及驾驶的车辆或拖车的车牌登记在记录表中			1
10.是否系统地监察或追踪货物的出入事件			1
11.是否在装卸货区及拖车/集装箱停放区安装监控？监控是否处于正常使用状态			2
12.是否制定程序察觉并汇报不准确的封条或遗失封条，以及有关货物超额、短缺、损坏或反常现象			2
13.是否制定程序汇报发现非授权人士、不明物料或不法行为			1
14.是否对货物进行准确的标识、记数、称重并记录在运输单和提单上			1
15.空置的或载有货物的集装箱是否安全以防止被人放置不明物品或违禁品，或集装箱内的货品被人盗窃			1
六、集装箱保安（若使用集装箱，请回答如下问题）	不适用		
1.是否有书面程序指引集装箱装载货物前如何检验其完整性			1
2.检验过程是否包括七个点（前、左、右、底、内外顶、内外门和外底盘）			1
3.检验集装箱的人员是否有在检验单上签名			1
4.集装箱或拖车的封条质量是否已达到标准			2
5.是否有明文规定如何保管及使用哪些封条			1
6.用来识别的封条是需要汇报给海关和当地有关机构			1
7.封条号码是否记录在运输单上			1
8.是否妥善保管封条及委派专人管理			1
9.是否所有集装箱或拖车等结构密实并状态良好			1

第16章 采购计划管理表格

本章阅读索引：

16-01 物料需求分析表

物料需求分析表

编号：   日期：

物料名称	存量	各订单需求量预计					不足数量	上次订单余量	订购		预计入库日期	备注
		单1	单2	单3	单4	……			日期	数量		

审核：   分析：   填表：

16-02 物料需求量表

物料需求量表

编号： 制定日期：

产品名称	物料名称	包装方式	规格	单价	类别一		类别二			采购期	预订库存量	库存价值	单位重量	库存总重量	备注
					进口	订购	一般	自行加工	外厂加工	直接使用						

审核： 填表：

16-03 物料需求展开表

物料需求展开表

上线日期： 开单日期：

品名			订单总计数量				订单编号		
序号	物料名称	规格	计量单位	单位准用料量	总需求量	＊可用量	采购量/制造量	预计交货或完成日期	备注

说明：
（1）表中：＊可用量＝实际库存量＋采购或制造中未入库量－未领量（计划生产的用料量）
（2）预计交货或完成日期参阅材料一览表购备时间制定
（3）供货商单价：参阅材料一览表

核准		制表	

16-04 年度（预测）采购需求计划表

年度（预测）采购需求计划表

单位：

序号	项目名称	采购主体	资金来源	项目预算	项目类型	计划采购时间	采购数量	交货期或工期	是否有拆分采购需求	建议采购方式	设备生产周期	备注

总经理：　　　　　　　　　　　副总经理：　　　　　　　　　　　计划经营部：

生产技术处（或相关部室）：　　　　　　　　审核：　　　　　　　　　　制表：

16-05 批次（月度）采购需求计划表

批次（月度）采购需求计划表

部门：

序号	项目名称	项目编号	资金来源	项目预算	项目类型	计划采购时间	采购数量	交货进度	备注

16-06 ＿＿＿年第＿＿＿批次集中采购需求审批表

＿＿＿年第＿＿＿批次集中采购需求审批表

项目单位（盖章）	××单位（计划见附表）
概算总额/万元	
公司项目主管部门意见	

续表

公司物资部（招投标管理中心）意见	
公司监察审计部意见	
公司招投标领导小组办公室/领导小组	

16-07　月度物资需求计划审批表

月度物资需求计划审批表

物资需求部门：	审批意见
物资名称：	公司领导： 　　　　　　　年　月　日
用途说明：	公司主管领导： 　　　　　　　年　月　日
	计划经营部： 　　　　　　　年　月　日
	物资审批部门： 　　　　　　　年　月　日
附：1.月度采购需求计划表	物资需求部门： 　　　　　　　年　月　日
提报人：	电话：
物资供应部：	 　　　　　　　年　月　日

注：1.物资审批说明，综合部审批办公桌椅、计算机、计算机耗材、电话等通信用材类物资。

　　2.人力资源部审批劳保用品类物资。

　　3.其他生产用物资由相关生产技术部门审批。

　　4.物资材料的资金计划由计划经营部审批。

16-08　月度采购需求计划表

月度采购需求计划表

部门：

序号	物资名称	资金来源	概算	规格型号	计划需求时间	采购数量	单位	备注

16-09　项目月度采购计划（____年____月）

项目月度采购计划（____年____月）

一、上月计划执行情况

序号	计划内容	责任人	完成情况	偏差分析	解决办法

二、本月计划

1.采买

序号	内容	建议采购方式	备选供方及选择理由	计划时间（开始至结束）	备注

2.催交与监造

序号	设备名称	合同号	交货期	履约情况	催交计划	责任人

3.检验及运输计划（根据需要填写，可不写）_____

4.其他需要说明的情况（根据需要填写，可不写）_____

5.项目采购中存在的问题和建议（根据需要填写，可不写）_____

16-10 采购计划

采购计划

No.:

序号	名称	规格	物资采购厂家	单位	计划数	库存数	采购数	要求到货日期	备注

编制部门： 批准：

16-11 用料计划表

用料计划表

材料编号	材料名称	材料规格	三月底库存		四月				五月				六月				七月			
			仓库	验收前	已够未入量	总存量	计划用量	本月底结存	已够未入量	总存量	计划用量	本月底结存	已够未入量	总存量	计划用量	本月底结存	已够未入量	总存量	计划用量	本月底结存

注：1. 安全存量为半个月的计划用量。

2. 七月份的计划请购量，若购运时间为三个月，则必须在四月份下订单。

16-12 采购数量计划表

采购数量计划表

每日耗用数量：

供应商	本日存货		本日存货耗用期限	订购日期	I/L申请日期	L/C开出日期	装船			船到入库后总存量
	日期	数量					质量/t	开船日期	抵达日期	

16-13　采购预算表

采购预算表

制表部门：　　　　　　　　　　　　　　　预算期间：　　　　　　　　　　　　单位：元

物品名称及规格	单位	单价	生产需用量	本月末计划库存量	上月末库存量	预计采购量	预计采购金额	预计本期支付采购资金	预计支付前欠货款	预计支付本期货款

审批：　　　　　　　　　　　　　　　　　　　　　　制表人：

16-14　辅助材料采购预算表

辅助材料采购预算表

制表部门：　　　　　　　　　　　　　　　预算期间：　　　　　　　　　　　　单位：元

物品名称及规格	单位	单价	生产需用量	本月末计划库存量	上月末库存量	预计采购量	预计采购金额	预计本期支付采购资金					
								预计支付前欠货款	预计支付本期货款	合计	上旬	中旬	下旬
合计													

审批：　　　　　　　　　　　　　　　　　　　　　　制表人：

16-15 订单采购计划表

订单采购计划表

填写日期： 年 月 日 编号：

物料名称	品名规格	适用产品	上旬		中旬		下旬		库存量	订购量	下单日期
			生产单号	用量	生产单号	用量	生产单号	用量			

第17章 供应商开发管理表格

本章阅读索引：

17-01 潜在供应商推荐表

潜在供应商推荐表

编号：

企业名称：		联系人：	
详细地址：		邮编：	
主要产品：	电话：		传真：
	电子信箱：		网址：
	企业性质：		固定资产：
	成立日期：		员工总数：
企业概况（主要产品生产能力、主要工艺及检测设备等）：			
现配套情况（包括与公司及公司以外企业的配套情况）：			

续表

推荐理由：			
推荐单位/部门：	办理人：	联系电话：	日期：
处理结果： 纳入××有限公司潜在供应商资源库 不纳入××有限公司潜在供应商资源库		备注：	
		办理人： 日期：	

注：1.本推荐表可以分公司或部门名义，也可以个人名义推荐。

2.本推荐表可由公司以外的单位或个人填写推荐，供应商也可自荐。

3.本推荐表按要求填写完后交采购管理室归口办理。

4.其他资料可作为附件附后。

17-02 潜在供应商基本情况调查表

潜在供应商基本情况调查表

一、基本情况
供应商名称：
供应商详细地址：
法人代表：
邮政编码：
注册资本：
企业性质：
企业成立日期：
开户银行及账号：
商务联络人：
商务联系方式（电话/传真）：
网址/电子信箱：
员工总数____人，其中：管理人员____人，技术人员____人
二、调查内容分类
1.企业简介：
2.财务状况：
3.工艺制造能力：
4.产品研发能力：
5.质量保证能力：
6.供货能力及售后服务水平：
7.请同时提供以下资料：
□企业获各类机构认证证书（复印件）
□向国内外主要客户供应产品的情况
□主要产品介绍（应包括产品图片、产品主要性能、技术参数、价格等）

续表

说明：
请供应商填写项目一中的企业基本情况，并按项目二中的调查内容用A4幅面、4号字体将本企业相关资料制作成文本（包括电子文本）。 文本回寄地址： 邮编：　　　　　　　　　TEL：　　　　　　　　　FAX： 电子文本信箱：

17-03　供应商调查问卷

供应商调查问卷

供应商名称：　　　　　　　　　　　　供应商编码：

填表时间：　　年　月　日

填表承诺
谨承诺：此调查表所填内容皆属实，若有任何弄虚作假，因此给××公司造成损失，应承担全部损失赔偿。 　　　　　　　　　　　　　　　　　　　　法人代表签字： 　　　　　　　　　　　　　　　　　　　　　　　年　月　日 　　　　　　　　　　　　　　　　　　　　承诺单位盖章

供应商基本信息调查表

供应商名称（户头）：	盖公章	
统一社会信用代码：		
企业曾用名：		
注册国家：	注册地区（省）：	
注册城市（市）：		
联系人：	联系人职务：	
联系电话1：	联系电话2：	传真：
邮政编码：	电子信箱：	网址：
详细地址：		
以下为财务信息		
国家：	开户行：	
银行账户：		
付款条件：		
付款方式：	结算币种：	

注意：1. 此表请用正楷字认真填写
2. 书写务必清晰准确，不得漏项
3. 联系电话1为供应商厂家电话（必带区号）
4. 财务信息须与发票一致，其他信息不得错、漏、添字
5. 若因填写不清晰出现财务等问题由填写方负责

填写人：	业务员审核：

企业概况

企业全称：		企业地址：
企业性质：	企业规模：	企业信誉：
企业创立日期：		注册资金：　　　　（万元）
企业固定资产：　　（万元）		流动资金：　　　　（万元）
去年销售总额：　　（万元）		去年年产量：　　　（万元）
交货方式：		交货周期：
母公司名称：		母公司注册国家：

母公司是否为500强：

生产基地厂房面积：

关联企业产品线品牌：

股权构成	投资方	出资额	出资比例	出资方式	备注

企业简介：

单位现场照片：

仓储区域照片：

营业执照复印件：

企业整体实力

A. 国际排名第_____名

请列出国际上同行业前几位

1._____　　2._____　　3._____

B. □国内/□省内/□地区/□县内排名第_____名

请列出国内/省内/地区/县内前几位

1._____　　2._____　　3._____

C. 开发能力：□能/□否参与客户设计

续表

成功案例	客户	时间	说明	备注

D.□是　□否为国外知名企业在中国的分公司或设立的独资合资企业

E.企业认证情况：（□是　□否属强制执行有关质量或安全认证行业）

认证名称：　　　　　　　　认证编号：　　　　　　　　到期时间：

F.请提供A、B、C、D中的见证性资料（以上请务必认真填写，将影响对贵司供货资格的确认，见证性资料必须是行业协会排名，政府部门统计年鉴，第三方权威机构排序或新闻媒体公布）

附见证性资料

企业信誉证明复印件（可加附页）

委托代理授权书或长期经销合同（可加附页）

企业产品情况

产品类别：

产品主要技术指标：

产品	指标

主要代理企业及其产品介绍（可加附页）

企业供货历史状况

为××有限公司或其他企业供货明细					
××有限公司	供货事业部名称	部品名称	单价	年供货量	占该事业部比例
其他单位	其他供货单位名称	部品名称	单价	年供货量	占该厂比例

质保能力

同被代理商的质量协议/质量承诺：□有　□无 若有，请将复印件附后。

企业人员构成情况

企业主要负责人						
职务	姓名	年龄	任职时间	学历	职称	联系电话

职工人数：其中本科以上____人，中专以上____人
其中工程技术人员____人，比例
班制：□一班　□二班　□三班。职工月平均工资：_____元

与代理企业签订的质量协议或质量承诺复印件（可加附页）。
代理产品含有欧盟RoHS指令禁止使用的六种有害物质的情况（可加附页）。
企业员工培训材料记录（可附后）。

仓库环境情况

1.本单位是否符合相关的法律法规及其他要求。　　□是　□否 2.对环境有污染的活动是否采取相应的污染消除措施与活动。　　□是　□否 3.单位从事特殊岗位的职工是否进行教育培训。　　□是　□否 4.产品包装物或容器为： 5.废品处理形式：□重新利用　□废料卖出　□其他 6.单位内部是否设置危险物识别标志。　　□是　□否 7.单位内部应急电话：　　　　　　安全控制： 8.对生产环境的要求是什么：　　　　是否能达到：　　□是　□否 9.本单位是否属化工类单位。　　□是　□否 若是，请提供地方环保局提供的检测报告

17-04　供方考察记录表

供方考察记录表

1	企业名称		记录人/日期	
2	负责人或联系人/电话：			
3	地址：		邮编：	

续表

4	企业成立时间（查法人资格/执照）：
5	主要产品：
6	职工人数：
7	年产量/年产值（万元）：
8	生产能力：
9	样机/样品/样件生产周期：
10	生产特点：成批生产□　　流水线大量生产□　　单台生产□
11	主要生产设备：齐全、良好□　　基本齐全、尚可□　　不齐全□
12	国际标准名称/编号： 国家标准名称/编号： 行业标准名称/编号： 企业标准名称/编号：
13	工艺文件：齐备□　　有一部分□　　没有□
14	有检验机构及检验人员，检测设备良好□ 只有兼职检验人员，检测设备一般□ 无检验人员，检测设备短缺，需外协□
15	测量设备校准情况：有计量室□　　全部委托外部计量机构□
16	主要客户（公司/行业）：
17	新产品开发能力：能自行设计开发新产品□　　只能开发简单产品□ 没有自行开发能力□
18	国际合作经验：是外资企业□　　是合资企业□ 与外资企业合作生产全部/部分产品□　　无对外合作经验□
19	职工培训情况：经常、正规地进行□　　不经常开展培训□
20	是否经过产品或体系认证（具体内容）：

17-05　供应商准入与现场考察评价标准（设备专业）（生产商）

供应商准入与现场考察评价标准（设备专业）（生产商）

基本信息	供应商名称	中文名称					
		英文名称					
		单位简称 （中文/英文）					
	注册国别/省份		办公地址		企业网址		
	工商注册地		通信地址		邮政编码		
	法定代表人		办公电话		传真		

续表

基本信息	授权签约人		移动电话		电子邮件	
	业务联系人		移动电话		传真	
	供应商简介与自我评价	不少于300字				
	经营范围	（必须与营业执照范围一致）				
	专业分类（选择）	化工/煤炭/材料/设备	目录分类（选择）	集中采购/企业自采	申请供应产品	物资类别/类别名称
	产品名称		供应产品描述			
	供应商类型	生产商	企业性质		税务资质	
	生产场所面积		原材料库面积		成品库面积	
	单位所属集团公司名称		单位下属分（子）公司名称		是否具有企业内部管理信息系统	□是 □否
	开户银行名称		开户银行账号		银行开户许可证	上传
	统一社会信用代码	填写证号并上传图片	是否年审	□是 □否	证书有效期	年 月 日～年 月 日
	生产许可证号	填写证号并上传图片	是否年审	□是 □否	证书有效期	年 月 日～年 月 日
	质保体系证书号	填写证号并上传图片	是否年审	□是 □否	证书有效期	年 月 日～年 月 日
	法人身份证	上传图片	证书有效期	年 月 日～年 月 日	公司图片	上传3~5张反映公司生产、检测和环境等公司运作情况的照片
	法人委托证书	上传图片	证书有效期	年 月 日～年 月 日		
	企业信用等级证号	填写证号并上传图片	证书有效期	年 月 日～年 月 日		
	恪守商业道德协议书	上传图片	签订日期	年 月 日～年 月 日		
	其他资质证书	其他	上传图片	证书有效期	年 月 日～年 月 日	

续表

评价项目		评价内容/评价标准		结论		得分	存在问题
（一）基本资质（43分）	供应商基本情况	注册信息及上传的基本资质证书是否属实		□是 □否（否决）			
		生产许可证（强制认证）		□是 □否（否决）			
	财务状况（6分）	注册资金（元）（2分）	以营业执照登记为准				
		连续三年利润率（2分）	财务审计报告	□>6%（2分） □2%～6%（1分） □0～2%（0分） □<0（否决）			
		资产负债率（1分）	上一年度数据	□<50%（1分） □50%～60%（0分） □>60%（否决）			
		流动比率（1分）	上一年度数据	□>1.5%（1分） □1%～1.5%（0分） □<1%（否决）			
	管理体系（3分）	是否有权限指引，生产、人事、安全、财务等主要制度是否健全（1分）	权限指引、有关管理制度	□良好（1分） □一般（0分） □较差（-1分）			
		各部门、岗位分工是否明确，工作流程是否顺畅（1分）	岗位说明书、工作流程指引	□良好（1分） □一般（0分） □较差（-1分）			
		是否采用MRP或ERP系统进行内部管理（1分）		□良好（1分） □一般（0分）			
	生产能力（24分）	产能（2分）	（申请）供应产品：年最大生产量，最大产品规格	是否满足需要	□是 □否（否决）		
				与同行业相比	□良好（2分） □一般（1分） □较差（0分）		
		装备（生产、试验、检验设备）能力（18分）	按物资品种进行相应的考察评价				
		生产工艺（2分）	生产工艺描述	生产工艺先进程度	□良好（2分） □一般（1分） □较差（0分）		

续表

评价项目		评价内容/评价标准		结论	得分	存在问题
（一）基本资质（43分）	生产能力（24分）	设计资质（2分）	资质证书	□有行业部门批准的设计许可证（2分） □有具体产品设计许可证（1分） □无（0分）		
	研发能力（5分）	是否有自主产权专利技术、产品、专有技术，是否具有技术国产化成果（2分）	研发的主要新技术是__。新产品是__。专有技术是__。国产化成果是：__	□3项及以上（2分） □1项及以上（1分） □否（0分）		
		是否有研发部门或实验室（2分）	实验室级别： □国家级 □省部级 □企业级	□省部级及以上（2分） □企业级（1分） □其他（0分）		
		研发资金投入（1分）	年投入研发资金__元。研发资金投入与销售收入比例	□>3%（1分） □1%～3%（0.5分） □<1%（0分）		
	销售业绩（申请许可供应产品）（5分）	产品名称及执行标准	（可另附表）	（了解内容）		
		产品成本构成	原材料成本、研发成本、加工成本、检验费用、服务费用、管理成本等占总成本（%）	（了解内容）		
		其他认证要求		□是（+2分） □否（0分）		
		年市场销售额（万元）（2分）				
		申请品种销售额是否高于网内供应商前十名（近三年业绩），该品种平均交易额（%）（1分）		□是（1分） □否（0分）		
		是否在石油石化行业同类装置上有应用（2分）	主要用户： 数量：	□≥3个同类装置（2分） □1～2个同类装置（1分） □无（0分）		
小计分（第一大项小计低于26分，判定否决）						

253

续表

评价项目		评价内容/评价标准	结论	得分	存在问题
（二）质量保证体系（50分）	质量体系（3分）	质量目标近三年是否均达标（1分）	□是（1分） □否（0分）		
		各部门质量职责是否明确（1分）	□是（1分） □否（0分）		
		是否定期进行质量体系内部审核，测试结果是否属实（1分）	□是（1分） □否（0分）		
	采购管理（12分）	供应商管理（4分） 是否对供应商进行评审和认定（1分）	□是（1分） □否（0分）		
		是否有合格供方名录，合格供方名单是否批准（1分）	□是（1分） □否（0分）		
		是否建有供应商数据存储体系，数据是否可追溯（1分）	□是（1分） □否（0分）		
		采购策略是否合理，是否要求供方对原材料不合格品进行整改并有效果确认（1分）	□是（1分） □否（0分）		
		原材料管理（8分） 主要原材料供货渠道是否稳定、可靠（1分）	□稳定（1分） □基本稳定（0分） □不稳定（–1分）		
		原材料及半成品库房管理（是否有待检区，分类是否清晰，码放是否整齐，出入库时间、编号、结存标识是否清楚）（1分）	□是（1分） □否（0分）		
		原材料入厂是否能够自检，还是外委检验（1分）	□自检（1分） □委托检验（0分）		
		是否有检验程序，是否规定分类物资的检验项目、标准及方法。原材料是否按入厂检验程序进行了复检，记录是否可迅速查询（1分）	□是（1分） □否（0分）		
		原材料发生问题是否可追溯（1分）	□是（1分） □否（0分）		

评价项目		评价内容/评价标准	结论	得分	存在问题
（二）质量保证体系（50分）	采购管理（12分）	原材料管理（8分）	原材料及外协、外购件、在制品是否进行标识管理，在储存及运输过程中有无采取防尘、防锈、防碰伤、防雨淋、防污染等措施（1分）	□是（1分） □否（0分）		
			不合格品如何处理？是否建立不合格品（含原料、半成品、成品）管理程序，并设置不合格品隔离区，是否有不合格品检验、处理记录（2分）	□良好（2） □一般（1） □差（0）		
	生产管理（27分）	生产环境（3分）	生产现场管理情况（有无分区域，有无安全通道、有无标识、待加工件和半成品是否码放整齐）（1分）	□良好（1分） □一般（0分） □差（－1分）		
			各要素作业（如生产制造、产品的仓储）以及检验是否在适宜的环境中进行（照明、温度、湿度、振动、噪声、灰尘、用水等），是否有工作保护设施（2分）	□良好（2分） □一般（0分） □差（－2分）		
		作业文件及图纸控制（3分）	各工序的工艺文件及作业指导文件是否都已配备，是否有工序流转卡（1分）	□是（1分） □否（0分）		
			工艺文件和作业指导文件的作业要点、质量检查项目、频度、判定标准及测量工具是否明确，作业人员是否易懂（0.5分）	□是（0.5分） □否（0分）		
			是否有足够的控制以保证操作人员使用正确的文件，是否能防止误用过期规范或图纸（0.5分）	□是（0.5分） □否（0分）		
			客户提供的规范、图纸是否控制良好，并及时评审，保存评审记录（0.5分）	□是（0.5分） □否（0分）		

评价项目		评价内容/评价标准		结论	得分	存在问题
（二）质量保证体系（50分）	生产管理（27分）	作业文件及图纸控制（3分）	图纸在使用过程中发生变更时是否有审批和控制（0.5分）	□是（0.5分） □否（0分）		
		设备管理（3分）	生产设备是否有验收、维护、保养等方面的规定并认真执行。生产设备是否经过验证部门检验，在有效期内，是否有监控记录、检维修记录。配套计量仪表是否在检定期内，是否建立计量仪表专项台账（1分）	□良好（1分） □一般（0分） □差（−1分）		
			是否编制有设备台账，台账是否有型号规格、采购日期及管理编号等信息，是否有定期检查及保养的结果、故障及修理结果等记录（1分）	□良好（1分） □一般（0分） □差（−1分）		
			关键（含特种）设备的调整及参数的设定是否规定有设定人、确认人。设备参数的测量值及设备上的显示值是否在规定范围之内（1分）	□良好（1分） □一般（0分） □差（−1分）		
		生产环节控制（12分）	关键工序、特殊工序是否具有工艺参数运行记录（2分）	□是（2分） □否（0分）		
			各工序流程记录是否保存完好，保证可追溯（2分）	□是（2分） □否（0分）		
			重大更改，包括材料和工艺，在执行前是否通知客户，并取得批准（1分）	□是（1分） □否（−1分）		
			生产环节是否存在异地组装，说明异地组装是否存在因运输条件等合理原因（1分）	□无或原因合理（1分） □存在且原因不合理（0分）		

续表

评价项目			评价内容/评价标准	结论	得分	存在问题
（二）质量保证体系（50分）	生产管理（27分）	生产环节控制（12分）	成品是否有FIFO（先进先出）控制（1分）	□是（1分） □否（0分）		
			是否准时交货，抽查合同执行（2分）	□良好（2分） □一般（0分） □不达标（−2分）		
			产品包装是否符合产品特性（抗震、耐压、耐高温），是否环保（1分）	□是（1分） □否（0分）		
			设备装箱单开具是否规范，填写是否无漏项（1分）	□是（1分） □否（0分）		
			生产状态是否基本恒定，加班赶工问题是否有效控制（1分）	□是（1分） □否（0分）		
		质检管理（6分）	是否设立QA部门，其职责和权力有无书面定义，对不符合质量要求的项目是否有权力中止生产，是否控制检验印章（1分）	□是（1分） □否（0分）		
			QA部门是否发出周期性质量报告，包括合格率、质量问题、客户投诉、缺陷分析等（1分）	□是（1分） □否（0分）		
			检验标准（包括进货检验标准、半成品检验标准及成品检验标准）是否均已制作、分发给必要的部门（1分）	□是（1分） □否（0分）		
			检验标准中的检验项目是否包含了产品的主要技术要求，检验项目（新产品对全项目进行检验，变更后的首件对变更项目及相关项目进行检验）是否适宜（1分）	□是（1分） □否（0分）		
			采取抽检验方式时、在后续工序发现不合格品时是否调整检验频度、抽检数量等（0.5分）	□是（0.5分） □否（0分）		

评价项目		评价内容/评价标准		结论	得分	存在问题
（二）质量保证体系（50分）	生产管理（27分）	质检管理（6分）	出货前是否保证每批产品都经过检验，是否有过程中检验（1分）	□是（1分） □否（0分）		
			检验的数据在保存期限内是否按要求保管、保存，抽查2～3份产品档案（0.5分）	□是（0.5分） □否（0分）		
	人力资源（5分）		职工总数____，其中：管理人员____人，财务人员____人，技术人员____人，质检人员____人，售后服务人员____人	（了解内容）		
			专业人员、检验人员等是否有必要的上岗证书，有证书比例____%。其中：管理人员____人，取证____人。财务人员____人，取证____人。技术人员____人，取证____人。质检人员____人，取证____人（1分）	□全部（1分） □70%以上（含）（0.5分） □小于70%（0分）		
			研发人员总数____人，占员工总数比例____%，其中：教授级____人，高级____人（1分）	□>10%（1分） □3%～10%（0.5分） □<3%（0分）		
			重要岗位员工是否进行上岗前（含安全）培训与考核（1分）	□是（1分） □否（-1分）		
			是否有全员培训计划，培训是否达到预期效果（1分）	□是（1分） □否（0分）		
			是否有内部绩效考核评价体系，员工是否认可（1分）	□是（1分） □否（0分）		
	环保体系（3分）		是否建立健康、安全、环境保证体系（1分）	□是（1分） □否（0分）		
			厂区环境、绿化、卫生情况（1分）	□良好（1分） □一般（0分）		
			制造车间对周边空气、污水、噪声影响情况（1分）	□良好（1分） □一般（0分） □不达标（-1分）		
	小计分（第二大项小计低于30分，判定否决）					
（三）客户服务（7分）	相关制度（1分）		是否设置客户服务部门（0.5分）	□是（0.5分） □否（0分）		
			是否制定客户服务管理办法（0.5分）	□是（0.5分） □否（0分）		

评价项目		评价内容/评价标准	结论	得分	存在问题
（三）客户服务（7分）	服务质量（6分）	是否建立客户投诉记录及处理档案（0.5分）	□是（0.5分） □否（0分）		
		是否进行客户满意度调查和统计（0.5分）	□是（0.5分） □否（0分）		
		客户服务满意度是否高于90%（1分）	□是（1分） □否（0分） □低于85%（否定）		
		是否有客户现场服务记录（1分）	□是（1分） □否（0分）		
		接到用户质量和服务要求后响应时间（2分）	□及时（12小时以内）（2分） □一般（12～48小时）（1分） □不及时（48小时以上）（0分）		
		物流运输组织能力及服务是否到位（1分）	□是（1分） □否（0分）		
	小计分（第三大项小计低于4分，判定否决）				
（四）违约情况（−25分）（适用于年度评审）	违约表现（−25分）	上年度是否被通报存在产品质量问题（−5分）	□严重问题（−5分） □一般问题（−2分） □否（0分）		
		上年度是否被通报存在延迟交货问题（−5分）	□严重问题（−5分） □一般问题（−2分） □否（0分）		
		上年度是否被通报存在售后服务不及时问题（−5分）	□严重问题（−5分） □一般问题（−2分） □否（0分）		
		是否存有违反恪守商业道德协议的行为（−10分）	□是（−10分） □否（0分）		
	小计−25分（第四大项小计低于−15分，判定否决）				
合计	合计分（合计总分低于70分，判定否决）				

注：对于通过入网审核的主机厂家，其自身生产的相应主机的配件增项时无需另行考察，使用企业可直接办理自采品种增项。

	产品名称	规格型号	抽样数量/抽样基数	检验机构	抽样时间	检测结果
主要产品现场抽样（非必填项）						

评价小组意见：	许可供应产品目录	许可供应产品物资类别/物料编码		物资名称		
	结论	（概括说明供应商资质情况，质量保证体系运行情况、售后服务情况、产品抽检结果情况及综合意见）				
	评价小组成员确认	姓名	职务	联系电话	签名	签字日期

单位公章：　　　　　　　　物资供应部门负责人：　　　　　　填表人：

17-06　生产件提交保证书

生产件提交保证书

编号：

零件名称 _____ 零件号和级别 _____

安全/政府法规　□是　　□否

产品图纸更改级别和更改日期

附加产品更改 _____　更改日期 _____

图纸编号或采购订单编号 _____　　质量 _____ 千克

检查用辅助工具 _____　　日期 _____

产品更改水平 _____

供方（制造厂）资料

供方名称 _____　供方代码 _____

地址 _____　邮编 _____

需方名称 _____

需方名称/需方代码 _____　适用车型（机型）_____

提交资料：□尺寸　　□材料/功能　　□外观

提交原因：

□首次提交　　□更改可选用的结构或材料

□产品更改设计　　□分供方或材料来源更改

□工装：转换、代替、整修或附加

□零件加工工艺更改　　□偏差校正

□在其他地方生产零件　　□其他（请说明）

要求提交的等级（选择一项）

□等级1——保证书、外观件批准报告（只适用于提供外观项目的零件）

□等级2——保证书、零件、图样、检查结果、试验室和性能试验结果、外观件批准报告

□等级 3——在需方处：保证书、零件、图纸、检查结果、试验室和性能试验结果、外观件批准报告、工序能力结果、能力研究、工序控制计划、量具研究、FMEA（失效模式与影响分析）

□等级 4——同前面等级 3 内容，但不包括零件

□等级 5——在供方处：保证书、零件、图纸、检查结果、试验室和功能结果、外观件批准报告、工序能力

结果、能力研究、工序控制计划、量具研究、潜在失效模式及后果分析（FMEA）

提交结果

□尺寸测量　　□材料和性能试验

□外观标准　　□统计过程数据

这些结果满足所有图纸和技术规范要求：□是　　　□否（如果选择"否"应解释）

　声明，本保证书使用的样品是我们的代表性零件，已符合需方图纸和技术规范的要求，是在正常生产工装上使用规定的材料制造而成，没有不同于正常加工过程的其他操作。与本声明有差异地方已在下面作了说明。

解释/说明：

供方授权代表签字：　　　　　　　　　　　　部门/职务联系电话日期：

（以下仅供需方使用）

零件交接情况：　　　　　　　　　　　　　　批准拒收其他

需方授权代表签字：　　　　　　　　　　　　部门/职务

日期：

备注：

17-07　零组件审核申请表

零组件审核申请表

编号 :

1.零组件品名： 　零组件规格：	
2.类别：□模具类　　□PCB类　　□线材类　　□印刷类　　□电子零件类　　□标准零组件类 　　　　□其他：	
3.申请项目：□初试　　□量试　　□追踪　　□再审　　□淘汰　　□其他：	
4.供应商： 　公司名称：　　　　　　　　　　　　联络人： 　地址： 　电话： 　代理商：	

续表

公司名称：　　　　　　　　　　　　　　联络人： 地址： 电话： 零组件原厂编号：	
5.应用机种名称：　　　　　　　　　　　机组编号： 申请审核数量（此栏供初试、量试、再审申请时填写）：	
6.申请人：　　　　申请单位：　　　　电话：　　　　地址： 主管：　　　　　　期望完成日期：	
7.审核意见：	
8.审核单位受件日期：　　　　　　　　期望完成日期：	
9.附件： 　样品：（1） 　　　　（2） 　　　　（3）	

申请单位：

17-08　零组件评估报告书

零组件评估报告书

编号：

1.零组件品名： 　产品编号：　　　　　　　已列入合格供应商名册的厂商： 　原厂商型号：
2.测试结果：□合格　　□否决　　□其他：
3.测试项目及结果：   测试地点：　　　　　　　　　　测试人： 测试仪器设备：   4.意见与会签：
5.附件：

17-09 供应商选样检验记录表

供应商选样检验记录表

批准：　　　　　　审核：　　　　　　　　编号：　　　　　所属系列：

类别：□可制性　□转厂　□设变　□其他　　　日期：　　　　　拟制：

名称			料号		数量	
确认次数	第　次	材质		颜色	单重/克	
供应厂商					负责人	
地址					电话/传真	

检测尺寸	图纸尺寸	样品1	样品2	样品3	样品4	样品5	判定	说明

其余尺寸：□符合图纸　　　□参见附页

外观	外观要求	实际外观效果

备注：其余均符合本公司内部外观要求

试验项目	试验项目	实测结果

备注：其余项目符合公司要求

其他：

说明：

注：贵司如有其他产品品质不明事宜，请与本公司联系，谢谢合作

确认结论		是否继续送样		□是　□否
审核		校对		确认人

17-10 供应商现场审核评分表（商务部分）

供应商现场审核评分表（商务部分）

供应商名称：				所供物料：	
序号	项目名称	评审得分	权重/%	加权得分	备注
1	报价		25		
2	计划和在制品跟踪		25		
3	产能计划		20		
4	财务稳定性		10		
5	物流与售后服务		10		
6	配合度		10		
	加权总分				

1.报价

序号	审核内容	差	一般	合格	优
		0	1	2	3
1	是否有及时的一流的报价流程？报价是否经过采购部、销售部、财务部等关键部门会签后，由相关主管领导审批后再发给客户				
2	是否有反馈市场趋势和市场状况的系统				
3	是价格领先者或只是市场跟随者				
4	报价是基于成本模型还是基于市场条件？可否提供BOM分解报价以满足××公司的要求				
5	是否有达到细化到元器件级价格的成本结构				
评价		总分	15	得分	
			得分比例		

2.计划和在制品跟踪

序号	审核内容	差	一般	合格	优
		0	1	2	3
1	如何将客户订单转化为内部生产工作指令？批号如何控制以保证追溯性？是否有制程跟踪卡				
2	是否使用ERP或MRPII系统来编制生产计划				
3	供应商是否愿意和有能力做客户库存管理？是否有采用VMI（供应商管理库存）管理模式				

续表

序号	审核内容	差	一般	合格	优
		0	1	2	3
4	是否保证提供一个固定的货期而非根据市场条件变化？LEAD TIME（前置时间）是否优于行内交期？生产计划和库存周转如何				
5	是否有可以提供给客户的实时的在制品跟踪系统？可追溯性是否强？是否采用条码系统				
6	如果产品在一个班次中没有进展，是否输出报告通知计划部和客户服务部				
7	是否有不影响计划和弹性的工程更改实施系统				
8	准时交货率如何？是怎样跟踪的				
评价		总分　24		得分	
		得分比例			

3.产能计划

序号	审核内容	差	一般	合格	优
		0	1	2	3
1	是否愿意预留产能以满足本公司的需求弹性，而又不要求我们有责任义务？现有产能如何？能否满足本公司需求？预留产能有否规划				
2	是否使用客户的预测做产能计划				
3	是否有系统为VMI或者安全库存				
4	是否愿意投资以避免产能限制				
5	增长计划（通过扩张，新厂或收购）是否与本公司和行业一致				
6	是否有缩短货期的持续改进计划				
评价		总分　18		得分	
		得分比例			

4.财务稳定性

序号	审核内容	差	一般	合格	优
		0	1	2	3
1	供应商过去、现在和预计的销售是否预示正的增长？要求供应商提供前后三年的销售报表和销售计划				
2	供应商声称的利润水平是否显示良好的管理和健康的财务状况				
3	供应商的财务报表是否显示良好的财务状况并将保持？要求供应商提供财务报表、资产负债表等，现金流如何				

序号	审核内容	差	一般	合格	优
		0	1	2	3
4	是否有足够的资金支持（资源）来支撑其运作和增长（评估其资金来源：银行，风险资金，大的母公司，多元化经营的上市公司的一部分等）				
5	供应商的财务状况是否允许投资适当的资金以跟上行业的技术发展				
评价		总分	15	得分	
		得分比例			

5.物流与售后服务

序号	审核内容	差	一般	合格	优
		0	1	2	3
1	供应商是否有能力进行JIT配送与快速反应以达到本公司的紧急订单要求				
2	供应商的物流体系如何布局？能否满足本公司主要的销售网点的配送要求				
3	供应商的售后服务体系如何布局？能否满足本公司主要的销售网点的维修要求				
评价		总分	9	得分	
		得分比例			

6.配合度

序号	审核内容	差	一般	合格	优
		0	1	2	3
1	在本公司供应商的客户群中所占的地位如何				
2	与本公司的发展意向如何？是否具备与本公司共同发展的可能				
3	本公司所用的产品是否是供应商的主导产品				
4	现有的客户群中是否有业内知名企业？是否有资料证明（如查看订单等）				
5	是否有明确的未来三年的技术发展规划？包括人员、资金的投入规划？				
评价		总分	15	得分	
		得分比例			

续表

审核评注：

17-11 供应商现场审核评分表（技术与产能）

供应商现场审核评分表（技术与产能）

供应商名称：				所供物料：	
序号	项目名称	评审得分	权重/%	加权得分	备注
1	设计研发能力		20		
2	技术支持和客户服务（后端）		20		
3	检验检测能力		20		
4	失效分析		15		
5	工程文件控制		15		
6	项目管理能力		10		
	加权总分				

1.设计研发能力

序号	审核内容	评分标准	评分结果
1	是否有预算和投入足够的资金用于新产品的研发？比例多少	每年研发资金投入占公司总收入5%得3分；低于5%大于3%得2分；小于3%得1分；没有研发资金投入得0分	
2	是否有充足的人力资源确保新产品的开发能力？开发人员比例分配及学历是否合理	有足够的资金、配套的技术人员做技术储备，学历的比例分配合理得3分；有技术储备及人力资源储备规划，但投入力度不大得2分；无资金和开发人员投入做技术储备得1分	
3	公司是否为行业内技术开发的领先者？产品的技术处于国内何等水平	公司产品技术先进，属于带领行业技术得3分；产品技术水平一般，属于行业跟随者得2分；没有自己的技术，只是模仿别人技术得1分；技术落后得0分	

序号	审核内容	评分标准	评分结果
4	是否有专人研究和跟踪与公司产品有关的上游新技术	对产品的上游新技术有专门的渠道和专人跟踪，且能够及时获得最新技术并保存得3分；对上游新技术及时地进行收集，但无专人跟踪得2分；对新技术只是进行了解得1分；不进行新技术收集得0分	
5	产品研发机构所具备的开发手段是否先进？包括硬件和软件	有精良的开发软件、开发设备（包括开发设备的数量、精度、设备运行状态等），开发能力处于行业领先水平且能促进本公司产品发展得3分；开发能力处于行业中等水平得2分；开发能力没达到行业中等水平得1分，开发能力弱，技术较落后得0分	
6	是否有程序规范新产品开发、设计评审及试产的总结	有完善的设计开发程序，能够按照程序的要求进行评审及总结，流程清晰，各阶段记录齐全完整得3分；有设计开发程序，能够按照程序的要求进行评审及总结，但记录不完善得2分；有设计开发程序，但没有按照程序的要求进行各阶段的评审和总结得1分；没有程序，没有评审，没有总结得0分	
7	产品开发过程中是否进行了FAI首样检查并保留记录	有FAI首样保留和完善的记录得3分；记录不完善或样品保留不全得2分；无记录或样品不保留得1分；不进行FAI首件检查得0分	
8	新产品试制过程中，是否在技术上有可追溯性？ECN、ECR体系是否完善	产品文件相应的更改记录等保存完善，产品到市场上后有可追溯性或者能够应用条码系统进行追溯得3分；ECN、ECR体系完善，但产品到市场上后有可追溯性但不强得2分；ECN、ECR体系不完善，产品的可追溯性差得1分；产品没有可追溯性得0分	
9	是否采用有效的方法进行设计验证？如DFMEA、QFD	产品设计中能够采用DFMEA或QFD方法进行设计验证，且有相应的工作指引和流程，步骤详细，记录齐全得3分；产品设计中能够采用DFMEA或QFD方法进行设计验证，个别验证步骤短缺，但记录较齐全得2分；产品设计未采用DFMEA或QFD方法进行设计验证，但有可接受的验证过程得1分；不进行设计验证得0分	
10	产品的通用性、兼容性、标准化程度如何？可否与大厂产品相替代	产品的通用性、兼容性强，标准化程度高，有相应规范化制度，可与大厂的产品相互替代得3分；通用性、兼容性一般，但有相应规范化制度得2分；通用性、兼容性差，标准化程度不高得1分；与大厂产品没有兼容性得0分	
11	样品是否做全面的可靠性实验（包括外观机械实验、振动跌落实验、环境实验等）并有实验记录和不合格纠正的闭环过程	样品做过全面的可靠性实验（包括外观机械实验、振动跌落实验、环境实验等）并有实验记录和不合格纠正的闭环过程得3分；有实验记录但无闭环过程得2分；实验不全面得1分；没有进行可靠性试验得0分	

续表

序号	审核内容	评分标准			评分结果
12	产品技术发展方向与××公司产品开发方向是否一致（参考项）	产品技术发展方向与××公司战略方向完全一致得3分；产品技术发展方向与××公司战略方向有相关一致性得2分；产品技术发展方向与××公司战略方向不一致得1分；与产品发展方向相背离0分			
评价		总分	36	得分	
		得分比例			

2.技术支持和客户服务（后端）

序号	审核内容	评分标准			评分结果
1	是否有技术人员对客户进行指导？生产现场是否监督及解决技术问题	能够委派技术人员指导客户，现场解决问题得3分；否则不超过2分			
2	是否有程序、机构和人员对客户进行售后方面的服务	有专门的客户服务部门，对产品的使用能够定期地进行满意度调查和拜访得3分；没有专门的售后服务部门，客户服务是由业务部负责得2分；没有客户服务部门得1分			
3	是否有专职工程师进行产品的各种安检及认证工作	有专职人员负责产品的安检、认证和跟进工作得3分；否则不超过2分			
4	是否有针对本公司的项目工程师或经理负责专项的工作？对本公司的FAE团队数量是否足够	有足够数量的FAE团队，有专职技术人员支持本公司得3分；有足够数量的FAE团队，但没有专职技术人员支持本公司得2分；无FAE团队得0分			
5	是否有PCN工序更改通知制度来确保产品的质量稳定性	工序更改有PCN更改通知，能够及时通知客户，有相应的制度进行保证得3分；工序更改有PCN更改通知，未及时通知客户，但有相关的更改制度得2分；工序更改未有PCN得1分			
6	对客户的反馈的响应速度如何（能否在24小时内给予回复）	对客户要求能在2天内回复并能满足客户要求得3分；对客户要求能在6天内回复并能满足客户要求得2分；对客户要求能在10天内回复并能满足客户要求得1分；无答复客户得0分			
7	技术文档能否对本公司公开？能否满足本公司的技术培训要求	技术文档能对本公司公开，能满足本公司的技术培训要求得3分；技术文档只是部分对本公司公开，但可以对本公司进行技术支持得2分；技术文档只是部分对本公司公开，不能提供对本公司的技术支持得1分；技术文档对本公司不公开，不提供技术支持0分			
评价		总分	21	得分	
		得分比例			

3.检验检测能力

序号	审核内容	评分标准		评分结果
1	所用的检验及测试设备能否满足本企业标准和客户的条件及要求	所有检测或测试设备符合本企业标准的测试要求，以及能够满足客户的要求得3分；个别设备达不到客户的要求得2分；测试设备不标准，测试结果精度较差，不能满足本企业标准要求得1分；无检测或测试设备简陋、精度差得0分		
2	电检的区域划分和安排是否合理？电检的精度是否得到有效的控制？是否对电检人员进行了有效的培训并获得上岗证	电检安排合理，精度进行有效的控制，且电检人员都进行培训并取得上岗证3分；电检安排合理，精度进行有效的控制，但对电检人员未进行培训得2分；进行电检，但没有对精度进行控制得1分；无电检区域得0分		
3	检验及测试工序是否有质量记录	检验和测试工序有记录，且齐全准确，没有涂改得3分；检测和测试工序有记录，记录有涂改得2分；检验或测试记录不齐全，结果误差大得1分；没有记录得0分		
4	是否对产品进行了可靠性及环境试验？生产线上是否进行了老化试验？能力是否满足产量的要求	对产品进行可靠性试验及环境试验，检验项目齐全，符合国标或企标要求，检验能力能够满足量产需求得3分；对产品进行可靠性及环境试验，检验项目不齐全但符合国标或企标要求得2分；试验项目较少，不能满足量产的要求得1分；无试验得0分		
5	检验条件有无达到本公司的要求或行业要求（国标或其他地区标准）	检验或试验的条件按国标执行得3分；检验或试验的条件低于国家标准，但试验条件可以接受得2分；试验条件与国标不符但试验条件本公司可以接受得1分；试验条件与国标或与本公司要求差距较大得0分		
6	是否有其他的专业性的测试能力	除进行标准要求的测试项目外，还有能力进行其他专业性的测试得3分；只能够进行标准的测试项目，其他的专业测试没有得2分；只能够进行简单的测试得1分；所有的测试项目都测试不了得0分		
评价		总分	18	得分	
		得分比例			

4.失效分析

序号	审核内容	评分标准	评分结果
1	是否有专职工程师进行失效性分析和试验	对产品的失效有专门人员进行分析和验证，对失效的原因能够采取相应的纠正措施并能够进行有效验证，并且记录闭环得3分；对产品的失效有专门人员进行分析和验证，并有相应的纠正和预防措施得2分；对产品的失效进行分析，但未有相应的纠正措施得1分；对产品失效不进行分析得0分	

序号	审核内容	评分标准	评分结果
2	是否针对失效性问题成立改进小组并有效地开展工作	对失效元器件的分析能够成立专门的改进小组，并对失效元器件的分析有完整的过程得3分；对失效元器件的分析没有专门小组，只是有相关人员进行分析，有记录得2分；对失效元器件的分析没有记录1分；对失效元器件不进行分析0分	
3	是否对失效性的分析和改进情况进行记录以供他人借鉴	对失效分析过程和改进情况能够进行记录，且记录齐全得3分；否则不超过2分	
4	DFMEA是否被很好地归档	产品开发中，能够运用DFMEA，且DFMEA被很好归档且执行得3分；DFMEA有被归档但没有被执行得2分；DMFA无归档得1分；无DFMEA得0分	
评价		总分	12	得分	
	得分比例		

5.工程文件控制

序号	审核内容	评分标准	评分结果
1	工程文件有相应的发放控制流程，比如工程变更ECN通知、会签、发放流程且所有工程文件版本唯一	工程文件有相应的发放控制流程，如工程变更ECN通知、会签、发放流程且所有工程文件版本唯一得3分；工程文件控制有相应的流程，但个别文件版本不唯一不超过2分；工程文件发放大部分不受控，现行文件有多个版本存在得1分；工程文件控制无相应的发放控制流程得0分	
2	客户技术资料是否有专门的文控中心和人员管理并有详细的记录	客户技术资料有专门的文控中心进行管理或专门人员管理，签收和发放记录详细得3分；客户技术资料有专门的人员保管，但签收和发放记录不齐全得2分；客户资料无专人管理得1分；客户技术资料没有受控得0分	
3	资料更改和物料变更是否及时通知客户并取得客户同意	资料更改和物料变更及时通知客户并取得客户同意后才更改得3分；资料更改和物料变更后能够通知客户，但不征求客户的意见得2分；所有更改不通知客户得0分	
4	如何确保客户资料的更改能第一时间转换为公司资料并执行	对客户资料的更改能第一时间转换成公司内部资料，有相应的转换流程，并能很好地得以实施得3分，否则不超过2分	
评价		总分	12	得分	
	得分比例		

6.项目管理能力

序号	审核内容	评分标准	评分结果
1	是否有项目管理规划？是否有本公司专案或其他大客户专案	有能力独立进行异步开发项目管理能力得3分；有项目管理规划但管理不强计2分；项目管理无规划得1分；无项目管理能力得0分	
2	项目管理支持如何？如储备工作、快速反应制度等	准备工作充分，有快速反应机制得3分；准备工作充分或能够应用项目管理软件推进产品进度得2分；项目管理较乱得1分；全无得0分	
3	客户项目管理是否能满足本公司要求，并在样品、DVT（Design Verification Test，设计验证测试）、NPI（New Product Introduction，新产品导入）、MPI（Mass Product Introduction，量产导入）等各个开发阶段有足够的工程人员支持	有产品开发设计程序，对产品开发有样品、DVT、NPI、MPI等阶段，每一阶段记录齐全，有足够的工程人员支持得3分；有产品开发设计程序，对量产前的产品验证过程不全得2分；只有产品开发设计程序，未很好地实施得1分；全无得0分	
评价		总分 9 得分	
		得分比例	

审核评注：

17-12 供应商现场审核评分表（品质部分）

供应商现场审核评分表（品质部分）

供应商名称：				所供物料：	
序号	项目名称	评审得分	权重/%	加权得分	备注
1	品质方针及目标陈述		8		
2	品质计划		8		
3	先期品质手法		8		
4	文件控制		5		
5	培训		5		
6	采购与供应链管理		8		
7	原材料控制		10		
8	制程控制及全程品质管理		12		

续表

序号	项目名称	评审得分	权重/%	加权得分	备注
9	不良品物料控制		10		
10	纠正及预防措施		10		
11	量测设备/工具控制		10		
12	环境体系及意识		6		
	加权总分				

1.品质方针/品质目标陈述

序号	审核内容	评分标准	评分结果
1	有否ISO 9000、QS 9000或TS 16949质量认证体系认证	有ISO 9000、QS 9000/TL 16949质量认证体系文件,能提供证书得3分;只有ISO 9000得2分;目前没有进行质量认证,但有质量体系认证计划得1分,无质量体系文件,无认证计划得0分	
2	是否制定公司的品质政策、目标、承诺并文件化	有制定公司的品质政策、品质目标且已文件化得3;没有得0分	
3	是否有制定公司的程序文件、组织架构及品质手册等文件	有品质手册、程序文件及组织架构图,且文件完全符合体系要求,组织架构清晰,职责明确得3分;有质量手册、程序文件得2分;只有质量手册得1分;全无得0分	
4	品质目标有无细分到具体部门?是否有达成	公司的品质目标细分到具体部门,具体岗位,有明确的考核方法,且每月都已达成得3分;公司的质量目标只细分到具体部门,且每月都有考核,已达成目标得2分;公司的质量目标没有进行分解得1分;没有质量目标得0分	
5	客户满意度如何体现?有无获得客户奖项	对客户满意度的调查有专门的作业指导书并且定期执行,满意度优得3分;对客户满意度的调查能够定期执行,满意度较好得2分;客户满意度调查较少,满意度一般得1分,未进行调查得0分	
6	公司是否进行产品及制程的检验、测试、监控、查核等作业	在产品实现中,有相关的检验、测试、监控、查核等作业,且每一作业都有详细的作业指导书得3分;在产品实现中,对需要监控的过程缺少相关的检验或查核等作业得2分;在相关的作业中,作业指导书描述不清楚,缺乏指导性得1分;无检验、测试、监控、查核等作业得0分	
7	有否定期的内审和外审计划?内审频率如何?内外审核报告是否闭环	有年度内审计划,每年内审次数≥2次且有管理评审会议记录和有结案落实报告整个过程闭环得3分;管理评审无会议记录或无闭环过程不超过2分;无内审计划或内审频率低得1分;未进行内审得0分	
8	有否建立专门体系推广、客户服务组织来为提升品质服务	有专门的体系推广、客户服务组织来提升品质服务,且有具体案例支持得3分;没有体系推广、客户服务组织提升品质服务得1分	

续表

序号	审核内容	评分标准			评分结果
9	有否PPM统计分析文件系统？DPPM是否≤目标值	有PPM统计分析文件系统且DPPM≤目标值得3分；有PPM统计分析文件系统但DPPM大于1倍目标值，小于2倍目标值得2分；有PPM统计分析文件系统但DPPM大于2倍目标值，小于3倍目标值得1分；无PPM统计分析文件系统得0分			
评价		总分	27	得分	
		得分比例			

2.品质计划

序号	审核内容	评分标准			评分结果
1	是否有专门的小组负责推行品质计划或类似的行为	成立专门的小组进行品质控制计划的推行，且对品质有一定的提升得3分；品质提升由部门其他岗位兼职推行，取得一定的品质提升得2分；没有成立专门小组推行品质计划的得0分			
2	是否有程序清楚地定义量测对象和度量方法	有测量系统文件和度量对象的测试方法，在实际的作业中能够很好地执行得3分；对量测对象有测量方法的说明，能够有很好地指导，但实际作业与说明个别不符得2分；对量测对象没有程序定义及度量方法说明得1分；对应该进行量测的对象，不进行量测作业得0分			
3	是否建立基准性指标（如KPI）和客户满意度来评定产品/服务及部门业绩质量等级	用到KPI（关键绩效指标）考评体系对部门及个人的业绩进行考评，且能够很好地实施，或用客户的满意度基准指标来评定产品及服务等级得3分；用到KPI考评体系对部门及个人的业绩进行考评，但对考评内容没有很好地实施得2分；没有用到KPI等进行业绩考评，有其他的考评体系得1分；无考评体系得0分			
4	是否定期举行管理评审会议并参考内部/外部资料来制订/修改品质计划	对管理评审能够定期举行，并根据评审结果及时修订品质计划得3分；否则不超过2分			
5	是否有采取以预防为主的积极态度来达到改善品质的目的？如何体现	有具体的案例，且记录齐全得3分；没有具体案例不超过2分			
评价		总分	15	得分	
		得分比例			

3.先期品质手法

序号	审核内容	评分标准	评分结果
1	是否有制程控制计划（如PMP/APQP）	有制程控制计划，对关键过程都有品质监控点，且很好地执行，记录齐全得3分；有制程控制计划，但对关键过程监控力度不够，有相关的记录得2分；无制程控制计划，但对关键过程能够进行品质监控，记录不齐全得1分；全无得0分	
2	是否制订质量控制计划（如QC工程图）	有品质控制计划，能够运用QC的相关手法对品质情况进行统计监得3分，否则不超过2分	
3	是否有试产程序及量产程序	产品有试产及量产程序，对每阶段的评审记录齐全，且能够按照程序的要求执行得3分；产品有试产及量产程序，各阶段有相应的评审记录，但记录不齐全得2分；有试产及量产程序，但实际运作没有按程序的要求执行，且记录不齐全得1分；全无得0分	
4	是否用良品/不良品去验证量规、测试仪器及工装的定向性	有对测试仪器及工装等进行定向性验证，有验证记录，齐全得3分，否则不超过2分	
评价		总分　12　得分	
		得分比例	

4.文件控制

序号	审核内容	评分标准	评分结果
1	是否已制定了文件和资料控制程序？外部/内部文件是否有专人管理？是否有专门的文控中心进行管理？内外部文件是否分开管理	有文件控制程序，内、外部文件管理有专门的文控中心且分开管理，有详细的管理流程并严格执行得3分；有文件控制程序，内部文件、外部文件有专门的文控中心得2分；只有文件控制程序得1分；全无得0分	
2	是否收集相关产品设计，以及生产检验所需的国家标准或国际先进标准渠道	有齐全的产品标准清单和国家标准清单得3分，否则不超过2分	
3	ECN/ECR/PCN	工程更改有相应的ECN/ECR/PCN，能够及时通知相关部门及客户，有记录且有很好的追溯性得3分；工程更改有相应的ECN/ECR/PCN，能够及时通知相关部门及客户，追溯性不强2分；工程更改有下发的ECN/ECR/PCN，但对更改结果没有进行有效验证得1分；全无得0分	
4	客户提供的文件（技术/工艺）管理是否符合要求（登记，标识，发放，接收，更改）？生产/检验所用文件是否是有效版本	对客户及内部文件有清晰的接收、发放记录，记录没有涂改现象，生产/检验所用的文件为有效版本得3分；对客户提供的文件及内部文件发放为有效版本，签收记录清晰，换版能够及时收回得2分；客户及内部文件发放不规范，且现场使用检验文件个别有非有效版本得1分；对文件发放没有进行记录，大部分文件未受控得0分	
评价		总分　12　得分	
		得分比例	

5.培训

序号	审核内容	评分标准		评分结果
1	是否有与品质有关的员工所需的培训？有无培训记录	公司有员工引进计划和员工培训计划，能提供计划表，且计划表详细得3分；有员工引进计划和员工培训计划，但不能提供计划表得2分；只有员工培训计划得1分；全无得0分		
2	是否向员工提供客户满意度的培训？用什么方式	公司有对员工进行客户满意度培训，能够提供培训计划及采用授课形式进行培训得3分；有对员工进行客户满意度培训，能够列入年度培训计划得2分；只是对员工进行口头的客户满意度培训得1分；无培训得0分		
3	是否对培训效果进行考核并作为再培训计划和奖罚的参考	对员工进行培训，并进行考核，对考核不合格员工能够进行再培训及考核，且根据结果进行奖罚得3分；对员工进行培训，并进行考核，有再培训制度得2分；对考核不合格的员工不进行再培训得1分；口头说，没有考核，不合格的得0分		
4	相应的培训是否达到本公司期望值	对全体员工进行培训相关的培训，能够达到本公司的期望值得3分，否则不超过2分		
5	是否有年度引进计划？是否制订年度培训计划？（包括培训费用/时间安排/培训对象/层次）是否有培训记录和考核记录？相关品质及关键岗位员工是否有上岗证	制订年度引进计划、培训计划，且内容详细，已按计划实施，有考核记录，关键岗位有上岗证得3分；有年度引进计划、培训计划，内容详细，但没有考核记录得2分；只有简单的培训计划，大部分没有实施得1分；全无得0分		
6	是否对员工进行再培训和再考核？频率如何？是否有记录且及时更新	对员工能够进行再培训及考核，能够定期举行，相关的培训记录及考核记录齐全，再培训记录能够及时更新得3分；对员工只是进行入厂培训，后续不进行再培训，对培训不合格的人员有相关的制度得2分；只是对关键岗位员工进行培训得1分；对员工不进行培训得0分		
评价		总分	18	得分	
		得分比例			

6.采购与供应链管理

序号	审核内容	评分标准	评分结果
1	是否建立正式的采购管理程序及相应的作业流程？与供应商是否签订《技术质量保证协议》	有采购控制程序，且有采购流程，有与供应商签订《技术质量保证协议书》得3分；有程序、有流程但未签订协议得2分；有程序、未有流程得1分；全无得0分	

序号	审核内容	评分标准		评分结果
2	是否制定了供应商评审控制程序？是否有季度考评制度？是否定期进行	有供应商评审控制程序，有季度考评制度且已实施，对供应商的考评有定期执行得3分；有供应商评审控制程序，有季度考评制度，未定期执行得2分；只有供应商评审控制程序得1分；全无得0分		
3	有无核准的供应商AVL存在	有标准的AVL，且AVL内的信息齐全得3分；有AVL，供应商的信息不全得2分；AVL未有公司领导批准得1分；无AVL得0分		
4	是否根据核准的供应商AVL和BOM进行采购？P/O供应商不能全部对应AVL的是否有相应的审批流程	有标准的AVL，P/O供应商全部在AVL内得3分；P/O供应商不能全部对应AVL但有相应的审批流程，所占比例不多得2分；P/O供应商不能全部对应AVL，所占比例较多且没有审批流程得1分；否则得0分		
5	有无针对供应商的CAR？如有是否有及时跟进	对客户的反馈能够及时回复CAR，且针对CAR有跟进得3分；有CAR，但回复供应商不及时得2分；对CAR报告没有进行跟进得1；没有CAR报告得0分		
6	有无制定定期拜访制度？是否有记录	有对上游供应商定期拜访制度并有拜访记录得3分；有供应商拜访制度，无拜访记录得2分；没有供应商拜访制度，能够对供应商进行定期拜访得1分；全无得0分		
7	是否为其供应商制定品质目标	对供应商有制定品质目标和改进目标且已实现，对供应商能够进行定期辅导得3分；有相关的品质目标及改进目标但没有达到期望值得2分；全无得0分		
8	是否有专门的SQA队伍对供应商进行管理	有专门的SQA队伍且定期对供应商的检验标准进行考评得3分；有专门的SQA队伍但对考评制度未定期考评得2分；没有专门的SQA队伍，由其他岗位兼职得1分；对供应商的检验标准不进行考评得0分		
9	对关键器件是否要求上游供应商定期做全面的可靠性试验和第三方认证	对关键器件有要求上游供应商提供全面的可靠的实验报告和第三方认证并有报告得3分；有要求提供全面的可靠的实验报告但没有第三方认证并有报告得2分；上游供应商提供的可靠性试验报告试验项目不齐全得1分；无实验报告提供得0分		
10	是否有对上游供应商样品进行认定及试验考核制度	有对上游供应商样品进行认定及试验考核制度并加以实施得3分；有对样品认定制度和试验考核制度，没有很好地实施得2分；对样品认定和试验有相关的制度，但制度不详细，记录不齐全得1分；无认定及试验制度得0分		
评价		总分	30	得分	
		得分比例		

7.原材料控制

序号	审核内容	评分标准	评分结果
1	是否有核准的采购产品验证控制程序和IQC检验流程	有采购产品验证控制程序和IQC检验流程得3分；只有采购产品验证程序无IQC检验流程得2分；采购产品验证程序不标准，没有IQC检验流程得1分；全无得0分	
2	是否有物料检验制度和抽样AQL值？AQL值是否符合目标值？是否推行零缺陷检验标准	有物料检验制度，AQL值符合目标值，有零缺陷检验标准得3分；有物料检验制度，AQL值确定的得2分；无物料检验制度，对物料随意检验得1分；对物料不检验得0分	
3	是否有免检物料清单？如何界定	有免检供应商或免检物料清单，并有明确的免检标准且免检合理的得3分；有免检清单，有免检标准，但个别免检标准不合理得2分；有免检清单，无免检标准得1分；对大部分物料都不检验得0分	
4	物料发放是否遵循FIFO原则？是否用到色标卡保证FIFO	所有物料发放遵循先进先出原则，且用到色标卡标识保证先进先出的得3分；物料能够遵循先进先出原则，没有用到色标卡的得2分；能够遵循先进先出原则发放物料，但个别批次没有执行得1分；物料发放不遵循先进先出原则得0分	
5	有无"紧急放行制度"来确保未检物料被有效地隔离处置	有紧急放行制度，未检物料能够有效地隔离，案例有会议记录得3分；有紧急放行制度，未检物料有隔离，未有会议记录得2分；有紧急放行制度，未执行得1分；全无得0分	
6	对物料的有效期、储存环境有无相应的程序文件规定？储存环境是否用温、湿度计进行监控？是否有记录	有仓库管理制度，对物料的储存环境及要求有明确规定，储存环境用到温、湿度计进行监控且记录齐全、连续得3分；有仓库管理制度，有温、湿度计监控得2分；有仓库管理制度，未有温、湿度计监控得1分；无仓库管理制度，无温、湿度计监控得0分	
7	是否有核准的PMC作业流程？是否运用ERP系统？都有哪些部门开通此业务？仓库布局、物料分类是否清楚？不合格物料或超期物料有否隔离区域	有PMC作业流程，开通ERP系统，仓库布局合理，不合格物料和超期物料能够隔离放置得3分；有PMC作业流程，开通ERP系统，仓库布局合理得2分；有PMC作业流程，仓库布局合理得1分；无流程，摆放混乱得0分	
8	IQC检验设备是否齐全、数量是否足够、精度是否达到标准精度？是否定期调校	IQC检验设备齐全，足够数量，精度高且有调校记录得3分；IQC检验设备齐全，达到标准精度要求得2分；检验设备不全，精度不能达到标准要求得1分；检验设备不足，设备陈旧得0分	
9	区域标识（待检料、合格品、不合格品）是否清楚？不合格品是否有标识	待检区、合格区、不合格区域划分明确，有标识，清楚，SOP位置显著，且为有效版本得3分；有区域划分，未有标识，SOP为有效版本，但位置不显著得2分；有区域划分，未有区域标识，区域混乱，实际作业中没有按照区域进行得1分；全无得0分	

续表

序号	审核内容	评分标准	评分结果
10	是否有不合格物料控制程序，对来料不合格是否有处理记录？对应的记录、上游供应商是否提供分析报告及采取预防纠正措施及是否有闭环过程	有不合格物料控制程序，对来料不合格有处理记录，有供应商提供的8D报告，形成闭环得3分；有不合格物料控制程序，对来料不合格有处理记录，但供应商提供的8D报告没有闭环得2分；有不合格品控制程序，对来料不合格没有进行处理得1分；全无得0分	
评价		总分 30 得分	
		得分比例	

8. 制程控制及全程品质管理

序号	审核内容	评分标准	评分结果
1	是否有过程控制计划和工艺流程	有工艺流程图及过程控制计划，工艺流程连续，控制点明确得3分；否则不超过2分	
2	是否对关键、特殊过程进行明确的标识并连续监控及记录？是否明确其控制内容	对关键制程有进行明确标识，且进行连续品质监控，并明确其控制内容，记录齐全得3分；对关键制程进行明确标识，且进行连续品质监控，但未明确控制内容，没有记录得2分；对关键制程没有明确标识，没有做重点监控得1分；全无得0分	
3	是否对在用设备进行周期检修和保养？并有做连续记录	对在用设备定期进行维护和保养，有设备点检表，记录连续齐全得3分；对在用设备定期进行维护和保养，有设备点检表，但记录不全不连续得2分；对在用设备未定期维护和保养，没有设备点检表得1分；对在用设备从不维护、陈旧、脏污得0分	
4	作业规范是否有定义物料/夹具的使用（如料号/名，组装工具，检验工具）	有标准的SOP，对物料/夹具的使用操作及要求明确、清楚，能够很好地指导操作人员得3分；有标准的SOP，对物料/夹具的使用操作及要求不明确、个别设置参数与SOP不符得2分；无SOP，但对操作人员有对治具使用有培训得1分；全无得0分	
5	作业规范是否有定义组装规格及机器设定（如锡温，螺栓起扭力设定，调整/测试规格）	有标准的SOP，对锡温、扭力、气压、时间等参数有明确的设定要求，且实际操作与SOP相符得3分；有标准的SOP，对设定的要求不详细，但实际操作按要求执行得2分；有标准的SOP，但实际操作没有按要求执行得1分；没有SOP得0分	
6	是否有专人对工艺定期进行检查？（如PE，QE，IPQC等）是否有巡检记录？巡检频率如何	对生产工艺PE定期进行检查，IPQC能够定期进行巡检，有巡检记录，且巡检频率满足品质要求得3分；对生产工艺PE定期进行检查，IPQC能够定期进行巡检，有巡检记录，但巡检频率较少得2分；对生产工艺PE定期进行检查，IPQC能够定期进行巡检，没有巡检记录得1分；PE未定期进行检查，没有IPQC巡检得0分	

序号	审核内容	评分标准	评分结果
7	生产环境是否彻底执行5S，并保持？检验设备是否在有效期内	厂房及作业环境清洁明亮，工位及生产用具摆放合理整齐，生产现场井然有序，员工持上岗证并严格按照工作指引操作得3分；厂房布局合理，工具摆放整齐，但设备较陈旧得2分；环境较差，工具摆放较乱，区域划分不明确得1分；厂房环境脏污、操作人员无上岗证、工具摆放乱得0分	
8	品质部门的工作流程/分工/岗位责任是否明确？如IQC/IPQC/FQA/OQC/OQA/QE	品质部门的工作流程/分工/岗位责任明确，IQC/IPQC/FQA/OQC/OQA/QE有明确的岗位要求及岗位职责得3分；品质部门的工作流程明确，岗位设置未细化得2分；品质部门的工作流程不明确，岗位设置未细化得1分；否则得0分	
9	是否采用一个有效的实时系统去监控，分析并消除造成不良品的潜在因素（如SPC、柏拉图、趋势图）	生产过程用到SPC及管制图进行统计和有效的实时监控，对超出界限的点有详细的原因分析，纠正措施及预防措施，记录齐全且闭环得3分；生产过程用到SPC进行统计控制，但使用较少或对管制图中超出上下界限的点能够及时地采取纠正措施，但整改结果未有结论得2分；未用到SPC进行统计控制，但有可接受的品质改善计划得1分；全无得0分	
10	是否注明关键工序？对关键制程参数均是否统计管制？（如管制图，C_p/C_{pk}分析）；关键工序的C_{pk}值是否在1.33以上	有定义关键工序，且使用SPC确认和监控所有重要参数，$C_{pk} \geq 1.33$得3分；一些重要参数$C_{pk} < 1.33$，但有可接受的改善计划得2分；所有$C_{pk} < 1.33$，无相应的改善计划得1分；无SPC统计得0分	
11	对SPC管制中出现的不符合目标值项是否有原因分析和纠正措施	有原因分析和纠正措施得3分；有原因分析，没纠正措施得1分；无原因分析，无纠正措施得0分	
12	最终OQA检验标准及采用的AQL值是否达到××公司期望指标	有OQA检验标准，且AQL值能够达到××公司的期望指标得3分；有OQA检验标准，AQL值与××公司的期望值有一定的差距，但能够与行业内的同类物料值相当得2分；AQL值与××公司期望值差距较大得1分；无OQA检验标准得0分	
13	制程不良品超出管制界限时是否有紧急停线定义程序并切实落实	有紧急停线程序，并能很好地实施，且案例记录清楚得3分；有紧急停线程序，没有实施得2分；无紧急停线程序得0分	
14	是否对半成品和成品进行可靠性实验及相关试验（如高低温冲击、振动实验、寿命实验、跌落实验及兼容性实验）	可靠性实验设备齐全且良好，设备新，对所有规定做的可靠性试验都有做，能够提供报告得3分；可靠性实验设备齐全，但设备陈旧，对规定做的可靠性试验只做关键性的部分得2分；可靠性实验设备不齐全，但设备较新，对规定做的可靠性试验只做关键性的部分得1分；全无得0分	

序号	审核内容	评分标准	评分结果
15	产品是否定期抽检做例行性实验并有记录？抽检频率是否达到行内标准	产品能够定期抽检做例行试验，有试验记录及报告，针对试验不合格项能够闭环，且抽检频率能够达到行业标准得3分；产品进行例行试验，有试验记录及报告，针对试验不合格项能够闭环，但频率低于行业抽检频率水平得2分；产品进行例行试验，频率低于行业抽检频率水平，针对试验不合格项未能够闭环得1分；产品没有进行例行试验得0分	
16	针对一些客户对产品的特殊要求，是否针对性地做相应实验并记录或使用相应的原材料或是否针对性地处理	对客户的特殊试验要求能够积极地配合处理，能够进行相关的试验，有试验报告或提供第三方的试验报告得3分；对客户的特殊试验要求能够有针对性地处理，且能够让客户接受得2分；对客户的特殊试验要求回复不积极，采取应付的态度得1分；对客户的特殊试验要求不采取任何回复得0分	
17	制程良率如何？有否达到或超过行业水平	制程良率超过行业水平得3分；制程良率达到行业水平得2分；制程良率低于行业水平得1分；制程良率很差，与行业水平差距较大得0分	
18	产能是否均衡？生产工艺布置是否合理	产能均衡，生产工艺布置合理，设备配备合理，没有瓶颈工艺得3分；产能均衡，工艺布置合理，工序、产能有一定差距得2分；产能配备不合理，有瓶颈工序，但能够采取一些措施进行协调配合得1分；各工艺配置不均衡，工序、产能差距较大，没有采取任何措施协调配合得0分	
19	每个工位区域划分是否有标识	合格区、不合格区、上料区等标识明确、清楚，没有混料现象得3分；没有区域标识，对良品和不良品能够在不同的区域分开，不容易出现混料得2分；没有区域划分，合格品及不良品容易混淆得1分；物料摆放混乱，合格品、不良品等很容易混乱，且经常出现得0分	
评价		总分 57 得分	
		得分比例	

9.不良品物料控制

序号	审核内容	评分标准	评分结果
1	是否有不合格品控制程序？并对不合格品的标识、隔离处置进行控制？是否有对不合格物料及超期物料清退或报废处理流程	有不合格品控制程序，有不合格物料或超期物料的清退或处理流程，对不合格品能够进行标识、隔离处置得3分；有不合格品控制程序，有不合格物料或超期物料的清退或处理流程，但对不合格品未及时处理、标识得2分；只有不合格品处理程序，未有不合格物料或超期物料的清退或处理流程得1分；全无得0分	
2	返修/返工的产品是否进行复检并有记录报告	对返修/返工的产品进行复检、记录齐全，有审批流程得3分；对返修/返工的产品进行复检，但未有报告得2分；对返修/返工的产品不进行复检得0分	

序号	审核内容	评分标准		评分结果
3	是否有程序界定不合格品的处置由MRB会议（至少由品质部、工程部和生产部的负责人组成）进行	对不合格品的处置有程序界定进行处置得3分；没有程序界定得0分		
4	对紧急放行的物料是否按程序召开MRB会议及会签记录	对紧急放行物料的处置由物料审查委员会界定，有相应的流程，且能提供记录得3分；对紧急放行物料的处置由物料审查委员会界定，没有流程，没有记录得2分；对不合格品处理有流程，但没有记录得1分；全无得0分		
5	对客户退货的不合格产品的处置状况是否有记录	对客户退回的不良品进行分析处理，有相应的纠正措施报告，且有记录得3分；对客户退回的不良品进行分析处理，但未有记录得2分；对客户退回的不良品未进行分析处理得0分		
6	是否有相关的程序和措施预防不合格物料的再次产生	对不合格品有相应的程序进行控制，且有预防措施得3分；否则不超过2分		
评价		总分	18	得分
		得分比例		

10.纠正及预防措施

序号	审核内容	评分标准	评分结果
1	针对客户的质量投诉，是否进行专门的登记，是否有专人进行分析，并制定纠正预防措施并及时回复给客户	针对客户的投诉专门进行登记，专门负责分析和处理，回复客户及时得3分；回复客户及时，进行分析、处理和跟进的得2分；回复客户的投诉，未有进行登记，未及时处理得1分；客户的投诉未处理得0分	
2	是否有证据证明采取积极的措施预防问题的再次发生（如实例报告、记录）	有提前预防措施，且很好地实施，记录齐全得3分；有预防措施，记录不全得2分；有预防措施，未有实施，未有记录得1分；全无得0分	
3	是否建立客户CAR系统、内部CAR系统及供应商CAR系统	有内部CAR及供应商CAR系统且已实施得3分；有CAR系统但执行不到位得2分；有CAR系统但未执行得1分；无CAR系统得0分	
4	是否有程序确保在规定时间内回复客户的CAR，并有实例证明	有程序规定回复客户CAR的时间，且针对CAR有跟进得3分；未有相应的程序，有CAR得2分；对CAR报告没有进行跟进得1分；没有CAR报告得0分	
5	是否采用8D或其他正式形式对问题进行追踪和效果确认	对客户的投诉有相应的处理流程和对应的8D报告，且步骤完整得3分；有相应的处理流程，有8D报告，但步骤不全得2分；只有处理流程得1分，无报告得1分；全无得0分	

续表

序号	审核内容	评分标准	评分结果
6	是否建立类似TQM、QCC等品质组织来提升品质	实施全面质量控制，有QCC组织提升品质得3分；实施全面质量控制，没有QCC专门的团队提升品质得2分；未实施全面质量控制，但有提升品质计划得1分；全无得0分	

评价		总分	18	得分	
		得分比例			

11.量测设备/工具控制

序号	审核内容	评分标准	评分结果
1	是否建立内校/外校制度？内校频率是否有规定	对量测设备/工具有内校或外校制度，有校准频率规定，且已实施得3分；只有制度和校准频率得2分；只有制度得1分；全无得0分	
2	实验设备情况是否齐全且良好	试验设备齐全，且设备良好、先进得3分；试验设备不齐全且设备良好得2分；试验设备不全且陈旧得1分；全无得0分	
3	检验、量测及测试设备是否定期校验并有做标识？是否有调校记录	对检验和测试设备/工具定期校验，有调校记录并做标识，且都在有效期内得3分；定期校验，有标识，有效期内，无记录得2分；有校验，超期、无记录得1分；全无得0分	
4	免检装置/已检装置是否有明确标识及规定有效期	免检/已检装置有状态标识，标明有效期得3分；装置有状态标识，个别有效期超期，未及时收回得2分；对于新装置未进行检定或校准，直接使用得1分；对在用装置长期不检定，无标识得0分	
5	标准件是否有正确的存储及管理方法？是否有文件规定量测仪具的存储方法	标准件及量测仪器按要求储存，且有文件规定储存及使用方法，实际操作按要求执行得3分；有文件规定标准件及量测仪器的储存和使用方法，但未按规定执行得2分；未有文件规定标准件和量测仪器的储存方法得1分；全无得0分	
6	是否有检验、量测及测试设备无法校验而应报废的程序	有检验设备报废程序，且已实施得3分；有设备报废程序，对应该报废的设备没有及时停用、报废得2分；没有报废程序，对无法修复的能够及时停用得1分；无报废程序，对设备不进行报废得0分	
7	是否有指定专人负责设备管理并确保未经校准的测量/测试仪器不得用于产品检验	设备和仪器管理有专人负责，且定期内校或外校，未校准的仪器能够定期收回得3分；设备和仪器管理有专人负责，未进行定期校准得2分；设备和仪器管理没有专人负责管理得1分；正在使用的仪器或设备未及时校准，大部分都已超过有效期得0分	

续表

序号	审核内容	评分标准			评分结果
8	是否有程序去验证测试软件的适用性，以确保软件完好并可以继续使用	测试软件有相应的程序进行验证，能够保证软件的准确性得3分；无程序验证得0分			
评价		总分	24	得分	
		得分比例			

12. 环境体系及意识

序号	审核内容	评分标准			评分结果
1	是否通过ISO 14000环境体系认证？是否有环境保护发展方针及规划？	有ISO 14000资格证明，有环境保护发展方针及规划得3分；无环保发展规划得2分；无方针，无规划，但实际作业符合环保要求得1分；否则得0分			
2	是否有ISO 14000审核计划和提供第三方审核报告	有审核计划、有第三方审核报告且对不合格项能够闭环得3分；对内、外审核不合格项个别无闭环得2分；只有内审，无第三方审核报告得1分；全无得0分			
3	特殊材料（如含铅、镉、六价铬、汞、多溴联苯及多溴联苯醚等ROHS禁用的）是否管控	有SGS或ITS报告，对原材料要求上游供应商提供SGS/ITS报告，且齐全得3分；SGS/ITS报告不齐全得2分；无报告得0分（注：对以上六种物质进行管控，且打分为3分的，才能有绿色供应商资格，否则不能作为绿色供应商）			
4	应对欧盟的ROHS/WEEE指令是否有制度	有针对欧盟的ROHS/WEEE规定，能够建立绿色环保体系及相关的管理制度，且已按计划实施得3分；已建立绿色环保体系，但目前还没有进行实质操作得2分；对有害物质只做一些简单的要求得1分；全无得0分			
5	有无专门机构应对绿色环保计划，如进行ITS/SGS等检测机构的检测	成立专门机构应对绿色环保计划，能够定期进行SGS/ITS检测，提供报告得3分；不能提供SGS/ITS报告，但有绿色环保计划且正在实施，对ROHS/WEEE指令中的有害物质能够进行管控得2分；没有绿色环保计划，对ROHS指令的有害物质有相关的限制规定得1分；否则得0分			
6	有无客户的绿色伙伴表彰	获得过多个客户的绿色表彰，有证明得3分；没有获得客户绿色表彰得1分			
7	有无供应商材料的绿色计划及记录建档	对上游供应商材料有绿色计划并建档，有绿色AVL清单及有绿色供应商认定制度得3分；只有绿色AVL清单得2分；只有绿色计划未实施得1分；全无得0分			
评价		总分	21	得分	
		得分比例			

审核评注：

17-13　供方评价报告

供方评价报告

供方名称			主要产品		
各项得分					
生产设备	测试设备	产品质量	质量体系	价格	供货业绩	保密承诺	综合评分

主要生产设备：	主要检测设备：
体系认证名称：	产品认证名称：
时间	时间

品质部人员及其联系方式：

采购部意见： 　　　　　　评价人：　　　　日期：	开发部意见： 　　　　　　评价人：　　　　日期：
品质部意见： 　　　　　　评价人：　　　　日期：	结论： □同意其成为供方 □不同意成为供方 　　　　　　签名：　　　　日期：

第18章 供应商日常管理表格

本章阅读索引：

- A级供应商交货基本状况一览表
- 供应商交货状况一览表
- 供应商跟踪记录表
- 不合格通知单
- 供应商物料报废确认单
- 物料评审扣款通知单

- 供应商每月物料报废清单
- 质量保证协议
- 供应商异常处理联络单
- 采购合同告知供应商函
- 采购合同纠纷起诉书

18-01　A级供应商交货基本状况一览表

A级供应商交货基本状况一览表

分析日期：

序号	供应商名称	所属行业	交货批数	合格批数	特采批数	货退批数	交货评分

制表：　　　　　　　　　　　　　　　　　　　审核：

18-02　供应商交货状况一览表

供应商交货状况一览表

分析期间：　　年　月　日

供应商编号		供应商简称		所属行业	
总交货批次		总交货数量		合格率	
合格批数		特采批数		退货批数	

续表

检验单号	交货日期	料号	名称	规格	交货量	计数分析	计量分析	特检	最后判定
	月　日								
	月　日								
	月　日								

制表：　　　　　　　　　　　　　　　　　　审核：

18-03　供应商跟踪记录表

供应商跟踪记录表

表格编号：　　　　　版本：

日期	供应商编号	供应商名称	联系人	跟踪内容	跟踪结果	记录人

编制：

18-04　不合格通知单

不合格通知单

编号：　　　　　　　　　　　　　　　　　填表日期：　　年　月　日

供应商		交验日期	
物料名称		料号	
交验数量		检验日期	
抽样数量		检验结果	
不良情形及简图			
处理意见			
呈核	经理	审核	检验
重检流程及不良统计			
改善对策			
品管确认	主管	审核	填表

18-05　供应商物料报废确认单

供应商物料报废确认单

致：　　　　　　　　　　　　　　由：

　　　　　　　　　　　　　　　　日期：　　年　月　日

编号：

序号	型号/本厂编号	物料名称	数量	缺陷描述	挑选工时	备注
发出人： 日期：　　年　月　日				供应商确认： 日期：　　年　月　日		

注：请在三天之内回签，超过此期限本企业将作为默认报废处理。

18-06　物料评审扣款通知单

物料评审扣款通知单

　　　　　　　　　　　　　　　　　　　　　日期：　　年　月　日

文件编号：

供应商名称：	供应商编号：
物料名称： 物料编号：	物料编号： 送货单号：
来货日期：　　年　月　日	来货数量：
□拣用　　□加工 原因：	备注：

拣用或加工工时：	扣款总额（大写）：	
PMC签字：	厂长签字：	供应商同意 扣款确认：

18-07　供应商每月物料报废清单

供应商每月物料报废清单

供应商：　　　　　　　　　　　　　　　　　日期：　　年　月　日

序号	型号/本厂编号	物料名称	数量	缺陷描述	挑选工时	确认日期
发出人： 日期：　　年　月　日				审核人： 日期：　　年　月　日		

18–08　质量保证协议

质量保证协议

甲方：××电器有限公司

乙方：＿＿＿＿＿＿＿＿＿＿＿＿＿＿＿＿＿＿＿＿＿＿＿＿＿＿

乙方为甲方提供SW产品用的＿＿＿＿＿＿＿＿＿＿＿＿＿＿＿＿＿

甲、乙双方本着"互惠互利、共同发展"的原则，为确保产品质量的稳定和提高，特签订本协议。

一、乙方为甲方提供的＿＿＿＿＿＿＿＿＿＿＿＿＿＿＿＿＿＿＿＿

质量应满足以下部分或全部要求。

1.甲、乙双方签订＿＿＿＿＿＿＿＿＿＿＿＿＿＿＿＿＿＿＿＿＿＿。

2.甲方提供的技术标准＿＿＿＿＿＿＿＿＿＿＿＿＿＿＿＿＿＿＿。

3.甲方提供的图纸＿＿＿＿＿＿＿＿＿＿＿＿＿＿＿＿＿＿＿＿＿＿。

4.其他补充要求＿＿＿＿＿＿＿＿＿＿＿＿＿＿＿＿＿＿＿＿＿＿＿。

二、乙方对出厂的产品应对以下项目＿＿＿＿＿＿＿＿＿＿＿＿＿＿

＿＿＿＿＿＿＿＿＿＿＿＿＿＿＿＿＿＿＿＿＿＿＿＿＿＿＿＿＿＿＿

＿＿＿＿＿＿＿＿＿＿＿＿＿＿＿＿＿＿＿＿＿＿＿＿＿＿＿＿＿＿＿

进行全程把关，每批产品向甲方提供（用打"√"的方式选择）：

（　　）检验合格证；

（　　）检测报告；

（　　）相关检验原始记录；

（　　）型式试验报告（每年）。

三、甲方对乙方提供的产品质量验收，采用全数据检验或抽样检验两种方法。

1.全数检验，不合格率（P_1）：＿＿＿＿＿＿＿＿＿＿＿＿＿＿＿＿＿。

2.抽样检验：＿＿＿＿＿＿＿＿＿＿＿＿＿＿＿＿＿＿＿＿＿＿＿＿＿。

抽样方案：＿＿＿＿＿＿＿＿＿＿＿＿＿＿＿＿＿＿＿＿＿＿＿＿＿＿。

合格质量水平：＿＿＿＿＿＿＿＿＿＿＿＿＿＿＿＿＿＿＿＿＿＿＿＿。

抽样检验批不合格率（P_2）：＿＿＿＿＿＿＿＿＿＿＿＿＿＿＿＿＿。

四、甲方对乙方提供不合格品的统计范围，应为甲方进厂检验时发现的不合格品、生产过程中发现的不合格品和售后发现的不合格品的总和。

五、产品进货检验全数检验不合格率（P_1）和抽样检验批次不合格率（P_2）的计算公式如下。

全数检验的计算公式为

$$P_1 = \frac{\text{进厂检验判定的不合格品数}}{\text{交验产品总批数}} \times 100\%$$

抽样检验的计算公式为

$$P_2 = \frac{季度抽查不合格批数}{季度抽查总批数} \times 100\%$$

六、产品进厂验收的检验判定依据为：_____

七、质量保证

1.乙方应按甲方的要求，并参照ISO 9000系列标准建立并保持质量体系文件，不断提高质量保证能力。

2.甲方在需要时确认乙方提供的产品在制造过程中的质量保证体系及质量保证的实施状况时，征得乙方同意后方可进入乙方进行质保体系调查。

3.如果乙方将甲方所需的产品全部或部分委托给第三方制造时，甲方有权提出进入第三方调查其质量保证能力，乙方应给予积极协助。

八、为促进乙方的产品质量稳定和提高，甲方根据双方确认属乙方质量责任的不合格品时，可采取以下经济措施。

1.被判为整批不合格的产品应及时通知乙方，经甲方做出可否回用的判定。被判为可回用的产品需办理回用手续并按降级处理，甲方将扣除该批产品总价值的____%；被判为不可回用的不合格品甲方有权做整批退货，并收取乙方该批产品价值的____%作检验费和误工费。

2.合格批中的不合格品甲方除退货外，还应收取乙方退货价的_____%作检验费与误工费。

3.如因整批不合格退回，乙方不能及时再次提供合格品，甲方因此停产造成的一切经济损失，乙方必须负全部责任。

4.乙方为甲方提供的产品、原材料、零配件的制造工艺发生改变时，必须事先通知甲方，征得甲方同意；否则由此造成的一切经济损失由乙方承担。

5.如果乙方产品质量连续两个月达不到本协议规定的质量要求，或发生重大质量问题，除执行本协议的有关条款外，甲方有权减少乙方的供货量或终止协议，取消乙方定点资格。

九、因乙方提供的产品出现质量问题造成重大事故，按国家质量法处理。

十、其他补充条款_____

_____

_____

_____

_____

十一、当甲、乙双方认为本协议条款需要变更时，由双方协商重新签订协议。

十二、本协议未签事宜，由甲、乙双方共同协商解决。

十三、本协议一式四份，甲、乙双方各执两份，经双方签字盖章后生效。

18-09　供应商异常处理联络单

供应商异常处理联络单

自至	
电话：	E-mail：
日期：	编号：

续表

以下材料，请分析其不良原因，并拟订预防纠正措施及改善计划期限					
料号		品名		验收单号	
交货日期		数量		不良率	
库存不良品		制程在制品		库存良品	

异常现象

IQC主管：　　　　　　　检验员：

异常原因分析（供应商填写）：

确认：　　　　　　　分析：

预防纠正措施及改善期限（供应商填写）

暂时对策：

永久对策：

审核：　　　　　　　确认：

改善完成确认：

核准：　　　　　　　确认：

注：1. 该通知就被判定拒收或特别采用的检验批向供应厂商发出。

2. 供应厂商应限期回复。

18-10　采购合同告知供应商函

采购合同告知供应商函

各位尊敬的供应商：

多年来，我公司取得了良好的经营业绩，得益于各位供应商的支持、理解与配合，为了将来能够更好地将我们共同的品牌做好，我公司需要将自己的工作做得更加规范、严谨，因此，在我公司今后的采购中与各位供应商有如下约定，现告知各位，我们共同遵守。

1. 我公司所有生产用物资、大宗原材料的采购都必须签订合同，如果贵方的业务人员不在我公司，不方便直接签订合同时，也要通过传真、邮件、短信、电话等方式，双方明确认合同约定内容。短信、电话方式约定的订货合同，双方业务人员有责任在短时间内补签正式合同。

2. 在合同内容中，对供货时间、数量等内容必须要明确，质量要求以双方事先约定的质量标准和验收方法为准，如有不清楚可再次询问。如果贵方不同意接受订单，请详细说明理由。

3. 贵方不能按我方要求签订合同时，贵方的理由我们会详细记录，如果我方认为贵方的理由成立，则将记录存入供应商档案；如果我方认为贵方的理由不成立，则将记录的内容报供应部主任，如果事情紧急，主任不在，可能会直接上报我公司领导。

4. 贵方不能够按照双方约定的时间、数量、质量完成供货的，其中任何一项不能按约定完成的，都属于违约。出现违约，无论是哪个厂家、哪个品种、违约程度轻重，一律如实记录，也无论是否追究违约责任，都要记入供应商档案。

5. 对于供应商的违约行为，我方一律按合同约定执行，如果贵方仍有异议，可向我方公司领导申诉，或按合同约定执行。

6. 违约责任。

（1）不能按规定时间完成的。

① 迟交1～2天的，属轻微违约行为，只提示违约而不进行经济责任追究。

② 迟交3～7天的，属一般违约行为，按货款总额的0.5%/天追究经济责任，如果是紧急需要的，或是我方重点品种的，则按1%/天追究经济责任。

③ 超出7天的，属严重违约行为，按货款总额的1%/天追究经济责任，如果是紧急需要的，或是我方重点品种的，按5%/天追究经济责任。

（2）不能按约定数量完成的。

① 与总约定数量有10%～20%出入的，属轻微违约行为，只提示违约而不进行经济责任追究。

② 与总约定数量有20%～50%出入的，属一般违约行为，且经过积极安排，没有给我方造成不利影响的，按合同总金额3%的比率追究经济责任，如果是紧急需要的，或是我方的重点品种的，按合同总金额5%的比率追究经济责任。

③ 与总约定数量有50%出入的，属严重违约行为，按合同总金额5%的比率追究经济责任，如果是紧急需要的，或是我方重点品种的，按合同总金额20%追究经济责任；质量方面出现违约及达不到我方质量要求标准的，按我方相关规定执行，或按《中华人民共和国民法典》有关条款执行。

7. 经济责任追究。

执行扣款时，业务人员负责通知被扣单位，并详细解释扣除原因及依据，如贵方仍有异议，可向我方公司领导反映。

8. 当我方业务人员在签订合同时，贵方如果没有明确表示是否接受该合同，可以有一天的考虑时间，一天后如果没有明确答复，我方将按贵方自动放弃该订单对待，如果是贵方的中标品种，我方将按贵方该品种上不能履行投标合同对待。

9. 我方规定，一般批量（5000～10000套）的成型盒的生产周期为20～30天，一般批量的卡盒生产周期为10～15天，陶瓷瓶的生产周期为45～60天，玻璃瓶的生产周期为15～20天，瓶盖的生产周期为15～20天，其他特殊材质的材料生产周期在签订合同时另行约定，如果不能按生产周期完成的，请在接到订货合同2日内明确说明原因，我方认可的可以延期，否则，另行安排其他供应商生产。同时，我方根据具体情况，记录为一般违约或严重违约。

10. 两次轻微违约，记为一次一般违约，两次一般违约，记为一次严重违约，出现两次严重违约的供应商，供应资质降低一级，被降级两次的供应商，或连续两次放弃订单的供应商，由我方组织考察组进行考察。

以上内容，作为我们双方的约定，如果有疑问或不同意见，请在接到此函3日内与我方取得联系。

再次感谢各位供应商对我公司工作的支持，希望我们将来的合作更加顺畅、愉快！

×× 实业有限公司供应部

×××× 年 ×× 月 ×× 日

18-11　采购合同纠纷起诉书

采购合同纠纷起诉书

原告：××贸易中心，地址：＿＿＿＿＿＿＿。

法定代表人：王××，性别：男，年龄：42岁，职务：经理，住址：＿＿＿＿＿＿。

诉讼代理人：丁××，性别：男，年龄：30岁，职务：供销科长，住址：＿＿＿＿＿。

被告：××贸易有限公司，地址：＿＿＿＿＿＿＿。

请求事项：

请求人民法院根据《中华人民共和国民法典》的相关规定，追回××贸易有限公司欠我方货款14.5万元，赔偿所欠货款利息及有关损失，依法维护我方的合法权益。

事实和理由：

20××年1月23日、2月6日，我方采购员王××先后两次与××贸易有限公司经理李××签订购销合同。第一份合同为购买各种规格的圆钉共50吨，每吨单价0.22万元，合计人民币11万元。第二份合同为购买镀锌8号线200吨，每吨单价0.165万元，合计人民币33万元。我方严格按合同规定办事，合同签订后一个星期内，分别将两笔货款汇到××贸易有限公司的指定账号上，共计人民币44万元。

但是，××贸易有限公司却不按合同规定办事。我方第一批货款11万元汇出后一个月，××贸易有限公司才首次发出圆钉20吨，其余30吨再无音讯。第二批货款33万元汇出后，××贸易有限公司也未将镀锌8号线发出。我方多次发出函电催货，××贸易有限公司都不予理会。4月份以来，我方两次派人专程去找××贸易有限公司经理李××面商，并主动提出，如无货物，可以退款。李××多方推脱责任、继续拖延。至今也未将货物发出，又不向我方退回货款。

两份合同都有规定：供方在货款到后10日内未将货物发出，处以货款10%的罚款。××贸易有限公司收到我方的货款已经有85天，仍未把货物发齐，实属严重违反合同规定。为此，我方经营活动受到了严重影响，直接经济损失估计近10万元。

为维护我方的合法权益，请求人民法院依法予以处理。

此致

××市中级人民法院

起诉人：××贸易中心

（盖章）

20××年8月1日

第19章 供应商考核管理表格

本章阅读索引：

- ·供应商定期评审表
- ·供应商分级评鉴表
- ·供应商绩效考核分数表
- ·供应商年度综合评价表
- ·合格供应商资格取消申请表

19-01 供应商定期评审表

供应商定期评审表

供应商：

1	历史统计信用情况		
合同总数量	完成情况	依时完成率/%	请选择：
			□合格　□不合格
2	产品质量情况		
送货批次	验收合格	合格率/%	请选择：
			□合格　□不合格

评审日期：　　　　　　　评审人：　　　　　　　编制：

19-02 供应商分级评鉴表

供应商分级评鉴表

调查评鉴项目	评分标准						评分结果
		5	4	3	2	1	
1.品质保证组织或体制 ①相关规定或组织 ②委员会或委员的活动 ③品质保证的相关教育		有 有 实施				没有 没有 未实施	

续表

调查评鉴项目	评分标准						评分结果
		5	4	3	2	1	
2.开发、设计及技术部门的体制 ①开发及设计程序 ②用户需求规范的确认状况 ③技术者的水准	充分 充分 充分					不充分 不充分 不充分	
3.不良、故障情报的取得及防止再发对策 ①不良信息的把握及处理程序 ②工程不良相关情报及处理程序 ③原因追查及防止再发对策	充分 充分 彻底					不充分 不充分 不彻底	
4.材料及协力厂管理 ①材料、购买、订制品的收货检验程序 ②材料、购买、订制品的保管场所 ③在库管理（数量、异动期、账册记录、滞用料品质、发料作业） ④材料、购买、订制品的对策报告书 ⑤外协工厂指导	好 适 好 有 充分					不好 不适 不好 没有 不充分	
5.作业标准及制程管理 ①作业标准指导书 ②作业标准的遵行状况 ③批次生产管理方法 ④工程间不良情报的通告 ⑤工程中不良品的处理及对策 ⑥作业环境 ⑦作业态度 ⑧厂房布置 ⑨作业改善状况	有 充分 有 有 确实 好 好 好 充分					没有 不充分 没有 没有 不确实 不好 不好 不好 不充分	
6.制造设备管理 ①制造机械、工具类的保养规定 ②保养规定的实施状况	有 好					没有 不好	
7.计量管理 ①计量管理规定 ②规定的实施状况 ③基准检查的质与量 ④工程计测器的整备	有 充分 充分 充分					没有 不充分 不充分 不充分	
8.检查 ①检查组织的独立性 ②检查员工的能力 ③检查标准 ④标准的实施	有 充分 有 充分					没有 不充分 没有 不充分	

调查评鉴项目	评分标准						评分结果
		5	4	3	2	1	
⑤检查判定准则的制定	有						没有	
⑥检查记录的整理	好						不好	
⑦限度基准（样品或照片）	有						没有	
⑧检查设备的质与量	充分						不充分	
⑨检查设备点检	好						不好	
⑩检查环境	适						不适	
9.包装、储存及输送								
①包装状况	适						不适	
②输送状况	适						不适	
③保管场所	适						不适	
10.可靠度试验								
①可靠度试验计划（时间、数量）	适						不适	
②环境试验								
a.耐候性试验	实施						未实施	
b.机械的强度试验	实施						未实施	
c.其他指定项目试验	实施						未实施	
③可靠度试验记录	充分						不充分	
④故障解析	实施						未实施	
11.其他								
①环保设施								
②省能源装置								
③安全卫生								
评点合计								

19-03　供应商绩效考核分数表

供应商绩效考核分数表

采购材料：

评比项目	满分/分	评估分			
		供应商 A	供应商 B	供应商 C	供应商 D
价格	15				
品质	60				
交期交量	10				
配合度	10				
其他	5				
总分					

19-04 供应商年度综合评价表

供应商年度综合评价表

供应商名称	供货业绩						其他业绩			评分结果	
	供货批	合格批	合格率	评分	交货准时率	评分	服务态度	价格合理	供货经验	综合评分	标记

备注：
1.供货批＝供应商全年交货总次数
2.合格批＝单次交货合格率95%以上总次数
3.合格率＝合格批/供货批×100%
4.标记栏中"＊"表示优秀供应商；"√"表示继续保留其供应商资格；"×"表示取消其供应商资格

统计： 审核： 批准： 日期：

19-05 合格供应商资格取消申请表

合格供应商资格取消申请表

厂商名称		代号		供应品名	
取消理由：					
申请部门		申请人		日期	
相关部门意见：					
总经理意见：					
结果				生效日期	

第20章 采购订单跟进管理表格

本章阅读索引：

20-01 采购申请单

采购申请单

请购部门		请购日期			交货地点				单据号码	
项次	物料编号	品名	规格	请购数量	库存数量	需求日期	需求数量	单位	技术协议及要求	
会签说明			采购部门		请购部门					
			主管	经办	批准	主管	申请人			
分单	第一联：采购单位（白），第二联：财务部（红），第三联：请购单位（蓝）									

20-02 请购单

请购单

请购单位： 请购日期： 年 月 日

料号	品名	规格	单位	数量	需求日期
用途说明					
会计		采购		主管	

注：请于需求日前三日填写本单以利作业。

20-03 临时采购申请单

临时采购申请单

No.：

申请部门		申购人		申购日期	
申购物资品名				数量	
申购原因：					
审批意见：					
			签名：	日期：	

20-04 采购变更申请单

采购变更申请单

请购部门			原请购单编号		
品名		规格		采购日期	
变动内容					
变动原因					
联系电话			经办人		

采购部意见	采购专员		采购主管		采购经理	
	日期： 年 月 日		日期： 年 月 日		（盖章） 年 月 日	
财务部核准意见	经办人			负责人		
	日期： 年 月 日			（盖章） 年 月 日		
主管副总经理				（盖章） 年 月 日		
总经理				（盖章） 年 月 日		
备注	1.随附资料：原采购请购书复印件、已采购合同复印件 2.本表一式四份，请购部门、采购部、财务部、总经办各一份					

20-05 采购变更审批表

采购变更审批表

编号：   申请日期： 年 月 日

申请部门			
变更内容概述			
原采购请购单编号		原采购审批表编号	
变更金额		变更采购方式	
部门经理意见			
采购经办人意见			
采购经理意见			
财务经理意见			
主管副总经理意见			
总经理意见			
批复文号		是否通过审批	□是　　□否
附件			

制表人：   电话：

20-06 采购订单

采购订单

采购申请部门			申请日期			单据号码	
供应厂商名称			交货地点			请购单号	

项次	料号	品名	规格	数量	单位	单价	总价	交货日期	技术协议及要求

采购部	经办		总经理批准		合计	税前金额	
	科长					税额	
	经理					税后金额	

注意事项	1.厂商须严守交货日期，若逾期交货时，每延迟一天，买方可扣该批货款5‰，或将订单全部取消 2.本公司如有指定质量标准时则依之，若本公司未指定质量标准时则依双方共同认定标准或有资格机构所认定的标准 3.厂商如因交货延误、规格不符、质量不符、数量不足等而造成本公司的损失，厂商应负完全责任 4.本次订单内容或附件如有更换，由采购人员通知贵厂商后，原件请自行作废，不再回收
	附件：□样品 □样品 □样品 □样品
分单	第一联：厂商（白） 第二联：原物料仓库（红） 第三联：财务部（黄）

20-07 供应商总体订单容量统计表

供应商总体订单容量统计表

单位：

日期	供应商	可供给物品量		
		型号（A）	型号（B）	型号（C）
月 日	A			
月 日	B			
月 日	C			
	合计			

20-08　物料订购跟催表

物料订购跟催表

分类：　　　　　　　　　　　　　　　　　　　　　　　　　　跟催员：

订购日	订购单号	料号（规格）	数量	单价	总价	供应商（编号）	计划进料日	实际进料日		
								1	2	3

20-09　到期未交货物料一览表

到期未交货物料一览表

签约日期	合同编号	物料名称及规范	数量	单位	约定交货日期	备注

本单一式三联：一联送供应商，一联送仓库转请购部门，一联留采购主管存查

20-10　采购订单进展状态一览表

采购订单进展状态一览表

序号	物料									订单状态										物料入库数量总和	备注
										供应商一					供应商二						
	物料编码	名称	型号、描述	年需求量	单位	开始日期	完成日期	订单计划编号	订单经办人员	选择	订单合同	跟踪	检验	接收入库	付款	选择	订单合同	跟踪	检验	接收入库	付款		

20-11　采购追踪记录表

采购追踪记录表

编号	请购单						报价供应商及价格	订购单								验收		
	请购总号	发出日期	收到日期	品名/规格	数量	需要日期		日期	编号	数量	单价	金额	交货日期	供应商		日期	数量	检验情形
备注：																		

20-12　交期控制表

交期控制表

月　日至　月　日

预订交期	请购日期	请购单号	物品名称	数量	供应商	单价	验收	日期	延迟日数
备注：									

20-13　资金支出（采购）计划

资金支出（采购）计划

填报部门：　　　　　　　　　　　计划期间：　　　　　　　　　　　　　　　　单位：元

序号	用于项目	金额	收款单位相关资料			付款方式
			单位全称	开户银行	银行账号	

填报人：　　　　　采购经理：　　　　　财务会签：　　　　　主管领导：　　　　　填报时间：

20-14 预付款申请表

预付款申请表

申请部门			申请人	
付款类别	□定金（尚未开发票） □分批交货暂支款			
付款金额				
说明				

采购经理审核：　　　　　　　　　财务部：　　　　　　　　　　总经理：

20-15 请款单

请款单

请款金额		请款部门		请款人		请款日期	
合同编号		合同经办人		签订付款额		已付款额	
入库验收人		入库时间		付款时间		欠付款	
财务部 审核意见							
收款单位							
开户行							
账号							
请款理由：				采购部审核意见：			
审批意见：							

20-16 付款申请表

付款申请表

申请表编号：　　　　　　　　　　申请时间：
企业名称：　　　　　　　　　　　地址：　　　　　　　　　　电话：
收款单位名称：　　　　　　　　　地址：　　　　　　　　　　电话：

序号	材料编码	名称	型号描述	合同编号	合同数量	单位	单价	入库数量	金额	备注
合计										

续表

总金额 （大写）	佰　拾　万　仟　佰　拾　元　角　分		
特别说明	后付单据		
	其他说明		
付款申请人		采购经理审核	
总经理审批		财务部审批	

20-17 货款结算单

货款结算单

编号：

供应商			合同号									
时间			收货单号									
验收单号												
品种	规格	结算规格	换算率	计算单位	数量	面积	含税单价	不含税单价	税率/%	金额	税额	价税合计
合计												
预付金额：				实付金额（大写）：								
备注：												
经办人			财务负责人				制表人					

20-18 采购付款汇总表

采购付款汇总表

工程项目名称：　　　　　　　　　时间：　　　　　　　　　　　　单位：元

序号	供货单位	材料名称	规格型号	单位	数量	单价	结算金额	退货数量	退货金额	质量罚款	已付款	欠款	备注
		材料款总计											

项目经理：　　　　　　材料主管：　　　　　　　材料员：　　　　　会计：

第21章 仓储管理表格

本章阅读索引：

21—01 货位卡

货位卡

品名：　　　　　　　　　　规格：　　　　　　　　　　　　单位：

编号/批号		货位号		检验单号			有效期		复验期	
厂家批号										
年		来源去向	入库件数	入库量	出库件数	出库量	结存件数	结存量	签名	备注
月	日									

21-02　物料编号资料表

物料编号资料表

编号：
页次：

物料编号	类别	名称	规格	用途		单价	供应商	代用件编号
				专	共			

21-03　库位调整单

库位调整单

编号	产品名称	产品规格	数量	调整前库位	调整后库位

调整前仓管签名：　　　　　　　调整后仓管签名：　　　　　　　日期：　年　月　日

21-04　到货交接表

到货交接表

编号：
日期：　年　月　日

收货人	发站	发货人	货物名称	标志标记	单位	件数	质量	货物存放处	车号	运单号	提料单号
备注											

提货人：　　　　　　　　　　经办人：　　　　　　　　　　接收人：

21-05 原材料验收单

原材料验收单

编号：　　　　　　　　订购单编号：　　　　　　　　　　　日期：　　年　月　日

进料时间	料号	厂商名称	订购数	交货数
订单编号	发票规格	品名/规格	点收数	实收数
检验项目	检验规格	检验状况	数量	
AQL（允收水准）值		严重	一般	轻微
检验数量	不良数	不良率	判定	
			□允收　□拒收　□特采　□全检	
质量经理	仓储经理	验收主管	验收专员	备注

21-06 零配件验收单

零配件验收单

编号：　　　　　　　　　　　　　　　　　　　填写日期：　　年　月　日

采购单号		零件名称		编号									
供应商				数量									
验收项目	标准	抽样结果记录											备注
		1	2	3	4	5	6	7	8	9	10	11	...
1.													
2.													
3.													
4.													
5.													
...													
验收结果　□及格　□不及格　□其他			审核					验收专员					

21-07 外协品验收单

外协品验收单

编号：   填写日期：　　年　月　日

承制厂商		编号		送货日期	
品名		交货数量		箱数	
实际点收数量		点收人		点收日期	
质量验收方式	□全检　□抽检　□免检				

项次	检验项目	规格值	实测值		判定
1					
2					
3					
…					
综合判定	□允收　　□特采　　□选别　　□拒收				

备注	质量管理部		仓储部	
	主管	检验员	主管	经办

21-08 货物验收单

货物验收单

订购单编号：   编号：   填写日期：　　年　月　日

编号	名称	订购数量	规格符合		单位	实收数量	单价	总价
			是	否				

是否分批交货	□是 □否	会计科目		厂商供应		合计	
检查方式	抽样（__%不合格） 全数（__个不合格）	验收结果		检查主管		检查员	

总经理	财务部		仓储部		采购部	
	财务主管	核算员	仓储主管	验收专员	采购主管	制单员

21-09 物资验收日报表

物资验收日报表

		检验主管	制表人

编号：　　　　　　　　　日期：　　年　月　日

国外来料												
序号	品名	规格	数量	供应商	检验方式		不合格	不良品数	主要不良表现	处置		
					全检	抽检				允收	拒收	选别

国内来料												
序号	品名	规格	数量	供应商	检验方式		不合格	不良品数	主要不良表现	处置		
					全检	抽检				允收	拒收	选别
本日备注												

21-10 物品入库单

物品入库单

采购合同号：　　　　　　　件数：　　　　　　入库时间：

物品名称	品种	型号	编号	数量			进货单价	金额	结算方式	
				进货量	实点量	量差			合同	现款

采购部经理：　　　　　　　采购员：　　　　　仓管员：　　　核价员：

　　说明：物品入库单一式三联，第一联留做仓库登记实物账。第二联交给采购部门，作为采购员办理付款的依据。第三联交给财务记账。

21-11　补货单

补货单

类别			补货日期/时间：			本单编号：		
项次	存放储位	品名	货品编号	货源储位	单位	补货数量	实发数量

点收：　　　　　　　　　　　　　　　　　　经办：

21-12　库存表

库存表

项次	货品名称/规格	货品编号	出/入库日期	出/入库单据编号	收发记录				备注
					昨日库存量	入库量	发货量	结存量	

主管：　　　　　　　　　　　　　　　　　　经办：

21-13　限额发料单

限额发料单

编号：　　　　　　　　　　　　　　　　　　　　　　　领料日期：　　年　月　日

领料部门			仓库		物料用途			
计划生产量				实际生产量				
物料名称	物料编号	物料规格	单位	领用限额	调整后的领用限额	实际耗用量		
						数量	单价	金额

续表

发料记录								
发料日期	请领数量	实际发放量			退料数量			限额结余
		数量	发料人	领料人	数量	发料人	领料人	
生产部		采购部		仓储部		领料单位		

21-14　物资提货单

物资提货单

日期：　年　月　日

项目	产品	料号	品名规格	单位	数量	说明
						□销货
						□样品
						□检验
						□其他
厂长批示	生产部经理		质管部		仓储部	提货人

21-15　仓库发货通知单

仓库发货通知单

编号：

客户名称：　　　　　　　　　　　订单号码：

地址：

交货日期：　年　月　日　　　　　□一次交货　□分批交货

产品名称	产品编号	数量	单价	金额
总价				

仓库：　　　　　　主管：　　　　　　核准：　　　　　　填单：

21-16 出货指示

出货指示

车号：
驾驶：

出货日期：
出货时间：

品名	数量	客户名称	出货地点	领货地点	领货签章	备注

21-17 出货记录表

出货记录表

日期：

车牌号：				转运国家/地区：						
货柜号/材积：				转运城市/港口：						
运输公司：				目的国家/地区：						
运单号：		司机姓名：		目的地城市名：						
序号	品名	型号	数量	单位	订单号	包装状态	箱数	货盘数	流水号	备注

进入时间：　　　　　开始时间：　　　　　完成时间：

特别事项说明：

经手人：　　　　　批准人：　　　　　司机：

21-18 出库复核记录表

出库复核记录表

序号	出库日期	物品名称	规格	物品编号	数量	批号	提货单位	发货人	品质情况	复核人	备注

21-19　出货台账表

出货台账表

日期：　　　　　　　　　　　　　　　　　　　　　　　　　　　仓库：

编号	名称	规格型号	单位	单价	出库数量	质量等级	销售清单号	交货人	检验人	收货人	储存位置	备注

复核：　　　　　　　　　　　　　　　　　　　　　　　仓库主管：

21-20　产品收发存统计表

产品收发存统计表

物料代码	物料名称	规格型号	期初库存	入库			出库			期末库存
				产品入库	其他		销售	售后	其他	
	合计									

制表人：　　　　　　　　　　　　　　　　　　审核人：

21-21　仓库巡查记录表

仓库巡查记录表

检查项目	月　日 星期一	月　日 星期二	月　日 星期三	月　日 星期四	月　日 星期五	月　日 星期六	月　日 星期日
库房清洁							
作业通道							
用具归位							
货物状态							
库房温度							
相对湿度							

续表

检查项目	月　日 星期一	月　日 星期二	月　日 星期三	月　日 星期四	月　日 星期五	月　日 星期六	月　日 星期日
照明设备							
消防设备							
消防通道							
防盗							
托盘维护							
检查人							

注：1.消防设备每月做一次全面检查。

2.将破损的托盘每月集中维护处理。

21-22　半年无异动滞料明细表

半年无异动滞料明细表

物料名称	单位	名称规格	入库日期	最近半年无异动			发生原因		拟处理方式		
				数量	单位	金额	原因	说明	办法	数量	期限

主管批准：　　　　　　　　　　　　　　　　　　　经办人：

21-23　安全库存报警表

安全库存报警表

物料编号	物料名称	最低安全库存	最高安全库存	实际库存数量

21-24 库存盘点表

库存盘点表

物料编号	物料名称	账面数量	库存数量	盈亏	差异原因	处理办法

仓储人员：　　　　　　日期：　　　　　财务人员：　　　　　　日期：

21-25 盘点卡

盘点卡

卡号		日期		
物品名称		物品编号		
物品规格		存放位置		
账面数量		实盘数量		差异
备注				
复盘人				
盘点人				

21-26 盘点清册

盘点清册

编号：

部门				盘点日期						
盘点卡号	编号	单位	实盘数量	账面数量	差异数量	单价	差异金额	差异原因	储放位置	
合计										
说明			会计		复盘			盘点人		

21－27　盘点差异分析表

盘点差异分析表

物品编号	仓位号码	单位	原存数量	实盘数量	差异数量	差异/%	单价	金额	差异原因	累计盘盈（亏）数量	累积盈亏金额	建议对策
合计									合计			

21－28　盘点异动报告表

盘点异动报告表

盘点日期	物品编号	物品名称	盘盈数量	盘亏数量	盘盈（亏）金额	原存数量	实盘数量	累计盘盈（亏）数量	单价	累计盘盈（亏）金额

21－29　库存盈亏明细表

库存盈亏明细表

类别：　　　　　　　　　　　　　　　　　　　　　　　　　　　　日期：

项次	品名	物料编号	单位	账面数量	盘点数量	差异	差异原因

厂长：　　　　　　　　　　主管：　　　　　　　　　　　　制表：

21-30　盘盈（亏）库存账目调整表

盘盈（亏）库存账目调整表

年		凭证		摘要	收入	发出	结存
月	日	种类	号码				

21-31　盘盈（亏）保管卡调整表

盘盈（亏）保管卡调整表

收发记录							
日期	单据号码	出库量	存量	入库量	退回	订货记录	备注

21-32　物资盘查表

物资盘查表

编号：　　　　　　　　　　　　　　　　　　　　　　　　　日期：

物资类别（编码）	物资名称	规格型号	计量单位	账面数量	实盘数量	单价	盈亏数量	盈亏金额	库龄	存放地点
合计										

库管：　　　　　　　　　　　料账：　　　　　　　　　　　负责人：

注：本表一式三联，分别为仓库联、料账联、财务联。

21-33　盈亏报告单

盈亏报告单

编号：　　　　　　　　　　　字　　号　　　　　　　　　日期：

物资编码	物资名称	规格型号	计量单位	单价	盈亏数量	盈亏金额	盈亏原因	存放地点
合计								

主管领导意见：

　　　　　　　　　　　　　　　　　　　　　　负责人：　　　　　年　月　日

财务部门意见：

　　　　　　　　　　　　　　　　　　　　　　负责人：　　　　　年　月　日

上级主管部门意见：

　　　　　　　　　　　　　　　　　　　　　　负责人：　　　　　年　月　日

财务主管部门意见：

　　　　　　　　　　　　　　　　　　　　　　负责人：　　　　　年　月　日

料账：　　　　　　　　库管：　　　　　　　　负责人：

第22章 物流配送管理表格

本章阅读索引：

22-01 发货计划表

发货计划表

收货人：   月　日

序号	运输公司	到达地点	发货内容	发运时间	到达时间	货物交付情况	送货单号	出仓单号	备注

22-02　发货安排计划表

发货安排计划表

序号	客户	计划发货数量/箱	产品	物流负责人	通知发货日期	发货日期	备注
合计							

制表人：

22-03　月度配送计划表

月度配送计划表

年　　月

日期	货物名称	品种	规格	数量	送达地	运输要求	装卸要求	送货时间	备注
1									
2									
3									
...									

22-04　配送业务订货单

配送业务订货单

订货单编号：　　　　　　　　　　　　　　订货日期：

供货人名称		接货人名称		交货日期	
供货人地址		接货人地址		交货地点	
供货人联系方式		接货人联系方式		付款条件	
配送货物信息					
货物名称	货物规格	货物单位	货物数量		备注

填写人员：　　　　　　　　　　　　　　审核人员：

22-05　配送货物调运单

配送货物调运单

填表人：　　　　　　　　　　　　　　　　　　　　　填写日期：　　年　月　日

拨货单位		地址		电话	
收货单位		地址		电话	
拨货通知单		号码		日期	
核定退货文号		号码		日期	
运输工具		承运人		运出日期	
车号		押运人		到达日期	

货物编号	货物名称	规格	单位	应拨数量	实拨数量	实收数量	单价	总价	包装	备注

发货人		发货主管复核	
收货人		收货主管复核	

22-06　配送成品交运单

配送成品交运单

交运日期：　　年 月 日　　　　　　　　　　　　　　　本单编号：

	客户名称		交货地点						
卡别	正常或取消	N正常　L取消	异动代号及原因	FA代加工　GS冲销预收款　FB发票属发货库　HQ样品赠送　GB调拨　CG预收款　HT送厂外加工					
	发货库		收货库						
	公司		客户编号						
	销售别		发票号码						

生产通知单		产品编号	产品名称	规格	单位	数量	单价	金额	备注
号码	项次								

客户签收		签收日期	年 月 日

22-07 货源动态表

货源动态表

专线：

年 月 日

项目 ＼ 受理员				
货名				
件数				
质量				
装货地				
联系人				
要求到达时间				
备注				

调度：　　　　　　　　　　　　　　主管：

22-08 提货通知单

提货通知单

司机：　　　　　　　　车号：　　　　　　　　时间：

提货地	联系人	联系电话
货名	规格及数量	结算方式
到达地	服务方式	运输费用
要求提货到达时间		

调度：　　　　　　　　　　　　　　主管：

22-09 拣货单

拣货单

拣货单号码：	拣货时间：
顾客名称：	拣货人员：
	审核人员：
	出货日期：　　年 月 日

序号	储位号码	物品名称	物品编码	包装单位			拣取数量	备注
				整托盘	箱	单件		

22-10　拣货清单

拣货清单

序号	拣货类型	拣货名称	拣货数量	拣货编号	拣货时间	签字

22-11　配送中心拣货单

配送中心拣货单

拣货单编号：　　　　　　　　　　　　　　　　　　　订单编号：

用户名称		地址		电话	
出货日期		出货货位号			
拣货日期	年　月　日～　年　月　日			拣货人	
核查时间	年　月　日～　年　月　日			核查人	

序号	储位号码	物品名称	规格型号	物品编码	包装单位			数量	备注
					箱	整托盘	单件		
备注									

托运人（签章）	承运人（签章）
日期：　年　月　日	日期：　年　月　日

22-12　配送效率调查表

配送效率调查表

填表人：　　　　　　　　　　　　　　　　　　　　　　填表日期：　　年　月　日

调查项目	进货	验货	保管	分拣	加工	分类	集货	装车
作业数量								
作业人员								
作业时间								
作业场所								
设备数量								

22-13　门店团购要货清单

门店团购要货清单

店号：		店名：		填单日期：　年　月　日		
团购客户名称：			客户性质：		新/老：	
到货时间要求：						
序号	编码	商品名称	计量单位	要货件数	要货数量	备注
1						
2						
3						
4						
5						
6						
7						
门店联系人：			联系电话：			
团购接待人：		团购科长：		理货科长：		
50件以上需要店长确认：						

1.以上表格作为门店向配送中心开展团购要货的工作联系单
2.表中必须填写团购客户相关信息，并备注客户新老性质
3.表中必须经相关科长签字确认，科长需要了解相关订货信息，以防重复订货
4.单品订货数量在50件以上的需要门店店长签名确认，否则视同联系单无效
5.特殊要求，写在备注栏，如搭赠、商品颜色、促销装等

22-14　转单收货清单

转单收货清单

店号：　　　　　　　　　店名：　　　　　　　　　　　　　　日期：

序号	编码	商品名称	计量单位	规格	实收件数	实收数量	单价（不含税进价）
1							
2							
3							
4							
5							
6							
7							
8							

门店联系人：　　　　　　　　　　　　门店联系电话：　　　　　　　　　盖章

22-15　统配仓带货交接单

统配仓带货交接单

发货门店：　　　　　　　　　　制单日期：

物料分类	品名	件数	制单人签字：
配送中心统配赠品			
其他			
总件数			

联系方式：

注：本单为非正式商品交接单。

22-16　赠品仓带货交接单

赠品仓带货交接单

收货方：　　　　制单日期：

物品分类	品名	件数	
大档赠品			司机签字：
供应商赠品			

续表

积分				
物料	供应商		配送中心	
查询退货				制单人签字：
调剂商品	从　　调到百货　　食品			
信息/维修				
企划用品				
带货	供应商		补货	门店签字：
总件数				

22-17　物料交接单

物料交接单

发货门店：　　　　　　　　　　　　　　　　　　　　　　　制单日期：

物料分类	品名	件数	制单人签字：
配送中心发货			
供应商带货			驾驶员签字：
补货	补货换货		
门店调剂			
总件数			

联系方式：

注：本单为非正式商品交接单。

22-18　施封扣登记台账

施封扣登记台账

序号	日期	牌号	施封扣号	使用状（打√）					收部字	防部字	送司机字
				到店封	店退	空返回	去下一店	其他状况			

22-19　门店退回配送中心单据汇总单

门店退回配送中心单据汇总单

店号：　　店名：　　　　　　　日期：　　年　　月　　日

序号	物品分类	配送接收部门	件数	接收者签字及备注	
1	查询退货（含查询、调剂、调拨、贵重商品及邮件退货等）	查询仓			驾驶员签名：
2	赠品、信息设备、维修商品及设备等	赠品仓			车号：
3	洗洁精桶等物料	物料仓			
4	单货不符	质管部			
5	信件	运输部信息组			门店制单人：
6	其他				
	总件数				
门店备注：					

注：此单一式三联，第一联门店留存，第二联和第三联经各个接收部门签字后，分别由运输部和驾驶员留存。

22-20　贵重商品流转单

贵重商品流转单

门店编码：　　　　　　门店名称：　　　　　　　交接日期：

序号	商品码	商品名称	发货数量	拣货责任人	运输责任人	门店交接人	实收数量	商品是否完好

注：1.此单据一式三联，作贵重商品各环节责任交接使用，拣货组一联，门店一联，运输责任人和门店交毕后随车带回一联留存。

2.各环节交接时需当面确认商品数量和商品是否完好，签字确认后出现任何问题都由责任人负责。

3.盛放商品的纸箱需要回收，带回交由拣货仓库。

22-21 门店归还常温配送周转箱交接单

门店归还常温配送周转箱交接单

店号： 　　　　　　　　店名： 　　　　　　　　　　　　日期： 　年 　月 　日

序号	周转箱号	序号	周转箱号	序号	周转箱号
1		9		17	
2		10		18	
3		11		19	
4		12		20	
5		13		21	
6		14		22	
7		15		23	
8		16		24	
填单人		车号		驾驶员	
配送签收	实收		只周转箱	配送签收人	

注：此单据一式三联，第一联配送留存，第二联驾驶员留存，第三联门店留存。

22-22 周转箱无需当车带回通知单

周转箱无需当车带回通知单

店号： 　　　　　　　　店名： 　　　　　　　　　　　　日期： 　年 　月 　日

序号	周转箱号	序号	周转箱号	序号	周转箱号
1		9		17	A
2		10		18	
3		11		19	
4		12		20	
5		13		21	
6		14		22	
7		15		23	
8		16		24	
配送填单人		车号		驾驶员	
门店签收	实收		个周转箱	门店签收人	

注：此单据一式三联，第一联配送留存，第二联驾驶员留存，第三联门店留存。

22—23　货物运输通知单

货物运输通知单

编号：　　　　　　　　　　　　　　　　　　　通知日期：　　年　月　日

客户名称			联系电话		
地址					
运输货品列表					
货品名称		规格	数量	单价	金额	备注
中文	英文					
金额总计		人民币（大写）　　万　　仟　　佰　　拾　　元整				
运输要求						

1.交货日期：自签订本单后　　　　天内或　　年　月　日以前

2.交货地点：

3.交货单号码：

4.发票号码：

通知人员签字	运输主管签字	运输人员签字

22—24　汽车货物运输单

汽车货物运输单

开票单位（盖章）：　　　　开票人：　　　　承运驾驶员：　　　　填写日期：

托运人		地址		电话	
发货人		地址		电话	
收货人		地址		电话	
付货人		地址		电话	
约定起运时间		约定到达时间		运输工具	
装货地点		卸货地点		计费里程	

续表

品名及规格	包装形式	件数	体积：长×宽×高/厘米	件重/千克	质量/吨	保险、保价价格	货物等级	计费项目	
								运费	装卸费
合计金额	人民币 万 仟 佰 拾 元整								
托运记载事项		付款人银行账号			承运人记载事项			承运人银行账号	

托运人签章：   承运人签章：
　　年　月　日   　　年　月　日

22-25　交运物品清单表

交运物品清单表

发站：   运单号码：

货件编号	包装	详细内容			件数或尺寸	质量	价值/元
		物品名称	材质	新旧程度			

托运人盖章或签字：   填写日期：　　年　月　日

22-26　货物运输记录表

货物运输记录表

运输起点		运输终点	
运输起止时间	年　月　日　时～　　年　月　日　时		
逾期时间/天		逾期罚款	
运输里程/千米		运输质量/吨	

续表

短损情况/吨			
公路	铁路	海运	空运
运输费用		获赔金额	
装卸费用		报损金额	
承运者签字			
备注			

22-27 货物运输月报表

货物运输月报表

填表人：　　　　　　　　　　　　　　　　　　　　填写日期：　　年　月　日

运输类别	实际工作天数	输送来回次数	输送个数	输送质量	输送距离	移动率	单位作业量